谢林著作集

先刚 主编

# 早期唯心主义著作

*Frühe idealistische Schriften*

〔德〕谢林 著 倪逸偲 周驰博 译

## 图书在版编目（CIP）数据

早期唯心主义著作 / (德) 谢林著；倪逸偲，周驰博译. —— 北京：北京大学出版社，2025.5. ——（谢林著作集）. —— ISBN 978-7-301-36049-1

Ⅰ. B516.34

中国国家版本馆CIP数据核字第2025TD6500号

| | |
|---|---|
| 书　　　名 | 早期唯心主义著作<br>ZAOQI WEIXINZHUYI ZHUZUO |
| 著作责任者 | 〔德〕谢　林（F.W.J.Schelling）著　先　刚 主编<br>倪逸偲　周驰博 译 |
| 责任编辑 | 王晨玉 |
| 标准书号 | ISBN 978-7-301-36049-1 |
| 出版发行 | 北京大学出版社 |
| 地　　　址 | 北京市海淀区成府路205号　100871 |
| 网　　　址 | http://www.pup.cn　新浪微博 @ 北京大学出版社 |
| 电子邮箱 | 编辑部 wsz@pup.cn　总编室 zpup@pup.cn |
| 电　　　话 | 邮购部 010-62752015　发行部 010-62750672<br>编辑部 010-62752025 |
| 印　刷　者 | 北京中科印刷有限公司 |
| 经　销　者 | 新华书店<br>890 毫米 × 1240 毫米　16 开本　22 印张　376 千字<br>2025 年 5 月第 1 版　2025 年 5 月第 1 次印刷 |
| 定　　　价 | 108.00 元 |

未经许可，不得以任何方式复制或抄袭本书之部分或全部内容。
**版权所有，侵权必究**
举报电话：010-62752024　电子邮箱：fd@pup.cn
图书如有印装质量问题，请与出版部联系，电话：010-62756370

# 目 录

中文版"谢林著作集"说明 ............................................. 1
译者序 ................................................................ 1

论一种全部哲学形式的可能性 ......................................... 1
论自我作为哲学的本原或关于人类知识中的无条件者 ............ 31
关于独断论与批判论的哲学书信 .................................... 139
论知识学的唯心论阐释 ............................................. 201

人名索引 ............................................................. 321
主要译名对照 ....................................................... 324

## 中文版"谢林著作集"说明

如果从谢林于1794年发表第一部哲学著作《一般哲学的形式的可能性》算起,直至其1854年在写作《纯粹唯理论哲学述要》时去世,他的紧张曲折的哲学思考和创作毫无间断地延续了整整60年,这在整个哲学史里面都是一个罕见的情形。① 按照人们通常的理解,在德国古典哲学的整个"神圣家族"(康德—费希特—谢林—黑格尔)里面,谢林起着承前启后的关键作用。诚然,这个评价在某种程度上正确地评估了谢林在德国古典哲学的发展过程中的功绩和定位,但另一方面,它也暗含着贬低性的判断,即认为谢林哲学尚未达到它应有的完满性,因此仅仅是黑格尔哲学的一种铺垫和准备。这个判断忽略了一个基本事实,即在黑格尔逐渐登上哲学顶峰的过程中,谢林的哲学思考始终都处于与他齐头并进的状态,而且在黑格尔于1831年去世之后继续发展了二十多年。一直以来,虽然爱德华·冯·哈特曼(Eduard von Hartmann)和海德格尔(Martin Heidegger)等哲学家都曾经对"从康德到黑格尔"这个近乎僵化的思维模式提出过质疑,但真正在

---

① 详参先刚:《永恒与时间——谢林哲学研究》,第一章"谢林的哲学生涯",北京:商务印书馆,2008年,第4—43页。

## 2 早期唯心主义著作

这个领域里面给人们带来颠覆性认识的，乃是瓦尔特·舒尔茨（Walter Schulz）于1955年发表的里程碑式的巨著《德国唯心主义在谢林后期哲学中的终结》。[①] 从此以后，学界对于谢林的关注度和研究深度整整提高了一个档次，越来越多的学者都趋向于这样一个认识，即在某种意义上来说，谢林才是德国古典哲学或德国唯心主义的完成者和终结者。[②]

我们在这里无意对谢林和黑格尔这两位伟大的哲学家的历史地位妄加评判。因为我们深信，公正的评价必须而且只能立足于人们对于谢林哲学和黑格尔哲学乃至整个德国古典哲学全面而深入的认识。为此我们首先必须全面而深入地研究德国古典哲学的全部经典著作。进而，对于研究德国古典哲学的学者来说，无论他的重心是放在四大家的哪一位身上，如果他对于另外几位没有足够的了解，那么很难说他的研究能够多么准确而透彻。在这种情况下，对于中国学界来说，谢林著作的译介尤其是一项亟待补强的工作，因为无论对于康德、黑格尔还是对于费希特而言，我们都已经拥有其相对完备的中译著作，而相比之下，谢林著作的中译仍然处于非常匮乏的局面。有鉴于此，我们提出了中文版"谢林著作集"的翻译出版规划，希望以此推进我国学界对于谢林哲学乃至整个德国古典哲学的研究工作。

---

[①] Walter Schulz, *Die Vollendung des deutschen Idealismus in der Spätphilosophie Schellings*, Stuttgart, 1955; zweite Auflage, Pfullingen, 1975.

[②] 作为例子，我们在这里仅仅列出如下几部著作：Axel Hutter, *Geschichtliche Vernunft: Die Weiterführung der Kantischen Vernunftkritik in der Spätphilosophie Schellings*. Frankfurt am Main 1996; Christian Iber, *Subjektivität, Vernunft und ihre Kritik. Prager Vorlesungen über den Deutschen Idealismus*, Frankfurt am Main 1999; Walter Jaeschke und Andreas Arndt, *Die Klassische Deutsche Philosophie nach Kant: Systeme der reinen Vernunft und ihre Kritik (1785-1845)*. München, 2012。

中文版"谢林著作集"所依据的德文底本是谢林去世之后不久，由他的儿子（K. F. A. Schelling）编辑整理，并由科塔出版社出版的十四卷本《谢林全集》（以下简称为"经典版"）。① "经典版"分为两个部分，第二部分（第11—14卷）首先出版，其内容是晚年谢林关于"神话哲学"和"天启哲学"的授课手稿，第一部分（第1—10卷）的内容则是谢林生前发表的全部著作及后期的一些手稿。自从这套全集出版以来，它一直都是谢林研究最为倚重的一个经典版本，目前学界在引用谢林原文的时候所遵循的规则也是以这套全集为准，比如"Ⅵ, 60"就是指所引文字出自"经典版"第六卷第60页。20世纪上半叶，曼弗雷德·施罗特（Manfred Schröter）为纪念谢林去世100周年，重新整理出版了"百周年纪念版"《谢林全集》。② 但从内容上来看，"百周年纪念版"完全是"经典版"的原版影印，只不过在篇章的编排顺序方面进行了重新调整，而且"百周年纪念版"的每一页都标注了"经典版"的对应页码。就此而言，无论人们是使用"百周年纪念版"还是继续使用"经典版"，本质上都没有任何差别。唯一需要指出的是，"百周年纪念版"相比"经典版"还是增加了新的一卷，即所谓的《遗著卷》（Nachlaßband）③，其中收录了谢林的《世界时代》1811年排印稿和1813年排印稿，以及另外一些相关的手稿片段。1985年，曼弗雷德·弗兰克（Manfred Frank）又编辑出版了一套六卷本

---

① F. W. J. Schelling, *Sämtliche Werke*. Hrsg. von K. F. A. Schelling. Stuttgart und Augsburg: Cotta'sche Buchhandlung, 1856–1861.
② *Schellings Werke. Münchner Jubiläumsdruck, nach der Originalausgabe (1856-1861) in neuer Anordnung*. Hrsg. von Manfred Schröter. München 1927–1954.
③ F. W. J. Schelling, *Die Weltalter. Fragmente. In den Urfassungen von 1811 und 1813*. Hrsg. von Manfred Schröter. München: Biederstein Verlag und Leibniz Verlag 1946.

《谢林选集》①,其选取的内容仍然是"经典版"的原版影印。这套《谢林选集》因为价格实惠,而且基本上把谢林的最重要的著作都收录其中,所以广受欢迎。虽然自1976年起,德国巴伐利亚科学院启动了四十卷本"历史—考据版"《谢林全集》②的编辑工作,但由于这项工作的进展非常缓慢(目前仅仅出版了谢林1801年之前的著作),而且其重心是放在版本考据等方面,所以对于严格意义上的哲学研究来说暂时没有很大的影响。总的说来,"经典版"直到今天都仍然是谢林著作的最权威和最重要的版本,在谢林研究中占据着不可取代的地位,因此我们把它当作中文版"谢林著作集"的底本,这是一个稳妥可靠的做法。

目前我国学界已经有许多"全集"翻译项目,相比这些项目,中文版"谢林著作集"的主要宗旨不在于追求大而全,而是希望在基本覆盖谢林各个时期的著述的前提下,挑选其中最重要和最具有代表性的著作,陆续翻译出版,力争做成一套较完备的精品集。从我们的现有规划来看,中文版"谢林著作集"也已经有二十二卷的规模,而如果这项工作进展顺利的话,我们还会在这个基础上陆续推出更多的卷册(尤其是最近几十年来整理出版的晚年谢林的各种手稿)。也就是说,中文版"谢林著作集"将是一项长期的开放性的工作,在这个过程中,我们也希望得到学界同人的更多支持。

---

① F. W. J. Schelling, *Ausgewählte Schriften in 6 Bänden*. Hrsg. von Manfred Frank. Frankfurt am Main: Suhrkamp 1985.
② F. W. J. Schelling, *Historisch-kritische Ausgabe*. Im Auftrag der Schelling-Kommission der Bayerischen Akademie der Wissenschaften herausgegeben von Jörg Jantzen, Thomas Buchheim, Jochem Hennigfeld, Wilhelm G. Jacobs und Siegbert Peetz. Stuttgart-Band Cannstatt: Frommann-Holzboog, 1976 ff.

本丛书得到了国家社科基金项目"德国唯心论在费希特、谢林和黑格尔哲学体系中的不同终结方案研究"(项目批准号20BZX088)的支持,在此表示感谢。

先　刚

北京大学外国哲学研究所

北京大学美学与美育研究中心

# 译者序 ①

长期以来,学界关于谢林前期哲学的基本问题线索始终存在争议。比如说,许多流行的意见认为谢林前期哲学是一种以"绝对者"为核心、"流溢说"为理据的斯宾诺莎主义与新柏拉图主义的混合;也有人认为,谢林前期哲学中的理论哲学部分不过是对费希特"唯我论"的拙劣模仿,是自然哲学的"配菜";更有人认为,1800年以前的谢林前期哲学并无多大研究价值。那么,面对这些繁杂的意见,究竟应该如何定位谢林前期哲学的基本问题线索呢?

在1797年以前,青年谢林已经探索出一条与康德式批判哲学以及早期费希特的先验哲学大相径庭的理论路线:哲学的本原应当建基于原初的思维-存在同一体,而非费希特式的"绝对自我"。这也就意味着,对于谢林而言,哲学必须要深入表层意识活动与所谓"我思"之下的存在论领域,并同时从形式与质料两方面对作为自我的存在论基础的原初思维-存在同一体完成"建构"(Construktion),从而如德国学者柏恩克(Michaela Boenke)所言,将先验哲学拓展为一种"先验形而上学"(transzendentale

---

① 本文的部分内容出自我的著作《前期谢林的先验存在论研究》(北京:人民出版社,2023年)的第三章。

Metaphysik）①。我们将这种体系称为一种全新的"先验存在论"（transzendentale Ontologie）。先验存在论要求我们找到并确定体系的本原，并反过来展示出本原的发生演进的过程（同时也就是体系的建构过程）。因此，先验哲学并不像独断论那样事先给定任何固定的本原或体系，毋宁说它本身就是一条回忆与复归之路，我们深入前意识的领域，寻找到被遗忘与遮蔽的本原，然后通过展示它的发生演进过程，重新建构起体系，恢复本原的地位。②

让我们看看青年谢林本人的想法：1795年1月6日，年仅二十岁的谢林在写给他的施瓦本同乡、同时也是图宾根新教神学院的同窗好友黑格尔的一封信中这样写道：

> 现在我正在研究一种斯宾诺莎式的伦理学（ethik à la Spinoza）——这种伦理学应当建立起一切哲学的至高本原（die höchsten Principien aller Philosophie），在那些本原中理论哲学与实践哲学得以统一起来。③

这段信件中所流露出的心迹无可辩驳地证明了：从哲学生涯的最开端处，谢林就已经将"本原"（Prinzip）视为哲学的最根本问题。那么随之而来的问题便是：本原究竟意味着什么？

---

① Vgl. Michaela Boenke, *Transformation des Realitätsbegriffs. Untersuchungen zur frühen Philosophie Schellings im Ausgang von Kant*. Stuttgart-Bad Cannstatt: frommann-holzboog, 1990, S. 275.

② 先刚教授在一份关于黑格尔精神现象学基本概念考察的研究中指出，黑格尔哲学中的"回忆"（Erinnerung）概念可以被按字面义解读为"深入内核过程"（Er-Innerung）。这一关键理解对于整个德国古典哲学传统、特别是此处的早期谢林来说都是适用的。参见：先刚《"回忆"和黑格尔精神现象学的开端》，载《江苏社会科学》2019年第1期。

③ Schelling, *HKA: Briefe 1*, S. 17.

从古希腊哲学开始,"本原"问题就已经成为哲学的根本问题之一。从希腊语原词的字面上来看,"本原"意味着"开端"(ἀρχή)或"始基"(ἐξ' ἀρχῆς λόγος),换言之,"本原"既要成为哲学体系赖以立足的终极根据,又要能反过来为体系本身的发展提供"动力学机制"(Dynamik)。而拉丁语哲学传统中选用principium一词来翻译"本原",更是突出强调了"本原"在哲学体系中所位居的"首要"的关键位置。先刚教授在他研究"本原"问题的《柏拉图的本原学说》中总结了古希腊哲学传统中对"本原"的五重基本规定:

1. 本原是万事万物发生之根据;
2. 本原是杂多现象背后的统一性;
3. 本原是变动不居的世界背后的永恒不变者;
4. 本原无论从存在、认识或是价值等方面看都优先于现象。①

那么"本原"问题为什么对于谢林具备着如此重要的哲学意义呢?根据先刚教授的研究,"本原"与我们在之前章节所讨论的基础性自我意识概念相比,似乎更加具备"存在论"意义上的意涵。而谢林对"本原"问题的密切关注,与他早期在图宾根新教神学院所受教育的学术背景有着莫大的关系。当代德国谢林研究专家弗兰克(Manfred Frank)将早期谢林的思想来源总结为如下五条:

---

① 先刚:《柏拉图的本原学说:基于未成文学说和对话录的研究》,北京:生活·读书·新知三联书店,2014年,第226页。

1. 柏拉图的《蒂迈欧篇》与《斐勒布篇》；

2. 康德的有机整体论思想与B版《纯粹理性批判》中对关系范畴的倒转；

3. 图宾根柏拉图学派的厄廷格尔[①]等人的思想；

4. 狄茨从（康德式）主体哲学角度对莱茵霍尔德基础哲学做出的解读；

5. 莱茵霍尔德对范畴的形而上学演绎做出的范例。[②]

弗兰克非常强调柏拉图主义或（当时图宾根新教神学院的教师们所主张的）柏拉图主义的变种对于青年谢林的影响，无非是为了强调，青年谢林从其哲学的最开端阶段就与康德-莱茵霍尔德-早期费希特的"批判哲学"的基本立场拉开了相当大的距离。[③]这具体体现为，谢林从其哲学的开端阶段就非常关注意识实在性的终极根据问题。换言之，如果德国古典哲学从康德至早期费希特的发展所

---

① 厄廷格尔（Friedrich Christoph Oetinger, 1702—1782），18世纪德国神学家，符腾堡新教虔敬派神学的代表人物之一。他对于柏拉图哲学传统的一元论式解释与对犹太教卡巴拉传统的重视对谢林、黑格尔与荷尔德林产生了极为深远的影响。

② Manfred Frank, »Reduplikative Identität«. Der Schlüssel zu Schellings reifer Philosophie, Stuttgart-Bad Cannstatt: frommann-holzboog, 2018, S. 7–8.

③ 弗兰克的观点似乎显得有些极端。因为根据谢林的信件与他早期文本中所使用的各种费希特的术语来看，谢林在1794年发表《论一种全部哲学形式的可能性》时，他不仅已经仔细阅读了费希特的《评"埃奈西德穆"》与《论知识学的概念》两部已经面世的作品，他还已经拿到了费希特当时正在耶拿讲授的"知识学"讲座（也就是1794年版《全部知识学的基础》）的提纲（根据上一章节，荷尔德林当时正在耶拿参加费希特的课程，这份提纲极有可能是荷尔德林送给谢林的）。因此，费希特对这一时期的谢林的影响是不容忽视的。参见：Birgit Sandkaulen, Ausgang vom Unbedingten. Über den Anfang in der Philosophie Schellings, Göttingen: Vandenhoeck & Ruprecht, 1990, S. 23.

呈现出的线索更多是一种自我意识结构的形式化理论的发展史的话（荷尔德林可以算一个异类），那么谢林从最开始就更加关注自我意识结构的"内容"或者说"实在性"那一侧的东西。

正如弗兰克所指出的，图宾根新教神学院时代的青年谢林受到了以厄廷格尔为代表的"图宾根柏拉图主义"（Tübinger Platonismus）哲学的强烈影响，因而非常熟稔于古希腊传统中的"本原"学说。在1794年完成的一部手稿《〈蒂迈欧〉评注》中，谢林就试图将柏拉图的"理念"（ἰδέα）学说与康德的范畴（Kategorie）理论结合在一起。[1]但是，谢林同样也非常关注批判哲学，特别是莱茵霍尔德与早期费希特的哲学进展。[2]我们并不能简单地说谢林是古代柏拉图主义的直系传人，一种更为恰当的表述可能是，谢林仍然处于"德国形而上学的发展进程"（les progrès de la métaphysique en Allemagne）[3]之中，但相比于莱茵霍尔德与早期费希特，谢林从一开始就更加侧重于发掘主体性理论在存在论层面的意涵。

但无论我们对谢林哲学的进路采取何样的态度，任何谢林学者都会有一个基本的共识：终谢林一生，"一切哲学的至高本原"都意

---

[1] Vgl. F. W. J. Schelling, „Timaues." (1794). Hrsg. v. H. Buchner, Stuttgart-Bad Cannstatt: frommann-holzboog, 1994.; Birgit Sandkaulen, *Ausgang vom Unbedingten. Über den Anfang in der Philosophie Schellings*, S. 22.

[2] Vgl. Michael Franz, *Schellings Tübinger Platon-Studien*, Göttingen: Vandenhoeck & Ruprecht, 1996, S. 253–262.

[3] Cf. Emmanuel Cattin, *Transformations de la métaphysique. Commentaires sur la philosophie transcendantale de Schelling*, Paris : Librairie Philosophique J. Vrin, 2001, pp. 7–23. 法国谢林学者加当认为，无论如何，康德与费希特对于早期谢林哲学的影响都是不容抹杀的。

味着那个作为本原的"同一性"（Identität）。尽管谢林在整个哲学生涯中数次更易他的哲学体系的名称（"先验哲学与自然哲学""同一性哲学""第一哲学""肯定哲学与否定哲学"等等），但"同一性"始终是一个贯穿谢林整个哲学思想发展进程的核心概念。如何理解"同一性"的复杂内涵，更是成为谢林研究史上争论不休的焦点问题。如果我们以一个更加贴近谢林早期哲学思想背景与文本意涵的视角来考察"同一性"概念，就会发现：

"同一性"必须被理解为思维（Denken）与存在（Seyn）的同一性，这也可以被等价地表述为原初主体–客体（Ur-Subjekt-Objekt）的同一性、观念性（Idealität）与实在性（Realität）的同一性、自我（Ich）与世界（Welt）的同一性、规定（πέρας）与无定（ἄπειρον）的同一性。同时，"同一性"又不能被简单地理解为一种莱茵霍尔德–早期费希特式的"A = A"的抽象形式化同一性，"同一性"必须要成为"统一性"（Einheit）。这意味着，同一性绝不仅仅意味着思维与存在的一般性联结，思维与存在必须合二为一成为一个整体。这就意味着，我们必须将同一性进一步发展为一个动态的绝对综合。进一步转译为先验哲学的语言，这一绝对综合意味着先验主体性内部的"原主体"（Ur-Subjekt）与"原客体"（Ur-Objekt）之间的发生于一切意识活动之前的"先行综合"。不难看出，谢林在这里直接继承了康德在B版《纯粹理性批判》第15节中关于那个"先天地先行于一切联结概念的统一性"[①]的思考。更重要的是，谢林从一开始就试图将先验主体性中的"实在性"层面确立为先验主体性的终极根据，

---

① Vgl. Kant, *KrV*: B130–131.

这与莱茵霍尔德-早期费希特式批判哲学的基本立场恰好相反。因此，不同于那种"A = A"式的抽象的形式同一性，这个在原初同一性中先行于一切分离与对立而发生的绝对综合，从一开始就要超越思维与存在的对立，并能够将两者完整地融合起来（尤其是将存在那一侧真正地吸纳进来），这正是谢林超越于莱茵霍尔德-早期费希特式批判哲学的核心论点所在。

可是，尽管谢林的本原学说有着独立来源，但从整体上来说，他的早期先验哲学构想是在莱茵霍尔德"基础哲学"与费希特"知识学"的共同地基之上发展出来的。因而，为了廓清整个先验哲学体系的地平，谢林必须继续深入这两大地基的深处——康德批判哲学之中，去从根基上将批判哲学作为一个环节吸纳进全新的先验哲学体系之内，并完成康德、莱茵霍尔德与费希特未能完成的先验哲学体系的完整建构。

在谢林看来，康德的《纯粹理性批判》并没有完成其本来使命。谢林早在1794年的《〈蒂迈欧〉评注》中便试图引入莱茵霍尔德"表象能力"（Vorstellungsvermögen）与"自我活动"（Selbstthätigkeit）学说作为体系本原来对抗图宾根柏拉图主义独断论传统中那种僵死与空洞的本原。[①]要想对抗乃至拒斥独断论，批判哲学必须要拥有一个更强大的、更深刻、更基础的本原，并建构完成一个相应的整全体系。而在谢林眼中，康德的《纯粹理性批判》显然没有完成这一使命，《纯粹理性批判》的大部分篇幅都在为知性的运用（也就

---

① 关于这一点可以参阅我的论文：《先验自我的二重化：莱茵霍尔德哲学视域下的早期谢林表象能力学说研究（1794）》，载《哲学研究》2023年第5期。

是谢林所说的"认识能力")制定规范，但对于真正重要的"理性批判"（Vernunftkritik）却始终避之不谈。因而《纯粹理性批判》尽管已经指出了理论建构的方向，但事实上仍然是一套并未彻底完工的体系构想，谢林赋予自己的任务便是彻底完成康德（包括莱茵霍尔德与费希特）未竟的事业——建构足以横扫一切独断论的全新的先验哲学体系。谢林引用康德的说法，指出先验哲学的任务便在于探求一种"纯粹的理性能力"（reines Vernunftvermögen）①，以实现"彻底的、体系化的理性认识的统一体"，从而使得理论哲学与实践哲学都能够从唯一一个本原中推导出来。因此，谢林认为，先验哲学要想成为体系，必须要先实现整全的"理性认识"，而只有"纯粹的理性能力"才能实现这种"理性认识"。因此，要想完成体系建构，必须首先建立起"纯粹的理性能力"。谢林将这一"理性能力"称为"理智直观"(intellektuale Anschauung)。

在这样的理论框架之下，本卷的四部（篇）作品的问题线索就十分清晰了：本卷收录的四部（篇）著作完成于1794—1797年间，在此期间谢林完成了图宾根新教神学院②的学业（1794—1795），在斯图加特短暂停留后，赴莱比锡大学游学（1796—1797）。因此我们也可以将这四部（篇）著作简单划分为两个部分：《论一种全部哲学形式的可能性》与《论自我作为哲学的本原》对应"图宾根时期"，《关于独断论与批判论的哲学书信》与《论知识学的唯心论阐释》则对应

---

① 请注意：此处谢林使用的"理性能力"显然是一个莱茵霍尔德风格的术语，可见莱茵霍尔德改造后的批判哲学体系对谢林产生的持续影响。

② 与人们的惯常印象不同，图宾根新教神学院（Das Tübinger Stift）并不是著名的图宾根大学（Eberhard Karls Universität Tübingen）的一部分。

"莱比锡时期"。就具体内容而言，前两部作品可以被视为谢林在莱茵霍尔德与费希特的影响下对康德先验哲学的进一步批判。《论一种全部哲学形式的可能性》与同年完成的手稿《〈蒂迈欧〉评注》类似，基本是在莱茵霍尔德"基础哲学"的框架下考察其核心概念"表象能力"的实在性基础："表象能力"需要同时在内容与形式上成为哲学的"最高原理"即本原，因而不仅需要形式上的规定，更需要内容与形式的同步建构，后者指向了一种原初的生产性活动。《论自我作为哲学的本原》则直指费希特自我学说的理论困境，自我要想成为本原，必须要成为最纯粹的统一体，进而需要同步完成观念性与实在性两侧的建构，这又需要一种先行的原初绝对综合活动作为基础。而如此这般的绝对综合勾连了绝对存在与自我，将自我的统一体转变为一种存在论意义上的自我生产活动。

后两部作品中，谢林则"回到康德"，更加着力于从康德本人的先验哲学中汲取资源并建构出自己的先验哲学体系。《关于独断论与批判论的哲学书信》通过比对康德式以及斯宾诺莎式体系的问题，指出先验哲学体系的根基恰恰在于生产性的、实现展开着的原初能力。《论知识学的唯心论阐释》则以最大的力度抓住康德体系中未能得到展开的前感性自我活动"感发"（Affection），并利用近代哲学，特别是斯宾诺莎实体学说与莱布尼茨单子论的资源，将其展开为"自我意识的历史"，或者说精神生成流变的历史。在这个意义上，主体化的自我意识历史与精神本身的存在论历史汇聚为二重化的同一性，最终将谢林一直追求的原初自我生产活动清晰界定为作为绝对同一性的精神的自我二重化进程，并以此确立了先验存在论的终极本原。

总的来说，谢林所规划的基于理智直观与精神的自我规定的先验哲学体系是一种动态的演进过程。这一体系的本原是一个始终处于生成流变中的、不断以展开自身的方式建构自身的"精神"，而本原的建构通过"限制–再生"的二重化行动同步展开为质料的建构，形成了基础的"形式–质料"同一体；这种二重化行动最终折返回精神，让精神成为完满的自我意识，使得本原的建构与质料的建构的二重化成为体系本身的建构，形成了"同一性的同一性"也就是最终的"绝对同一性"——精神与世界在体系中同步觉醒、同步展开、同步完满。这种原初的二重化，恰如弗兰克所说，正是"通往谢林成熟哲学的钥匙"（der Schlüssel zu Schellings reifer Philosophie）[①]。

* * *

最后，请允许我夹带些许闲笔，有所"感发"。

我与谢林哲学结缘纯属偶然。十多年前在复旦哲院读本科时，我对谢林哲学只有"神秘主义"与"客观唯心论"这样非常肤浅的标签式理解。我当时的幼稚心愿是摘取德国古典哲学"皇冠上的珍珠"，专攻黑格尔的（大）《逻辑学》。2016年秋赴北大外哲所追随先老师读研深造，我仍未改变初心。直到2017年8月，我在德国"巴登-符腾堡"奖学金的资助下赴德国图宾根大学哲学系交流学习，遇到了堪为一生良师益友的朗老师（Stefan Lang），并参加了他主持的以"从康德到黑格尔的自我意识"为主题的研讨班。经过一学期的严

---

① Manfred Frank, »Reduplikative Identität«. Der Schlüssel zu Schellings reifer Philosophie, IX-XIII.

苛训练，我初步完成了一篇以费希特与谢林早期自我学说关系为主题的论文，对康德之后德国唯心论运动，特别是谢林前期哲学的思想线索有了初步的了解。同时，我也深刻体会到，在没有系统深入清理整个德国唯心论运动复杂发展线索的情况下，是很难进一步定位黑格尔哲学的基本问题的。尽管如此，2018年3月，我从图宾根临时回京参加硕转博考试，提交的博士期间研究主题仍然是费希特自我学说与黑格尔概念论之间的关系，但彼时心中已十分忐忑，对于这份研究能否顺利推进已无多少信心。返德之前，先老师向我布置了中文版《谢林著作集》第一卷的翻译任务，我认为这是熟悉谢林前期哲学的好机会，便欣然受命。巧合的是，4月回到图宾根后，朗老师开设的正是谢林前期哲学的研讨课程。年方弱冠的谢林在与康德、莱茵霍尔德、迈蒙、费希特等人展开的酷烈思想交锋中所展示出的一往无前的锐气完全抓住了我的精神。经过又一学期的原著阅读与研究训练，在朗老师与先老师的鼓励支持下，我断然决定转以谢林直至《先验唯心论体系》的前期先验哲学为研究主题，并就此开始了这一领域直至今日的艰辛研究工作。回想起这一路上的诸多瞬间，不由感慨，先老师治谢林哲学时常言的"历史的-辩证的"发展线索，不外如是吧。

然而，我是个思想"颇不安分"的人，耽于清谈玄理，疏于勤勉译事。之后几年光阴，或是忙于博士论文的整合收尾工作，或是忙于逐步将研究重心转向费希特中后期的先验哲学，或是忙于出筹入典往来酬唱为稻粱谋，凡此种种，译事还是迁延日久。直到如今才有心力整理出几年来零碎时间译出的长篇短什，在此付梓，贻笑方家。

感谢我的同门师弟，目前正在德国伍珀塔尔大学Alexander Schnell教授门下攻读博士学位的周驰博，在我困窘之时施以援手，协助我完成了这一卷的翻译任务。就具体分工而言，周生承担了《关于独断论与批判论的哲学书信》全篇以及《论知识学的唯心论阐释》第III节全文、第IV节前半部分的翻译工作。我的妻子徐爽通读了全卷译稿并提出了诸多宝贵的修改意见，特此感谢。

最后，无比真挚地感谢先老师近十年来对我无条件的宽容、信任与支持。

倪逸偲

2025年1月于杭州天目里

# 论一种全部哲学形式的可能性

## 1794年

F. W. J. Schelling, *Ueber die Möglichkeit einer Form der Philosophie überhaupt*, in ders. *Sämtliche Werke*, Band I, S. 85-112. Stuttgart und Augsburg, 1856-1861.

笔者在当前这篇论文所阐发的这些想法，在经过一段时间的思考以后，在哲学界的那些最新进展的影响下已经焕然一新。笔者已经通过研究《纯粹理性批判》得出了这些想法。对于笔者来说，这些想法中最为晦暗与艰难的，就是从一开始就尝试去为一种全部哲学的形式奠定基础；更不消说，在此之上去建立一个本原，这个本原不仅确立了那些全部个别形式赖以为基础的原初形式本身，也确立了如此这般的原初形式与那些依附于原初形式的个别形式之间的必然联系。

笔者已经注意到康德哲学中一个显而易见的缺陷：它缺少一个奠基性的本原，也缺少诸多演绎之间的牢固联系，而这两者恰恰事关全部哲学的形式。这也是康德哲学的反对者们最经常直接针对且持续不断地攻击的要点，尤其是**埃奈西德穆斯**的攻击比其他大多数反对者们的更加深刻。笔者相信很快就可以发现，这位怀疑论者的这些或直接或间接涉及这个缺陷的反对意见是所有反对意见中最重要的，却也是迄今为止根本没有被回应的：笔者确信，即使是**莱茵霍尔德**迄今为止所提出的表象能力理论，也做不到在埃奈西德穆斯的反对意见面前高枕无忧。但表象能力理论最终必然地导向一种奠基于更深层次的基础的哲学，而那种哲学的深度是当下的怀疑论者的反对意见所无法企及的。

有两个问题必须先行于一切科学，而它们两者迄今的分裂已经以一种不同寻常的方式极大地伤害了哲学。但莱茵霍尔德的基础哲学只能回应这两个问题中的一个：哲学的**内容**何以可能？而关于哲学的**形式**何以可能的问题则只能在整体的意义上被回应，就如《纯粹理性批判》对这个问题的回应一样，要回答这个问题就必须要回过头去探究**一切**形式的最终本原。——表象能力理论试图解决这个问题的一部分，但即使每个部分的要求都被满足，整体问题还是没有被解决。既然哲学作为科学何以可能的**整体**问题没有被解决，那么这个问题的任意一部分自然也不能被解决。

本文作者对于表象能力理论所遗留的，有待于基础哲学在将来去处理的那些问题的判断，已经在**费希特**教授最近的作品①中得到了最有力的支持。费希特的作品指引着笔者已有的想法进入到那项**研究**的深入进展中去——虽然不是完全深入，但或许比笔者没有费希特的帮助时所能达到的层次要深入得多——去将这项研究的目标，当作一个笔者之前已经非常熟悉的对象来探索，即最终去解决**关于全部哲学的可能性的整体**问题。费希特的这部作品推动了笔者关于这个问题的思考，并使笔者的想法更加完善。笔者也认为费希特的这份心血之作是特别值得赞扬的，因为费希特的这部作品在一定意义上要比笔者自己目前已经展开的想法更加清楚明白。《文汇报》\*上的那篇出色的《埃奈西德穆斯评论》也让笔者受益匪浅，而那篇文章的作者无疑就是费希特本人。\*\*

---

① 《论知识学或所谓哲学的概念》（*Ueber den Begriff der Wissenschaftslehre, oder der sogenannten Philosophie*），1794年。

\* 《文汇报》（*Allgemeine Literaturzeitung*）是1785年创刊于耶拿的报纸，主要刊登学界最新讨论，在18世纪末的德语文化圈享有盛名。——译者注

\*\* 该文收录于费希特全集第1卷。——原编者注

随后笔者也从**所罗门·迈蒙**①的新著中获益匪浅,这部著作②值得比笔者目前已经付出的努力更加严格的考察。相比于当下的现状,人们越发开始普遍地感觉到一种需求,要去彻底解决那些横亘在迄今为止一切探求普遍有效的哲学的前进之路上的**整体**问题。仅仅凭靠阐发这一任务的**概念**,笔者确信就已经找到了解决这个问题的唯一可能之路;一种关于这个想法的整体预备性构思已经可以用来阐发整个理念,这个想法催促着笔者在公众面前尝试将这个构思呈现出来。

希望那些以哲学本身为事业的人们尽快完成这一事业,这样我们就不用什么只是预备性的构思了!

\* \* \*

哲学是一门**科学**,也即,哲学在确定的形式之下有着确定的内容。难道过去所有的哲学家从最开端处就达成了一致意见,以一种主观任意的方式将**这种**确定的(体系的)形式给定于内容之上吗?还是说,形式与内容的结合有更深层的根据,但任何一个共同的根据也不能够同时给定形式与内容?如此这般的科学的形式并不能从自身中产生出它的内容,科学的内容也不能从自身中产生出它的形式?因此,不是形式必然地规定内容,就是内容必然地规定形式。但是,

---

① 《思维新论,另附爱智者致埃奈西德穆斯的书信》(*Neue Theorie des Denkens. Nebst Briefen von Philalethes an Aenesidemus*),1794年。
② 所罗门·迈蒙(Salomo Maimon, 1753—1800),立陶宛犹太裔哲学家,精于犹太教经学传统与批判哲学,是当时康德哲学最重要的传播者与阐释者之一,对费希特、谢林与黑格尔的哲学均产生了重要影响。

I, 90　哲学家的主观任意还是有很多没有解释清楚的地方，因为哲学家最重要的事情就是先去找到形式或内容，然后才能从两者的一个产生出另一个。但是这种在精神中建立起那种确定的结合的力量必然会让人想到，此般结合的根据就位于人类精神之中，只是迄今的哲学尚未能彻底把握到这个根据本身，而正是这个根据可以**指引**哲学找到确定的形式与内容之间绝对的结合——一种理念，一种哲学只是慢慢才开始熟悉起来的理念，而且只要哲学还没有找到那个位于人类精神中的根据，那么哲学就只能在或多或少模糊的程度上将这个理念表达出来。很显然，无论是哲学的内容必然地产生出它的形式，还是形式必然地产生出它的内容，在理念中都只能存在唯一一种哲学，所有其他的哲学都只是这唯一一种哲学不同的映像而已，而且根据这个前提，其他哲学完全是由**主观任意**产生出来的，尽管主观任意仍然被人类精神中那个被遮蔽的根据**牵引**着，但并没有受到那个根据的**规定**。

全部**科学**——无论它的内容是什么——是一个归摄于**统一体**形式之下的整体。科学的所有部分都归摄于**唯一一个**条件之下，任何一个部分规定着其他部分，都是因为每一个部分都首先受到那唯一一个条件的规定。科学的这些部分叫作命题，这个条件则叫作**原理**（Grundsatz）。因此，科学只有通过**原理**才是可能的。统一体意味着有条件的诸命题之间持续联系，但它最高级的形式却并不是有条件的，而是**一切**科学的**普遍**形式，与个别科学的**特殊**形式截然不同，因为后者同时关联着它的确定内容。一切科学的普遍形式叫作**形式性的**形式，而个别科学的特殊形式叫作**质料性的**形式。因为要么是科学的内容产生出它的形式，要么形式产生出内容，所以要么是**形式**

性的形式只能由**质料性的**形式给定，要么是质料性的形式只能由形式性的形式给定。

每一门个别科学的原理并不能以这种科学本身为条件，反而**就具体科学而言**必须是无条件的。因此只有**唯一一条**原理。假如说还有更多的原理以科学为条件，要么这些原理之上**没有**第三种东西把它们结合起来，如果是这种情况，那么这些原理都是**不同的**原理，也就是说，都是**不同科学**的条件；要么就得有一个第三种东西把它们结合起来，如果是这种情况，那么这些原理都是并列的，因为它们归摄到第三种东西之下，而它们彼此之间是互相排斥的，所以这些原理就都不能是原理，而必须要预设一个更高级的第三种东西来作为它们共同的条件。

如果一门科学的原理要成为**整个**科学的条件，那么这条原理必须同时是科学的**内容**与**形式**的条件。而如果哲学是一门科学，那么在其中确定的内容与形式之间的结合就不可能出于单纯的主观任意。哲学的最高级的原理也不能仅仅建基于科学的整个内容与形式之上，而必须要在自身之中就包含一个内容，而且这个内容与原理的确定形式之间的结合也不出于单纯的主观任意。

就此，哪怕我们还不能主张哲学就是一切其他科学的条件，但哲学本身不能以任何其他科学为条件。因此哲学原理的内容也绝不能来自于任何其他科学，哲学原理的内容应当是科学本身的一切内容的条件，一种**截然无条件**的内容。因此我们马上就可以主张，哲学的内容是所有科学的一切内容的基础。哲学的内容是截然无条件的，是由一个**截然**无条件的原理给定的，所以一切其他内容也都只能以这个截然无条件的原理为条件。假设存在一个某一门科学的内容凌驾于哲学的内容之上,那么哲学就以这门科学为条件,这与我们的设想不符。假设某一门科学的内容与哲学的内容并列,那么两者就必须预设一种更高级的内容,**在其之下**两者才能够彼此并列。①因此,要么必须存在一种超越了哲学与一切其他迄今存在着的科学的崇高的科学,要么哲学本身必须包含了一切其他科学的终极条件。那样一种科学因而只能是哲学本身的终极条件的科学,因为我们发现,哲学究竟如何可能的问题,正是从属于这种科学的领域的。人们可以将这种科学称为哲学导论(Propädeutik der Philosophie)或者第一哲学[Philosophia prima],因为这种科学同时也能够成为一切其他科学的条件,所以也许更适合将这种科学称为一切科学的理论(科学)、原初科学(Urwissenschaft)或者**典范科学**(Wissenschaft κατ' ἐξοχήν)。

简要地说,无论我们从什么样的角度思考,哲学完全就应当是一门科学,所以哲学都必须以一个**截然绝对**原理为条件。这条原理应当为哲学真正地奠定基础,所以它必须包含一切内容与形式的条件。

哲学就其内容与形式而言作为科学如何可能?它的内容是仅仅凭靠主观任意而包含了它的形式,还是说,是两者互相产生出对方?就单纯地阐发其意义而言,上文提出的这一问题目前已经解决。随

---

① 人们会问,你这些证明是从哪儿开始的?——从人类知识的原初形式开始!——当然,我能提出这个原初形式本身,只是因为我预设了一个人类知识的原初统一性(也就是原初形式本身),这是一个循环论证。——但是,除非人类知识中根本不存在什么**绝对的东西**,否则这个循环论证就是不可避免的。绝对者只能由绝对者给定。绝对者存在,只是因为绝对者(A = A)存在。这些会在下文中得到进一步澄清。

之可以得出，一个**截然**无条件的内容只能拥有一个**截然**无条件的形式，反之亦然；因为，如果一方是有条件的，那么就会导致，另一方本身仍然是无条件的，但又因为与一个有条件的东西结合而成了有条件的。因此最高原理的形式与内容的结合既不能是主观任意的，也不能受任何第三者（一个更加高级的原理）规定。最高原理的形式与内容只能彼此以对方为条件，彼此产生出对方，并且必须只有在与彼此的结合中才是可能的（原理的内容与形式的内在形式因此就是**以自身为条件的东西**的内在形式，只有通过这种内在形式，外在形式，即**无条件的被设定的存在**才会成为可能的）。那个横亘于迄今一切去建立一种作为科学的哲学的尝试的路途上，却似乎从未得到足够清晰阐发的问题就此解决了：由于每一种原理似乎都预设了一个更高级的原理，那么最高原理应当是质料性的还是形式性的？

I, 93

如果最高原理是质料性的，也即，是一个只为哲学确定的**内容**奠定基础的原理（比如莱茵霍尔德的意识命题），那么最高原理就不仅是**全部**原理（就其**可能性**而言），而就其**现实性**而言还是归摄于形式之下的确定的原理，这个形式将这一原理规定为一般原理以及**确定的**（表达着确定内容的）原理。比如说，作为一种质料性的原理，莱茵霍尔德的意识命题就始终是一个有条件的命题。正如埃奈西德穆斯所说，意识命题应当有一个主词与一个谓词；但如果我不先去预设一个表达了主词与谓词之间的联系的形式，这两者的结合究竟又是如何可能的呢？但只要那种形式不是现成的，又是什么阻止了我去扬弃掉两者之间的结合呢？如果我没有一个被设定的存在的形式，我又怎么能够在任何一个命题里设定出东西呢？只要我通过一个命题表达出了一个确定的内容，那么这个内容就与任何别的内容都不一样。如果我不预先设定一个设定活动的形式，这个形式将每一个确定的内容都规定为不同于一切其他被设定的东西的内容，我又如何可能去设定一个不同于任何其他东西的内容呢？

I, 94    如果最高原理是单纯形式性的，也即，它仅仅表达出一个确定的形式，比如说莱布尼茨哲学的最高原理，那么这个形式必须就是**无条件**的，否则那个表达出无条件形式的原理作为原理就不可能是最高级的原理了，因为即便它是**全部**原理，但对这条原理而言它的形式本身却是由一个更高级的原理规定的。任何普遍性的形式必然要预设一个内容（**某种被设定出来的东西**），任何绝对无条件的普遍形式必须要预设一个确定的、仅仅对它可能的内容。①

现在我们处于一个神奇的循环中，要想跃出这个循环，我们只能依赖于我们通过阐发那个最高原理的概念已经得出的设想，即存在唯一一个最高级的绝对本原，这个绝对本原给定了最高原理的形式（结合了一切形式的形式）以及最高原理的内容（结合了一切内容的内容），最高原理的形式与内容互相为彼此奠定基础，因此最高原理不仅仅表达出了哲学的全部内容与形式，还给定了最高原理本身所固有的内容与形式（因为最高原理包含了一切内容的内容，所以最高原理同时也赋予自身以自己的内容；因为最高原理作为不确定的原理，是一切形式的形式的原理，又因为最高原理也是**全部**原理，因此它同时也赋予自身以自己的形式。由此质料性的形式产生出了形式

---

① 至少我曾经徒劳地尝试去寻找一种矛盾律的公式，这种公式不预设任何内容（因此是一种质料性的原理）。那些不认为这是先天必然的人不妨去尝试一下后天地[a posteriori]找找看，看看他们是不是会比我更加幸运。

性的形式)。

因而如此这般的最高原理所给定的不仅仅是一种全部科学的内容与形式,还有**结合**了这两者的确定的形式。最高原理将内容与形式之间交互规定的形式给定为这种结合的普遍形式。在一切其他(与最高原理不同的)科学原理中,只有那些原理就其内容或形式而言由那个最高原理规定,它们确定的内容与形式之间的结合才会是可能的。然而,如果这种结合的形式与内容都由最高原理规定,但在最高原理中只存在这种结合的一种可能的形式,那么就会导致:如果不仅那些个别地被推导出来的原理的内容与形式受到最高原理的规定,还有这些个别原理的形式与内容的**结合**也受到最高原理的规定,那么这样的结合之所以能存在,是因为个别原理的形式与内容彼此都是与对方结合着,因而都是被规定的东西。

迄今所有解决一切原理的原理的问题的尝试都遭遇了失败,这显然在于人们始终只是试着去解决一部分的问题(一半人只考虑一切原理的内容,另一半人则只考虑一切原理的形式)。①因此毫不奇怪的是,只要形式性原理与质料性原理彼此之间互相奠定的基础仍然被误解,那么要么就是个别被建构出来的形式性原理缺乏**实在**

---

① 那些仍然不能理解这个问题的人,也许还会质问,为什么一切科学的最高条件不能由一个质料性的原理与一个形式性的原理共同组成呢?答复是,因为科学有统一性,因此科学只能建立在一个包含了绝对的统一性的本原之上。如果我们接受那些人的建议(不存在一个包含了这**两者**的本原),那么这两条原理中的每一个就其自身而言都是**不受规定的**,但就**彼此**而言又是以对方为前提的。因而那些人不能一起设定这两条原理,而只能先行设定两者的**交互作用**。那么一旦把两者分开,那么就不止有唯一一个有着确定的内容与形式的科学,而是除了有只有一连串单纯内容的科学之外,还有只有一连串单纯形式的科学,这是不可能的。

性①，要么就是个别被建构出来的质料性原理缺乏**规定性**。

\* \* \*

那么我们应当如何找到那个包含着科学的一切内容与一切形式（两者互相为彼此奠基）的条件的一切原理的原理呢？探寻这一原理的进程的**整体**构思已经很完整了，因为这项研究的首要任务就是从这条原理中推导出一切科学的原初形式。

那么我们应当从原理回溯到原理，从条件回溯到条件，直到回溯到那个最高级的、绝对的、直言的原理吗？我们无论如何还是必须得从那些**选言**命题开始，也即，如果任何一条原理都既不由它自身规定（否则它自己就会是最高原理），也不由一个更高级的原理（这是我们之前想去探寻的）规定，那么任何一条原理都根本不可能成为一个回溯性研究的起点。但是一个彻底无条件的命题的概念中所蕴含的首要特征却为我们指明了找到这一命题的道路。一个如此这般彻底无条件的命题只能由其自身规定，只能根据**它自己固有的特征**被给定。因此它别无其他特征，除了绝对的无条件性；人们试图赋予它的其他所有特征，要么与绝对的无条件性相矛盾，要么已经被包含在绝对的无条件性之中。

一个彻底自在地本身就是**无条件的**原理必须要有一个本身也是无条件的内容，也即，这个内容不以任何其他原理的内容为条件（这个内容现在成了一个事实，或者说一种抽象或反映）。无条件

---

① 全部形式只能通过内容才能被实现出来。而同样地，没有形式的内容什么都不是（= 0）。

的内容之为可能，在于那个内容是一种原初地彻底被设定出来的东西，它的已设定的存在不受任何在它之外的东西的规定，因此它是个（通过绝对因果性）设定了自身的东西。因此，只有那个首先设定了一切其他东西的东西才能直截了当地被设定；只有那个包含了一个彻底独立的、原初的自身（Selbst）的东西才能够设定自身；这个东西被设定了，不是因为它**已被设定了**，而是因为它本身就是那个**正在设定着的东西**（das Setzende）。这个东西无非就是那个原初地经由自身被设定的自我，那个由一切上述特征刻画出来的自我。因此，自我直截了当地被设定了，它的已设定的存在不受任何外在于它的东西的规定，自我设定自身（通过绝对因果性）。自我被设定了，不是因为它已经被设定了，而是因为它就是那个正在设定着的东西。我们也不用担心找到除了自我之外的其他任何通过所有这些特征而被规定的东西。

因此，如果最高原理的内容与形式同时也是彼此互相奠定基础的，那么最高原理的形式就只能由自我给定，而自我本身也只能由形式给定。因为自我只是单纯地作为自我被给定，因此那条原理只能是：**自我就是自我**（Ich ist Ich）（**自我**就是该原理的内容，"自我就是自我"则是该原理的彼此交互产生的质料性与形式性的形式）。如果存在着一个不同于自我、却又由这些同样的特征规定的东西，那么那样的原理的内容与形式就一定不能相互给定，也即，这条原理就必须如下所述：自我 = 非我（Ich = Nichtich）。我们这里似乎不可避免地陷入的这种循环，正是那个最高级的命题的**绝对显明**（absolute Evidenz）的条件。最高级的命题的形式必然包含了它的内容，它的内容也必然包含了它的形式，这个上文已证明的前提已经解释清楚为什么这个循环是不可避免的。要么就根本不存在什么最高原理，要么最高原理就只能从它的内容与形式彼此交互奠基的活动中产生出来。

这个最高原理给定了一个**绝对的已设定的存在的形式**，而这个形式本身又反过来成了原理的内容，对此这个形式当然只能拥有它自己固有的形式，因此这种形式的普遍表达就是：A = A。如果无条件的已设定存在（A = A）的普遍形式还不是任何一条原理的一切可能的内容的条件的话，那么最高原理就只能是：自我 = 非我。

反过来说，如果最高原理的内容与形式**完全**不是由自我给定的，那么自我就不是自我，因而那个绝对的已设定的存在的形式（A=非A）就是不可能的。因而A只能在自我之中被设定出来，非A也只能在另一个不同于自我的自我之中被设定出来，因此就存在着两个不同的自我，完全不同的东西分别被设定在两个自我之中，因而A>A，或者A = 非A就是可能的了。

因此如果自我不 = 自我，那么A = 非A①，而如果A = 非A，那么自我 = 非我。

这样一来，第二条原理的内容（以及形式）也就被给定了：**非我不是自我（非我>自我）**。作为原理的内容，**全部**非我被界定为一种**全部**原理的可能的内容。因为那条原理的内容来自一个更高级的原理，那条原理的形式因而是间接地有条件的。但因为这条原理的内

---

① 不是说因为规则A = A在这个**特定**的情况下无效，就可以说它至少能在其他情况下有效；而是因为如果那个原初形式的基础不在命题自我 = 自我之上的话，它就**根本**没有任何别的基础，也不会有任何**实在性**，它根本就不会存在。除了那个以自身为条件的原理给定的形式之外，不存在任何其他**无条件的**形式。

容本身直接地规定了形式，因此这条原理的形式是**直接无条件的**，即仅仅受这条原理本身规定。因为非我是对立于自我而被设定的，而自我的形式就是无条件性，那么非我的形式就只能是**有条件性**。只有在非我以自我为条件时，非我才能成为原理的内容。既然无条件性的形式的基础在于最高原理，那么**有条件性**的形式的基础便在于第二条原理（只要自我只是单纯地设定自身，那么无条件性的形式——一种不以任何事物为条件的无条件性——就会囊括一切可能的形式）。只有当最高原理规定了第二条原理的内容，而这个**内容**同时规定了形式以及形式与内容的结合时，第二条原理的确定的形式与内容之间的**结合**才会是可能的。

自我由自身设定。非我也由同一个自我设定，因此，如果自我设定非我不是自我设定自身的原因，那么自我便扬弃了自身。因为自我本身**是原初无条件地被设定的**，但当自我设定其他东西的时候，自我就不能**原初地**设定自身了，所以只有在自我之外的第三个东西里，自我才能设定其他东西。之所以会产生第三个东西，是因为自我设定了非我，所以自我才设定自身。在第三个东西中，自我与非我以互相排斥彼此的方式被设定出来。自我与非我互相排斥彼此而又共同关联所产生出来的第三个东西，之于这个关联的各种条件的关系，就好比一切有条件的东西的整体之于个别条件的关系。因此第三个东西必然存在，它同时以自我与非我为条件，因而第三个东西是自我与非我的共同产物。在第三个东西中，自我与非我是同时被设定的。①

---

① 自我绝不能失去它的原初形式（无条件性），因此自我不**以这第三个东西为条件**，相反地，因为被自我**当作条件**的非我被设定了，**所以**自我被设定为无条件的东西。只有当自我是无条件的，自我才会由一个有条件的东西设定。

就此得出**第三条**原理,它的**内容**是**无条件地**被给定的,是因为由自我(出于自由)设定了非我,因而自我**只能通过自身**设定自身;它的形式则恰恰相反是有条件的,也即,它的形式只有通过前两条原理的形式,作为**一种由无条件性规定的有条件性**的形式才是可能的。第三条原理的形式与内容的**结合**之为可能,是因为它的形式受到前两条最高原理规定;而因为这种结合的确定的形式只有通过这种结合的确定的内容才是可能的,所以第三条原理的内容同时也是由前两条原理规定的。

这条原理直接为表象与意识理论奠定了基础,因此**意识与表象的理论**之为可能,只在于那三条一切原理之原理。①

在这三条原理中,第一条原理就其内容与形式而言都是**截然**

---

① "但是自我、非我以及表象之为可能只在于意识,因此意识必须是一切哲学的本原"。——自我、非我以及表象都由一个表象给定,而这个表象又由意识(以主观的方式)**给定**。但是迄今的推证已经阐明,它们之所以能够由表象因此也是由意识给定,是因为它们在之前已经(以客观的、**独立于**意识的方式)要么是**无条件的**(比如自我),要么是**有条件的**(是以无条件者为条件,而不是以意识为条件)被设定好了。当代的哲学家们首先想到的行动确实是一种意识的行动,但是这种行动的可能性条件在于人类精神本身的一种更高级的行动。此外,因为表象的概念由那三条原理规定,所以**表象**的概念是**整个哲学**的基础。**实践**意义上的表象无非就是绝对自我之于表象中所包含的自我的直接规定性,以及表象中所包含的非我的扬弃,因为表象中的非我已经被包含在绝对自我的规定活动的形式之下。在**理论**哲学中,绝对自我的最高级的行动是**自由的**,但是就其形式(因果性)而言又必然地关联于非我;又因为绝对自我规定了那个被包含在表象中的自我,因而就其**质料**而言绝对自我又是受非我限制的。但在**实践**哲学中恰恰相反的是,绝对自我的最高级的行动无论就其**内容**还是形式而言都是自由的,也即,绝对自我的行动关联着被包含在表象中的自我,因为后者的规定性通过非我被扬弃了。——但这些只能被陈述出来,而不能被证明出来。我们只能预先指出,实践哲学之为可能也仅仅在于最高原理"我 = 我"。

无条件的；第二条原理仅仅就其形式而言才是**直接**无条件的；第三个原理仅仅就其**内容**而言才是**直接无条件的**。这三条原理囊括了科学的一切内容与形式。而自我原初地就被界定为最高级的条件。因为自我是所有以自我本身为条件的东西的**条件**，而以自我为条件且仅仅以之为条件①的东西只能是非我，所以非我由自我给定。那么现在剩下的就只有那**第三个东西**，在其中自我与非我结合为一。简要地说，我们已经穷尽了所有能够成为科学的内容的东西：这些东西要么被给定为彻底无条件的，要么被给定为有条件的，要么同时被给定为既是无条件的又是有条件的。不可能再有第四个东西，因为在这些原理中内容仅由形式给定，形式仅由内容给定。而因为这些原理已经囊括了科学一切可能的内容，因此这些原理也囊括了一切可能的形式。这些原理包含了一切科学的原初形式：**无条件性**的形式、**有条件性**的形式以及**由无条件性规定的有条件性**的形式。

\* \* \*

就此，那个作为本文真正的对象的问题已经得到解决。但这个解决方案可以深入到哪里，以及这个解决方案可以为过渡到剩下的那些从这三条最高原理推导出来的原理提供多少线索，读者要么需要自己预先判断，或者等待理念自身的彻底阐明。因为对于很多人来说，相比于那些人们已经习以为常的形式，所有那些在全新的形式

---

① 那个以绝对自我为条件的、包含在表象之中的自我也因此且完全因此就是非我。

I, 102 之下被呈现出来的东西①才是更好理解而且更容易接受的，所以一切科学的原初形式问题的新解决方案与迄今这一问题的各种解决方案之间也是一样。但那种形式的命运只有从哲学的那个特定节点开始才变得重要起来，从那个节点开始，哲学第一次以确定的方式设想：在能够开始谈论科学之前，不仅必须要设定好个别的形式，而且必须要设定好一切形式的本原。**笛卡尔**已经通过他的"我思故我在"解释过这一点了，但很遗憾他没能再进一步。笛卡尔已经踏上了那条将一切哲学的原初形式奠基在一个实在性的本原之上的道路，但他却离开了那条已经踏足的轨道。他的学生**斯宾诺莎**也感到这种需求，去为一切人类知识的形式奠定基础；斯宾诺莎将知识的原初形式从它的自我之中分离出来，然后交给了一个与自我截然不同

---

① 那些主张我们迄今所讨论的东西是长久以来已经被承认的真理的人，他们说出的东西可能比他们自己相信的东西更加接近真理。如果他们都是错的，那也未免有些可悲。所有哲学家（那些值得这个名号的人们）都在言说他们的科学的最高原理，最高原理必须是显明的。**在他们看来**，最高原理的内容或形式必须互相为彼此奠定基础。**莱布尼茨**认为，矛盾律作为哲学的本原无非就是那个（包含了**绝对统一性**的）最高原理——"自我 = 自我"。**笛卡尔**则认为，他的"我思故我在"（Cogito, ergo sum）无非就是一切哲学的原初形式，就是一切无条件被设定的存在的原初形式。

　　这些哲学家反而比如今的某些人看得更加清楚，这样的哲学应当成为什么样子。莱布尼茨想要把哲学做成一门完全由概念推演出来的科学；笛卡尔想要从他的原理出发，实现那些由自我给定的**真东西**；更不用说，由纯粹理性批判、表象能力理论以及之后的知识学所产生出的科学，完全**按照逻辑运转**，只和那些由自我（自我的自由与自主）给定的东西有关。

　　因此，那些关于上帝存在的**客观性**证明，以及人民群众喜闻乐见的不朽之物的**客观存在**的证明的诸多谈论都可以休矣。而"自在之物是否存在"（这无非是在问，没有显现出来的东西是否也是显像）这个持续了许久的疑问也应当画上一个句号。人们只能知道由自我以及命题"自我 = 自我"给定的东西，人们知道这些东西，就和人们知道命题"自我 = 自我"一样。而相比于其他任何一种哲学知识，这种知识根本不会导向任何唯我论。

的、独立于自我的一切可能性的总括(Inbegriff)。——莱布尼茨则将那些被无条件设定为最受规定的东西的形式设定为一切知识的原初形式。人们却以最不可原谅的方式误解了这些哲学家,因为人们以为,莱布尼茨想要将矛盾律抬高为整个哲学——就哲学的形式与内容而言——的本原。但莱布尼茨明明白白地在矛盾律之外还提出了**充足根据律**,并且如此确定地强调(与**克鲁西乌斯**①或者他之后任何其他哲学家一样),人们要想找到哲学,就必须要超越矛盾律。莱布尼茨还根据一般意义上的充足根据律提出了找到哲学的方法,这种方法仅仅凭靠矛盾律(无条件者)还不能实现。但莱布尼茨这位伟大人物的哲学中还是有一个缺陷,因为他把这两个原理当成了不受对方规定的东西,因此他把这些原理的形式设定成了没有任何内容基础的形式。简言之,莱布尼茨只解决了一切哲学的可能性问题的一部分,而且正因此,即使是他已经尝试解决的那部分,也没有得到彻底完满的解决。因此如果人们没有正视莱布尼茨原理中缺失的那些东西并改进之,那么人们就会误解他的原理中正确的东西。

面对莱布尼茨大多数学生的对他们老师的误解,批判哲学的建立者(康德)却为莱布尼茨这位伟大的思想家留下了最美妙的辩护词。相比于他的先驱已经做到的(莱布尼茨仅仅满足于一般性的草案),康德不仅将那条哲学的道路勾画得更加细致,而且将莱布尼茨描绘出的那条轨道连贯地延续下去,从而能导向一个目标。(**分析**)与(**综合**)的形式之间的决定性区分,让莱布尼茨基于一切哲学的形

---

① 克里斯蒂安·奥古斯特·克鲁西乌斯(Christian August Crusius, 1715—1775),德国哲学家、新教神学家,以积极反对莱布尼茨与沃尔夫的哲学而出名,对康德哲学产生了很大影响。——译者注

式构画出的那个摇摇欲坠的草案获得了坚实的基础。与莱布尼茨不同，康德从一开始就将一切哲学的原初形式设定为**现成的东西**，原初形式独立于任何最高本原，而且原初形式本身就是这种被康德设定为彻底完满的形式（康德也将这个形式设定为一切可能思维活动的形式）与思维活动的那些个别形式之间的联系。但分析判断与综合判断的那个区分又从何而来呢？这个原初形式得以奠基的本原又在何处？那个推导出思维活动的个别形式——在康德的设定中这些个别形式不会回溯到任何更高级的本原之上——的本原又在何处？这些疑问仍然没有得到解答。而除此之外还有一个缺陷（已经能预估到这个缺陷，而随后确实证实了这个缺陷），即思维活动的这些形式缺少来自本原的规定，而这个规定能够澄清一切关于这些形式的误解，能够将这些形式彼此间彻底区分开来，并且能够阻止这些形式之间一切可能的混淆。简言之，这个规定之为可能很显然在于一个更高级的本原。

康德将分析与综合的形式设定为一切思维活动的原初形式。但这一原初形式从何而来，为它奠定了基础的本原又在何处呢？迄今的演绎已经解答了这个疑问。这一形式是由一切知识的诸多最高原理给定的，同时这一形式也伴随着一切知识的内容并且不可分割地由内容给定。因此我们得到了：

1. 一个截然无条件的形式，即一切命题被设定的存在的形式，这个形式只以命题本身为条件，因而不预设任何其他更高级的命题的内容，简言之，就是无条件性的形式（矛盾律、分析形式）[①]；

---

[①] 人们会注意到，这里谈论的仅仅是**全部被设定的存在的类型**，而不是命题的**内容**。因此这里只是在讨论，命题作为命题（而不是作为有着特定**内容**的命题）是不是无条件地被设定的。这些会在下文中得到更清晰的说明。

2. 一个有条件的形式，它之为可能仅仅在于一个更高级的命题的内容，因而就是有条件性的形式（根据律、综合形式）；

3. 一个由以上两条一起设定出来的形式，因而就是由无条件性规定的有条件性的形式（析取律、分析与综合形式的结合）；因为一旦分析与综合的形式被固定下来，那么统一了两者的第三个东西自然而然地就会规定出一个虽然本身并不新奇但是并不因此就少一分重要的形式。因此特别使人诧异的是，那个伟大的哲学家在提出作为一切思维活动的原初形式的两个形式的时候，没有再加上第三个形式，而当他在列举那些独立于原初形式的思维活动的个别形式时，却总是已经加上了第三个形式。这第三个形式之为可能，完全在于分析与综合形式的原初结合，或者说原初形式的第三种模式。

对于整个哲学来说，康德设定的一切知识的（分析的与综合的）原初形式越是重要，人们就越惊诧，因为康德用图表清晰展示出的知识的**个别**形式之间的联系竟然完全不受那个原初形式的规定。康德甚至没有将那个原初形式与一个本原联结起来①，而是粗暴地[ex abrupto]直接将那个原初形式设定出来，因而那些由之推导出的形式也被呈现为不依赖于任何本原的东西。更加了令人诧异的是，如果我们去看康德自己保证的东西：所有这些按照四个环节分组的形

I, 105

---

① 《纯粹理性批判》中确实已经指出了这种关联了一切科学的形式的联系及其重要性。参见：先验要素论-第二部分 先验逻辑-第一编 先验分析论-第一卷 概念分析论-第一章 发现一切纯粹知性概念的探索-第三节第11小节（《纯粹理性批判》，B109-114。——译者注）。

　　康德在**这些段落**中指出的这些东西正是这位令人敬佩的思想家在科学大厦上留下的点点星光。在上文提到的费希特著作（《论知识学的概念》——译者注）的前言中，**费希特**试图用来刻画这种联系的推证的正确性，恰恰是由康德指出的东西所保证的。

式都有着一些共性的东西，比如说，每一组形式的数目都同样是三个，每组中的**第三个**形式又都是由前两个形式的结合而产生出来的，等等。这些东西都指向了一个**原初形式**，所有形式都归摄于其下。而且原初形式能让所有形式知道，它们就形式而言**共有的东西**是什么。

但是人们更加容易就能明白的是，康德为什么没有真的去试着将一切个别形式都回溯到那个原初形式上去。只要人们仔细研究就能发现，康德还没有搞清楚原初形式本身，他把原初形式当成了一种过于专门的东西，因而没法成为其他形式的本原。在他的理解中，**分析**命题完全是那些被称为**具备同一性的**东西，而**综合**命题是那些**不具备同一性**的东西。而根据上文，原初形式的本原正是一个具备着同一性的命题"自我就是自我"（Ich ist Ich）。但是这个命题之所以是具备同一性的，是因为它的内容而根本不是因为它的形式，所以这个命题所表达出的形式是无条件被设定的存在的形式，独立于一切谓词，因而就是那样一种经由这个命题而被奠基为原初形式的形式。因而那样一个本原给定了**无条件被设定的存在的原理**，这个原理使得所有主体都与谓词一起被设定，而主体并没有因为谓词而被扬弃（矛盾律）。但归摄于这个原理下的显然不止主体把自身当成谓词的这几个命题，而是**所有**那些能够让主体通过谓词（不论是什么谓词）而彻底被设定出来的命题。比如说，康德会认为命题"A = B"是综合命题，但根本而言这实际上是个分析命题，因为这个命题以彻底无条件的方式设定了一些东西。但无论如何这个命题都不是**同一性**命题。——同一性命题之于分析命题的关系有如种（Art）之于属（Gattung）的关系。在同一性命题中主体将自身当作谓词，因此同一性命题已经直截了当地设定了一些东西。但按照康德自己的解释，普通逻辑学应当彻底从在一个命题中到底是什么谓词被添加给了主体这类问题中抽身出来，而只应该去关注谓词究竟是如何被添加给主体的。比如说，在分析命题中，不应当关注主体是由什么样的谓词截然设定的，而应当关注主体究竟是不是由谓词（不论是什么谓词）设定的。

对于被康德称为分析命题的那些命题，哲学语言不应当再使用"同一性命题"这类表述；而对于那些只表达了无条件的或者有条件的被设定的存在的命题，哲学语言应当保持分析命题与综合命题这些表述。现在，我们可以很轻松地将思维活动的个别形式回溯到原初形式上去，这样个别形式就能得到完满的规定，它们之间的混淆也得以避免，所有个别形式都可以被分派到固定的位置上，而再也不会有任何怀疑。

当人们仔细审视康德的形式表，马上就能发现，康德没有将原初形式设定为其他形式的本原，没有将原初形式设定为比其他形式更基础的东西，而是将原初形式与其他形式混为一谈。人们经过更仔细的研究就能发现，**关系**（Relation）的形式不仅仅为其他形式奠定了基础，而且确实就是与原初形式（分析的形式、综合的形式以及两者混合的形式）同一的。

**定言形式**无非就是**无条件被设定的存在**的形式，是由所有原理中最高级的原理给定的，而且完全只与谓词（无论是什么谓词）被设定出来的方式有关。这种形式完全受无条件被设定的存在的法则（矛盾律）支配，因此是分析的形式。

**假言形式**无非就是**有条件被设定的存在**的形式，由第二条最高原理给定,而且只归摄于第二条最高原理之下,因此是综合的形式。

**选言形式**无非就是**以所有条件的整体为条件的被设定的存在**的形式,因此选言形式由上述两者一起设定,而只由第三条最高原理给定,因此是混合的形式。

至于那些个别的形式,我们可以说:

1. 就**量**(Quantität)而言,归摄于**无条件被设定的存在**的原初形式之下的形式就是**统一性**(Einheit)的形式。只有统一性的形式是无条件的,而复多性的形式则是以统一性的形式为条件的,因此归摄于**有条件**被设定的存在的原初形式之下的量的形式只能是**复多性**(Vielheit)(比如说,命题"A是B"只在定言命题$A^1$、$A^2$、$A^3$、$A^4$等等的条件下才是有效的)。那个归摄于**由无条件性规定的有条件性**的原初形式之下的量的形式因此必须是受统一性规定的复多性,即**全体性**(Allheit)。所以一个更加普遍的命题既不能是定言命题也不能是假言命题,而只能同时是两者。这个命题是定言命题,因为它归摄于其之下的那些条件都是**完满**的(比如说,命题"所有的A都是B"是一个定言命题,因为这个命题的所有条件——命题$A^1$、$A^2$[直到最后一个可能的A]都等于B——都是完满的)。这个命题也是假言命题,因为它确实归摄于这些条件之下。

2. 就**质**(Qualität)而言,归摄于**无条件被设定的存在**的原初形式之下的形式只能是**肯定**(Bejahung)的形式,而归摄于**有条件**被设定的存在的原初形式之下的形式只能是**否定**(verneinend)的(一个有条件的命题中没有无条件被设定的存在,而只包含了一个有条件被设定的存在。一个否定的命题因此始终预设了一个肯定的定言命题，比如命题"非我＞自我"预设了命题"自我 = 自我"。由前两条最高原理规定的第三种形式因此只能是统一了肯定与否定的形式，但绝不能只表达出两者中的一个①）。

3. 就**样式**（Modalität）而言，归摄于**无条件被设定的存在**的原初形式之下的形式只能是**可能性**。因而只有可能性的形式是无条件的，尽管可能性本身是一切现实性的条件。因为命题"自我 = 自我"是无条件的，所以它具备着单纯的可能性。

而那个归摄于**有条件**被设定的存在的原初形式之下的样式的形式就是现实性。因而有条件的命题是由一个给出条件的（bedingenden）命题给定的，古往今来的逻辑学家们将这种命题无非设定为关联于单纯的可能性的假言命题。

这两种形式的统一给定了一个经由可能性规定的现实性，即**必然性**（Notwendigkeit）。因此一切同一性命题都是必然的。因为这些命题是无条件的，所以它们归摄于可能性的形式之下；而因为它们又是以自身为条件的②，所以它们又归摄于现实性的形式之下。命题"自我 = 自我"只可能是定言命题。由于它不以一个更高级的命题

---

① **肯定**的形式不等同于无条件被设定的存在的形式，尽管前者是由后者设定的。因为人们也能（在第三种样式中）设想一种**否定**的无条件被设定的存在。但即便是这样一种否定的无条件被设定的存在的可能性也预设了一种**否定本身**的形式，而这种否定的形式又预设了**肯定本身**的形式。这两种形式只能在第三种形式中合二为一，因此否定的无条件被设定的存在产生出了那种被逻辑学家们称为**无限**的命题。

② **无条件被设定**与**以自身为条件**是两件完全不同的事情。一个命题可以是无条件被设定的，但又不**以自身**为条件；反过来则不可能。但如同我们已经证明的，一切科学的最高原理，作为**一切无条件的形式的原理**、作为**一切无条件内容的原理**、作为在任何东西无条件地被设定之前就已经首先是完全可能的原理，必须不仅是**彻底**无条件的，而且必须是**以自身为条件**的。最高原理的内容是：最高原理以自身为条件；而由这个内容必然产生出的外在形式则是，最高原理是无条件被设定的。

为条件,而同时仅仅以自身为条件,所以它成了一个必然命题。因此很显然,同一性命题表达出了一种归摄于分析命题的普遍形式之下的单纯的个别形式。就此也可以澄清,所有同一性命题都必须是定言命题,但不是所有定言命题都是同一性命题;正因此,因为同一性的形式归摄于一个更高级的形式之下,所以它并不是一切哲学的原初形式,那个所有**无条件被设定的存在**的形式才是一切哲学的原初形式;也正因此,由命题"自我 = 自我"奠定基础的并不是同一性的形式,而是作为原初形式的无条件被设定的存在的形式。这个命题本身所包含的同一性的形式是以那个已有的原初形式为条件的;因此人们只能从这个命题中认识到那个作为原初形式的形式,在这个命题本身中这个形式不再是有条件的。因此就可以解释清楚上文中的悖谬:命题"自我 = 自我"作为定言命题完全归摄于可能性的形式之下,而正因此,这一命题才能够成为科学的一切内容与形式的本原。

但还剩下一个疑问:排列那些被推导出来的形式所依据的这些量、质、样式的环节来源何在?答案很简单。它们都是由最高原理直接给定的,而且完全是以最简单的方式从最高原理之中作为被给定的东西而产生出来的。当人们彻底搞清楚应当如何理解从这些环节中推演出来的东西时,就不可能再从任何已有的概念中去推导出这些环节了。这些环节都必须完全作为事实从本原中被推导出来,而本原彻底表达出了这个事实。①

---

① 这也适用于**莱茵霍尔德**关于这些形式的推演,顺便说一下,莱茵霍尔德的作品就形式而言确实是一部哲学技艺的典范之作。莱茵霍尔德必须先预设好统一性与复多性的形式,才能推演出剩下的形式。

一切知识的起先就被给定的内容（自我、非我以及两者的产物）还有一切科学的形式就这样被规定了，而内容本身只有以形式为条件时才是可能的。推演一切知识的原初内容（Urinhalt）的各个组成部分的形式的过程，与推演全部知识的形式的过程是完全一样的。这是自然而然的，因为那个本原同时为内容与形式，或者说为质料性的形式与形式性的形式（这种形式原初地被赋予内容，内容又是在其之下被设定的）奠定了基础。埃奈西德穆斯对莱茵霍尔德推演主体与客体的原初形式的质疑似乎显得更胜一筹。就此人们还能继续追问（埃奈西德穆斯没有继续问下去），莱茵霍尔德究竟为什么只推演出了归摄于原初形式之下的主体与客体的唯一一类形式，而却根本没有去推演表象①的形式？只要完整地推演出主体、客体以及表象的**全部**形式就可以驳斥埃奈西德穆斯几乎所有剩下的反对意见。只要能证明，主体的形式本身就是无条件性的形式，而客体的形式就是有条件性（以主体为条件）的形式，那么自然就可以得出，主体在第三个东西（表象）中把自身当作客体，正如规定的东西把自身当作可以被规定的东西（统一性之于复多性、实在性之于否定性、可能性之于现实性）。简言之，基础哲学所有余下的命题都可以清晰扼要地从那唯一一个命题中推导出来，莱茵霍尔德的推演没有为这唯一一个命题奠定基础，而其他这些命题之间的联系也比表象能力理论中的联系来得更加清晰。

I, 111

---

① 上文中已经说过，不论其内容是什么，**如此这般**的表象就样态而言是**必然的**。这就是由那些最高原理规定的表象的形式。

# 后 记

整个研究——上文所呈现的是这种研究的一个样例——在开端处必然是枯燥的,前途也不是那么光明的。但是,每种科学不都是从开始的那唯一一个小小的零点出发,然后散发出无数无限延展的光线吗?这难道不正是一切科学之科学的优点吗?而当下我们讨论的事情——实现一切哲学探究的最终目标——并不会因为这份严肃的事业在开端处缺少想象力的光彩而难以实现。

笔者自己并不能判断,自己所能够给出的展示是否已经错失了当下的研究。就这样吧。笔者十分乐于将这篇稿件呈递给公众,除此之外别无所求,但愿那些重视这一尝试并专注于那个目标的人们忘掉笔者,也一并忘掉这些展示的方式吧!当笔者有时候提到那些在他们所处时代最伟大的哲学家们留给后来人的东西时,尤其希望那些人们不要抵触这些表达。语词只是声响,而且——诶,只是常常不过是鸣的锣,响的钹罢了![①]——因此笔者希望,对于他的所有读者们而言,这种伟大的感觉都不陌生。对于每一个曾经能够拥有真理的声音的人来说,这种感觉必然会产生一种终将实现的知识、信仰

---

[①] 《哥林多前书》13:1,"我若能说万人的方言,并天使的话语,却没有爱,我就成了鸣的锣,响的钹一般。"——译者注

与意愿的统一体的愿景。这也是人类的终极遗产。在不久的将来,人类将比过往任何时候都更响亮地去索求这种遗产。

哲学家们经常抱怨,他们的科学几乎不能影响人们的意愿和整个人类的命运,但是他们注意过,他们到底在抱怨什么吗?他们抱怨,一种不能产生任何影响的科学是根本不可能存在的;他们抱怨,人们不让原理发挥作用,而只有一部分人类,而且还是在完全不同的层面上才会认为这些原理是真的。如果人们自己都还不敢把真理女神当成唯一的真理,谁又会去听从她的领导呢?谁又能用许多人仍然疑虑重重的药物去治疗人类的病邪呢?又该如何从心性迥异的人群中去找到这样的药物呢?在你们将处于神性形态的永恒真理从天堂召唤到尘世来之前,你们只能首先在人类自身中去寻找那个能让所有人膺服于永恒真理的神迹!这些东西就都要加给你们了!①

图宾根,1794年9月9日

---

① 《马太福音》6:33,"然后你们要先求他的国和他的义,这些东西都要加给你们了。"——译者注

# 论自我作为哲学的本原
# 或
# 关于人类知识中的无条件者

## 1795年
## (1809年再版)

F. W. J. Schelling, *Vom Ich als Princip der Philosophie oder über das Unbedingte im menschlichen Wissen*, in ders. *Sämtliche Werke*, Band I, S. 149-244. Stuttgart und Augsburg, 1856-1861.

# 论自我作为哲学的本原或关于人类知识中的无条件者

首先须得明了,要忖测上帝或人类,　　　　　　　I, 150
我等岂不只能,以自身所知为依归?
我等对人的认识,限于其现世位分,
岂不只能以之为,演绎参照与基准?
虽然说无数世界,无不知上帝圣名,
但我等只能安分,在此世觅祂踪影。

蒲柏:《论人》,第一札,第十七行[①]
（第一版题词）

---

[①] 此处参照了李家真的译文。参见[英]亚历山大·蒲柏:《论人》,李家真译,北京: 商务印书馆,2022年,第8页。——译者注

# 第一版前言①

除去一名作者能向他的读者与评论家提出的任何请求,在此对本文的读者与评论家们只有唯一一个请求:请在本文的整个上下文语境里阅读本文,否则还不如干脆不要阅读;请仅仅根据文章的整体,而不是根据从文章整体中剥离出来的个别篇章来评判作者,否则就不要做任何评判。总有一些读者,对每篇文章都只是匆匆一瞥,只求赶快罗织能够将作者定罪的东西,或者只求找到脱离了那篇文章的关联背景便不能理解的篇章段落,然后他们便可以证明给那些根本没有读过那篇文章的人们看,说那篇文章的作者在胡言乱语。比如这类读者就会说,本文中根本没有将斯宾诺莎形容为"一条死狗"(在此借用**莱辛**的说法),那么——这种人的逻辑是显而易见的——他们很快就会推断,本文作者试图沿着长久以来已经被批倒批臭的斯宾诺莎的谬误重蹈覆辙。

对于**这些**读者(如果还能这么称呼他们的话)我想说的是:其一,这篇文章既不是要将已经被批倒批臭的斯宾诺莎体系挫骨扬灰,也不是要去颠覆斯宾诺莎体系本身的基本原理;其二,我们知识

---

① 根据谢林《哲学著作集》第一卷中的重印版本(兰茨胡特1809年版)。

界备受欢迎的那些"凑合体系"（Coalitionssyteme）不过是些从所有可能的体系的破衣烂衫里东拼西凑出来的东西，反而会将真正的哲学置于死地。在我看来，相比于那些凑合体系，即便斯宾诺莎的体系有着这样那样的错误，但考虑到它独一无二的影响力，再怎么加以重视也是不为过的。斯宾诺莎的思辨以最自由的方式翱翔天际，冒着一切风险，要么整个成为全部真理，要么永远也不会成为真理。相比于那个伟大思想家的体系，我还是更乐意于向这些读者推荐这样的体系，它们在天地之间摇摆不定，没有足够的勇气去达到一切知识的终点，只安心于远远避开那些最危险的谬误。但我还是请这些所谓的读者三思，因为那些不够胆去攀登真理高峰的人，只能触摸到真理衣裳的边边角角，而根本无法得到真理本身；更加公正的后代人将会把那个不屑于有特权去犯可被原谅的错误，而是有勇气去不受束缚地拥抱真理的大写的人，远远抬高到那些因为害怕撞上崖壁岸滩而宁愿永远踟蹰不前的胆小鬼之上。

至于另一种从支离破碎的篇章里就能证明文章作者在胡言乱语的那些读者，我只能告诫自己，我宁可放弃那样的作家桂冠，能够做到写出的**每个**词不论上下文语境都是一个意思。恕我冒昧，但我非常清楚这里所呈现的想法都是我自己的想法，因此，我也毫不奢望来评判我的全是那些有着独立思考能力的读者。这整份研究都致力于本原，因此也只有**本原**才能检验这份研究成功与否。我试着将批判哲学的成果回溯到一切知识的终极本原上去。本文的读者因而必须要回答这唯一一个问题：那些本原到底是真实的还是虚假的？或者说（无论它们真真假假），那些本原真的能为批判哲学的成果奠定基础吗？在这篇文章里我想提出一种以本原本身为标准的验证方式，但我根本不可能仅仅去指望那些读者，对他们来说一切真理都无足轻重，而且他们认为理所当然的是，康德本人已经建立起他的哲学的最高本原，在康德之后则不可能有任何关于本原问题的新探索。然而，任何其他读者（无论他的体系是什么样的）都一定会被一切知识的最高本原的问题所吸引，因为哪怕他的体系是怀疑论式的，也都只能由体系的本原来确证为真。那些已经对真理失去了一切兴趣的人一事无成，因为人们只有用真理才能说服他们。

就此我认为，应当向这些坚持认为康德本人已经建立起一切知识的本原的康德信徒们讲清楚，他们只是在拿着康德的学说照本宣科，而没有领会到其精神。他们根本没能学着明白，整本《纯粹理性批判》的理路都不可能是那门作为科学的哲学的理路，而这本书开始的起点——原初表象的实际存在都并不是因经验而可能，而只有通过更高级的本原才能被解释清楚；比如说，他们不明白，被康德作为表象的首要特征确立起来的必然性与普遍有效性根本就不能以单纯**感觉**为基础（表象的必然性与普遍有效性如果不是由更高级的原理规定的，那么就必然会导致这种情况：表象的必然性与普遍有效性反而成了怀疑论的前提，这种怀疑论不受任何一种只是**单纯被感觉到的**必然性的支配）；进一步说，他们也不明白，空间与时间仅仅只能是直观的**形式**，不可能先行于**一切**综合，因此空间与时间不能预设任何**更高级的**综合形式①；同样的，如果那个为**一切**综合之为综合奠定基础的**知性概念**没有原初的形式与内容，那么就无法

---

① 我发现，贝克在他的康德评注的第二卷前言中流露了类似的想法。但我并不能断言，贝克的那些显然深入了康德的精神世界的想法与我自己的想法有多少联系。

设想任何**归属**于这个**知性概念**之下并由其派生出来的综合。

I, 154　　更为明显的是，康德的演绎一眼看上去就预设了更高级的本原。因此虽然康德将感性直观唯一可能的形式称为空间与时间，但他并没有按照任何本原（比如说，按照判断的逻辑功用的本原来解释范畴）将这些阐释清楚。康德完全是按照判断功用的表格，而不是按照本原来分类安置范畴的。如果人们细致考察这个问题，就会发现：判断中所包含的那个综合与由范畴所表达出来的那个综合都只不过是一种**派生的**综合而已，而两者只能由一种为这两者奠基的原初综合（全部意识的一中之多的综合）所把握，进而这种原初综合本身又只能由一种更高级的绝对统一体所把握；因此意识的统一体并不受判断的形式规定，恰恰与之相反，判断的形式以及范畴只能受意识统一体的本原规定。同样的，康德著作中许多显而易见的自相矛盾之处（在这些问题，特别是关系到自在之物的问题上，人们长久以来已经听任批判哲学的反对者们攻讦）必须只能完全交给更高级的本原去妥善解决，而《纯粹理性批判》的作者却只是默认了这一点。

　　最后，尽管康德的理论哲学号称构建起了最清晰扼要的联系，但实际上他的理论哲学与实践哲学根本没有由共同的本原联系起来。康德似乎把实践哲学建成了一栋与理论哲学大厦完全不同的建筑，而且实践哲学甚至成了整个哲学大厦的辅楼，完全位于来自主楼的持续火力之下。就此而言，由于哲学的第一个本原也正是它的最后一个本原，因而一切哲学（特别是理论哲学）的开端，必须也正是实践哲学的终点，是一切知识终结的地方，也是整个科学必须要能够实现它最高级的完满与统一的地方。

在我看来，之所以要讨论上文这些内容，完全是为了帮助人们理解从更高级的本原出发去阐释康德哲学的迫切需求。当然我也相信，在康德这里就会是这样的情况，因为人们一定会完完全全只按照那些康德已经必然预设的本原来解释他的学说，甚至一定要在他的词句的原来的含义之下挖掘其思想更本原的内涵。而现今的尝试正是要建立起这些本原。我唯能祈愿这份尝试能够成为对它所建立起来的那些本原的考验，哪怕是最严苛的考验——但凡它担得起这样的名头。它要考验的对象越重要，我就越感谢不尽。那位值得尊敬的评论者在本地的《学术通讯》（gelehrte Anzeigen）[①]上为我的论文《论一种全部哲学形式的可能性》撰写的书评中已经留意到文中所建立起来的那个本原，而这恰恰切中了我整个研究的核心问题。而我相信，本文接下来的内容很快就可以消释他的疑问。假如说那个被建立起来的本原是客体性的，那么人们就不可能理解，这个本原如何能不依赖于任何更高级的本原而存在；那个全新的本原的核心特征就在于它根本不是什么客体性的东西。我完全同意那位评论者的意见，**客体性的本原**不可能是最高级的本原，因为这样的客体性本原只能由另一个本原得出；而我与那位评论者之间争执的唯一一个问题就在于：究竟是否存在一种完全不是客体性的，但又为整个哲学奠定基础的本原？如果我们只是把我们的知识中最根本的东西当作外在于我们的一幅静止的油画（按照斯宾诺莎的比喻），那么我们根本就不可能知道我们究竟知道什么；但如果这个本原本身

---

① 谢林这里说的是刊登于《图宾根学术通讯》（*Tübingische gelehrte Anzeigen*）杂志1795年第12册上的匿名书评。参见*Tübingische gelehrte Anzeigen*, 12. St. den 9 Febr. S. 93-97. ——译者注

就是一切知识的条件,就是知识本身的认识的条件,就是我们的知识中唯一无中介的东西,那么我们就能知道"我们知道"这件事,我们找到了这个本原,正如斯宾诺莎所说,这个本原就是光明,它照亮了黑暗也照亮了自身。①

对于哲学来说不可接受的事情就是,先打着斤斤计较产出的小算盘来贬低关于本原的判断,或者干脆放任人们将本原等同于庸俗生活的物质利益。但是善意的人可能还是会出于好意去追问:这些完全是刚刚由人们建立起来的原理到底会通往何处?它们到底只应当停留在经院学术的象牙塔之内,还是应当过渡到生活本身之中去?只要人们不想以这种方式来预先规定好这些关于本原的判断,那么人们就始终能够回答他的问题。

也只有在这个意义上,只针对特定的读者们,我才会去讲明白那些作为本文立论根据的本原。也就是说,一种将自身建基于人类本质之上的哲学,是不会沦为那些僵死的公式的,那些东西无非就是人类精神的樊笼。哲学也不可能沦为一种哲学把戏,只是把现成的

---

① 在本文的原始版本中这里还有一段谢林针对在雅各布的《哲学年鉴》(*philosophische Annalen*)1794年1月第4册上发表的关于《论一种全部哲学形式的可能性》的书评的意见,这些意见中指出,书评人完全曲解了谢林先前在耶拿《文汇报》(*Allgemeine Literatur-Zeitung*)1795年第31期的"知识界专版"上刊登的澄清内容的意思。——原编者注。(谢林在耶拿《文汇报》1795年"知识界专版"第31期上的澄清内容原文如下:"关于在雅各布先生的《哲学年鉴》[1795年1月第4册] 上刊载的针对我的论文《论一种全部哲学形式的可能性》的评论文章,根本不值得做任何反批评,不过,针对这篇评论,我认为自己有必要 [并非对评论人,而是对《年鉴》的某些读者] 做出一些说明。我将在即将出版的新作前言中提及,这部作用将于下届书展期间以《论自我作为哲学的本原》为题面世。——那位评论人自己心知肚明,他的含沙射影何其露骨,对我的言辞的曲解又是何等昭然若揭。"[谢林,1795年2月23日于图宾根, *Allgemeine Literaturzeitung*, 1795, Intelligenzblatt, Nr.31, 25.03, S.248.] ——译者注)

概念不断地往更高处回溯，然后反而把人类精神活生生的行动当作僵死的能力草草埋葬。

请允许我借用一下雅各比的说法，哲学毋宁说应当朝着这样的方向前进，去揭示和开显实际存在。也就是说，哲学的**本质**与**精神**（而不是公式与字眼），哲学的最高级的对象，不可能是什么经由概念中介的东西，或是什么在概念中费力组合出来的东西，而只能是那个在人类中直接自身显临的东西。

更进一步说，哲学的使命不止是要提倡一种科学的改良，而更是要将本原彻底拨乱反正，发动一场本原的革命，人们会将其视为哲学领域内第二场可能的革命。第一场革命已经成功了，因为人们将认识客体树立为一切知识的本原；而第二场革命与第一场的变化不在于本原本身的变化，而在于从一个客体向着其他客体继续向前推进。但是，无论是学者还是大众都漠不关心，他们在打交道的是什么样的客体，因此，只是在哲学中从一个客体向前推进到其他客体并不意味着人类精神本身的向前进展。如果说人们还期待着一种能对人类生活施加影响的哲学，那么只有将本原彻底拨乱反正，才可能实现人们期待的这种全新的哲学。

理性那异常勇敢的冒险在于去解放人性、去消除客观世界的恐惧；这份冒险不容失败，因为只有这样，人才能认识到自己的力量，成为那个比形骸更大的自己。只要让人意识到他究竟是谁，他马上也就能学会如何成为他应当成为的人；只要在理论上教会他如何敬重自身，那他马上也就能学会如何在实践上做到这点。那些希冀人性能有什么巨大进步的善良意愿注定只是幻梦。人性要想被改进，意味着人性本来必须是善良的。因而，人类的革命必须要跃出

I, 157

关于人类本质的意识，人必须首先要在理论上是善良的，才能在实践上也是善良的。而一种以与自身协调一致的行动方式施行的最确切的预备实践就是这样一种认识，它发现人类的本质本身只能在统一体中并因统一体而持存。那些曾经有过这样想法的人们同样会看到，意愿与行动的统一体一定会成为一种对他们来说如此自然而然而又必然如是的东西，成为他们的实际存在得以保存的方式，而且人们一定还会发现，对人们来说，相较于人类躯体的机械结构以及人类意识的统一性，意愿与行动的统一体远远更加自然而然。

有一种哲学，它以人的本质只在于**绝对自由**为其首要本原。它认为人并非什么东西，也不是事物，就其根本存在而言更不是客体。然而，在一个衰颓的时代，人们大概并不能指望这样一种哲学有多少进展。因为这个时代在任何人类所特有的冲动的力量面前都畏畏缩缩。那种哲学的第一个伟大成果尽管似乎也要去暂时保存这个时代的精神，但也不得不屈从于客观真理的统治之下，或者至少不得不恭顺地承认，这种真理的**界限**不是绝对**自由**的结果，而只是由人类精神广为人知的**缺陷**与人类认识能力的**局限**所导致的。

哲学希望通过它正在开始的全新的伟大历程，来为人类精神指明一条新的道路，给那些衰颓的人们以滋补，给那些颓丧与崩溃的精神以勇气与自身的力量，通过想象自由来震撼那些客观真理的奴隶，教导那些只有在他的不一致中才一致的人们，他们只有通过统一他们的行为方式并且严格地追寻他们的本原，才能拯救自身。但假如这些都指望不上，那么这对哲学来说只会是一种低贱的怯懦。

人们思考这样一种伟大的思想的热情是难以抑制的。正如所有科学都在越来越快地奔向完满统一的一点（即便是经验科学也不例外），人类本身也是如此，统一性的本原从一开始就成了这种统一性的历史的范导性基础，并最终将作为一种构造性法则实现出来；正如人类知识的全部光芒和许多世纪的经验最终将汇聚到真理唯一的焦点上，并将许多伟大的精神已经呈现出来的理念化为现实：所有不同的科学最终必须成为唯一一个整体，同样，人类迄今为止走过的各种道路和弯路最终也将汇聚到唯一一个点上，届时人类将再次汇聚在一起，作为唯一一个完满的人格，遵守那个构造性的自由法则。无论这样的时间点多么遥远，无论那些对于人类进步的勇敢希望还要被狂妄地嘲笑多久，对于那些觉得这些希望并不愚昧的人们来说，通过共同的努力来完善科学，去为人类的那个伟大的阶段做好起码的准备的重担仍然在肩上。因此，所有理念都必须首先在知识的领域中实现出来，然后才能在历史中实现出来。同样的，人类的知识必须要先融为一体，然后人类才能成为一个整体。

I, 159

大自然就为人类的眼睛做出了智慧的安排，人类的眼睛总是先看见晨昏蒙影，再看到完整的日光。同样神奇的是，山脚处仍有薄雾缭绕，山上则已沐浴在阳光中。而一旦黎明到来，太阳就不会再消失。要真正实现科学的这一更美好的曙光，只有少数人——也许只有一个人——才能做到，但对于那些预感到曙光即将来临的个别人来说，他们仍然有资格为期待曙光的到来而欢欣鼓舞。

我很清楚地知道，这篇前言里已经说到的，以及在接下来的正文里尝试去说的那些东西，对很多人来说太多了，对我自己来说却太少了。但更重要的是前言与正文都涉及的对象。去发表关于这个对象的意见是否过于大胆,只有尝试本身才能给出答案——也许结果会如其所愿,因此任何事先给出的答案都是白费力气。那些以歪曲和误解为出发点的读者,可能会在这篇文章里发现足够多的缺点,这是很自然而然的;但我也不会事先觉得所有指责都是不公正的,所有教训都是无意义的,我相信,通过谦虚地请求读者来严格审视这些文字,我可以解释得足够清楚。我很清楚,我所希求的是真理。我也意识到,相比于这些领域里那些无足轻重的零散工作,我可以做得更多;我希望还能有一些幸福时光,去尝试实现那个理念——建立起一个足以与斯宾诺莎的《伦理学》相匹敌的体系。①

图宾根,1795年3月29日

---

① 那部哲学著作的第一卷前言里用这样的词句描述这部关于自我的文章:"这篇文章展现出了唯心论最新颖的,或者某种意义上说唯心论后来所失去的那种形象。至少自我是彻底作为绝对者,或者作为主观性东西与客观性东西彻底的同一体,而不是作为主观性东西来被把握的。"

# 内容概览

1. 我们**全部**知识的终极实在根据的演绎，第1节

2. 由**无条件者**的概念出发而对这一根据做出的**规定**，无条件者因而

　　a. 既不可能在一个**绝对客体**中被找到

　　b. 也不可能在一个由主体**所规定的客体**中，或一个由客体所规定的**主体**中被找到

　　c. 总的来说，不可能在**客体**的领域内被找到，第2节

　　d. 因此，无条件者只存在于绝对**自我**之中。绝对自我的全部实在性，第3节

3. 对于先天无条件者的所有可能的**看法**的演绎

　　a. **完善的独断论**的本原，第4节

　　b. **不完善的独断论与批判论**的本原，第5节

　　c. **完善的批判论**的本原，第6节

4. 自我、**同一性**以及最高原理的**原初形式**的演绎，第7节

5. 自我**已设定的存在**的演绎——通过绝对**自由**——在理智直观之中，第8节

6. 自我的诸从属形式的演绎

a. **量**的层面——**统一性**，即绝对的统一性

    aa. 与**复多性**相对立

    bb. 与**经验性的统一性**相对立，第9节

b. **质**的层面

    aa. 全部绝对**实在性**

        α. 与所谓**自在之物**的实在性相对立

        β. 与一切实在性的**客观总括**相对立，第10节

    bb. 作为绝对**无限性**的绝对实在性

    cc. 作为绝对**不可分性**的绝对实在性

    dd. 作为绝对不可变性的绝对实在性，第11节

c. **关系**的层面

    aa. 绝对**实体性**，与派生的、经验性的实体性相对立，第12节

    bb. 绝对**因果性**，即内在因果性，第13节

        α. 与**道德**的因果性相对立

        β. 与追求幸福的**理性-感性**存在者的因果性相对立。

关于**道德**与**幸福**的演绎，第14节

    d. **样式**的层面——纯粹的绝对存在，与一般意义上的**经验性**存在相对立

    aa. 与**经验性的永恒**相对立

    bb. 与单纯的**逻辑性东西**相对立

    cc. 与**辩证式的现实性**相对立

    dd. 与存在的一切经验性规定相对立，可能性、现实性、必然性（全部**实际存在**）

    ee. 与所谓**自在之物**的绝对存在相对立（在过去关于**唯心**

论与**实在论**的概念界定的意义上）

  ff. 与经验**世界**的全部**实际存在**相对立，第15节

 7. 由自我所奠定的所有**可设定性**的形式的**演绎**

  a. **全部正言命题的形式**

  b. 诸从属形式对这一形式的规定

   aa. **量**的层面——**统一性**

   bb. **质**的层面——**肯定性**

   cc. **样式**的层面——纯粹存在，其中，**存在**、**非存在**与**实际存在**等原初概念与**可能性**、**现实性**与**必然性**等派生概念是相分离的，后面这些概念则全都应被视为与**有限自我**相关联的，即这些概念被

    α. 应用于**道德**事务之上

     αα. **实践**可能性、现实性与必然性的概念

     ββ. 由这些概念所演绎出的**先验**自由的概念，以及就其根本问题的讨论

    β. 应用于理论主体，与世界中的**目的联结**相关联

## 第1节

任何想要知道些什么东西的人，都会同时希望他的知识是有实在性的。没有实在性的知识就不是知识。然后呢？

我们的知识要不就是彻底没有实在性的，那就只能是永恒的循环，是一切个别的命题彼此间的持续交融，而其中又不能分离出任何元素，因而是混乱无序。

或者呢？

一定存在着一个实在性的终极点，在其之上一切事物彼此相连，我们知识的一切持存与一切形式都从这一点出发。这一点分离出各个元素，各个元素又进而在宇宙中描绘出它们持续作用的周期。

一定存在着某些东西，让所有实际存在着的事物都获得实际存在，让所有被思维到的事物都获得实在性，让思维本身获得统一的、不可转化的形式。这样的东西我们目前还没法讲清楚，它一定是整个人类知识体系中最完善的东西，能够在我们知识的宇宙秩序（κόσμος）中满足我们的终极思维与认识，同时作为一切实在性的原初根据而统治着。

如果说知识真的存在，那么一定也存在一种我不需要再靠别的知识就能得到的知识，而且这种知识是其他知识得以成为知识的原因。为了达到这个命题，我们不需要以一种特殊的知识为前提。当我们只是一般性地知道某物的时候，我们一定至少知道了一些我们不需要别的知识就能得到的东西，这样的东西甚至包含着我们所有知识的实在根据。

　　这种我们知识之中的终极事物不可能再去别的什么东西里去寻找它的实在根据，它不仅本身就独立于任何其他更高级的东西，而且，因为我们的知识都是从推论提升到根据，再反过来从根据前进到推论的，所以那个最高级的、对我们来说是一切认识活动的本原的东西，不再是通过其他本原才是**可认识的**。也即是说，那个东西的存在的本原与认识的本原必须要合二为一①，而且它被思维到，只是因为它自身存在，而不是因为别的什么东西存在：思维它已经包含着对它的肯定，它只能由它的思维活动本身产生出来。如果说人们要思维它，就必须去思维别的东西，那么这个别的东西就比最高级的东西更加高级，这是自相矛盾的：要想达到最高级的东西，我只需要这个最高级的东西本身——**绝对者只能由绝对者给出**。

　　我们的研究因此已经清晰了然。我们在原初所设定的无非是一切知识实在性的终极根据。这一根据必须是终极的、绝对的根据，由这一特征，我们得以同时规定出它的存在。一切实在性的终极根据因此是某种仅仅通过自身，换言之，通过其存在才是可思维的东西。因此，这个东西被思维，是因为它存在着。简言之，**存在与思维的本原在此交汇**。我们的问题现在得以被清晰表达出来，而这一研究也得到了一条它绝对不能偏离的线索。

---

① 只要我们要找的那个东西仍然很难界定清楚，那么这里在最一般意义上使用的表述就是可被接受的（第一版说明）。

## 第2节

我将那些需要通过别的知识才能得到的知识叫作**有条件的**知识。我们的知识链条从一个有条件的知识延伸到另一个；要么这整个运动无休无止，要么就必须存在着一个最终的点，让整个体系都系于这一点。就其存在的本原而言，这一点截然与一切那些位于有条件的层面的东西**相对立**，进而言之，这一点不仅是无条件的，而且是绝对不能**被当作任何条件的**。

一旦我们能找到那唯一正确的理论，关于无条件者的一切可能的理论便都必须被先天地规定下来。但在这唯一正确的理论本身还没有被建立起来的时候，人们只能遵循哲学的经验性进展；至于一切可能的理论究竟是否以这一进展为基础，只有到这一进展的最后才能得出结论。

只要哲学开始去成为科学，它就至少得**以**一个最高原理以及与之相应的无条件者**为前提**。

在**客体**与**物**里面寻找无条件者，并不能意味着在物的**属**（Gatting）的**概念**中寻找。显而易见的是，属的概念肯定不是什么无条件的东西。因此，这只能意味着要在**绝对的**客体中寻找无条件者，而不是在属、种或个体中寻找（完善的**独断论**的本原）。

然而，那些是物的东西，本身同时也是认识活动的客体，因而本身也是我们知识链条中的一个环节，本身也在可被认识的层面内，因此不可能包含所有知识和认识的实在基础。要想达到如此这般的客体，我必须已经拥有与之相对立的另一个客体。而如果一切知识的本原都在客体之中，那么我就得再拥有一个能够去找到这个本原

I, 164

的新的本原。

　　进而言之（根据第1节），无条件者应当实现自身，通过其思维来产生自身；它的思维与存在的本原必须合二为一。但客体是不可能实现自身的；要想让客体得到实存，我只能冲到客体的概念外面去。客体的实存并不是其实在性的一部分：如果没有同时将客体设定为实际存在着的，我就无法思维它的实在性。比如说，人们会把**上帝**当作我们知识的实在根据，那么上帝在此就被规定为客体，而正因上帝成了**客体**，它就进入了我们的知识的层面，因此就不可能成为对我们来说是终极的、知识的整个层面都依附于的那个点。我们也无从得知，上帝就其自身而言到底是什么，而只能知道，上帝对我们来说、就关联于我们的知识而言是什么；上帝对于它自身而言始终是它的知识的实在根据，但对于我们而言就不是了，因为对于我们而言它**只是客体**而已。因而它以我们的知识本身的链条上的某个根据为前提，确定了它的知识的必然性。

　　全部客体都将自身规定为如此这般的客体，**正是因为，只要它是客体**，它的实在性就不可能由它本身规定。对客体而言，只有当它的实在性由其他东西规定时，**它才是客体**；是的，只要它还是客体，它就必然以与其之为**客体**相关的东西为前提，即主体。

　　我暂且将那些与已被设定的**客体**仅仅**相对立**但又**相关联**，因而是可被规定的东西称为**主体**，而将那些与主体仅仅**相对立**但又**相关联**，因而是可被规定的东西称为**客体**。因为客体必然以主体为前提，而主体又是通过跃出客体仅仅被设想到的层面来规定客体的实际存在的，所以，如果全部客体都根本不是无条件者，那么接下来的思路就是，在那个由主体所规定的且只是因为与主体相关才是能被思维的客体中去寻找无条件者,或者说,既然客体必然以主体为前提,且主体必然以客体为前提,那就在那个由客体所规定的且只是因为与客体相关才是能被思维的主体中去寻找无条件者。但这种试图实现无条件者的做法包含着显而易见的矛盾。

由于主体只是因为与客体相关才是能被思维的,而客体只是因为与主体相关才是能被思维的,所以两者都不可能单独包含无条件者;两者其实恰恰是互相以对方为条件,由对方所设定的。而想要去规定两者之间的关联,又必须要以一个两者都以之为条件的更高级的规定根据为前提。因此并不能说主体仅仅以客体为条件;正由于主体只是因为与客体相关才是能被思维的,而客体只是因为与主体相关才是能被思维的,所以无论我想要将由客体所规定的主体,还是由主体所规定的客体作为无条件者,都是一样的。诚然,主体本身也可以同时被规定为客体,因此这种让主体成为无条件者的尝试,以及那另一个让绝对客体成为无条件者的尝试都一样只能遗憾收场。

I, 166

我们的问题:到底到哪里去寻找无条件者,现在逐渐自己清晰起来。起初,我们只是在问,在客体层面的哪一种被规定的客体中去寻找无条件者;现在看来,根本就不能在客体的层面寻找无条件者,甚至也不能在主体中寻找,因为主体同样可以被规定为客体。

## 第3节

语言的哲学塑造在原初的语言中体现得尤为明显,这是人类精神机制创造的真正奇迹。因此,我们迄今为止在无意中使用着的清楚明白的词语"**给出条件**"（Bedingen）及其派生词确实是一个非常好的词语，可以说它几乎包含了哲学真理的全部宝藏。"给出条件"（Bedingen）意味着某物借以成为**物**的行动，"有条件"（bedingt）意味着那个已经成为物的东西，这同时表明，**没有什么东西能够通过自身而被设定为物**，也即，一个无条件的物就是一组矛盾。"无条件"（unbedingt）则意味着那个根本不能成为物，也不能转变为物的东西。

我们要解决的问题因而变成了一个更具体的问题，那就是**要找到那个根本不可能被思维为物的东西**。

无条件者不可能存在于任何物之中，也不可能存在于那些转变为物的东西之中，而只能存在于主体之中，因为主体不能被转变为物。也即，如果存在一种绝对的**自我**（ICH），那么无条件者就只存在于**绝对自我**之中。绝对自我首先被规定为根本不可能成为客体的东西，其他进一步的规定则暂付阙如。

I, 167

绝对自我存在着，这根本不可能**以客观性的方式**被证明，也就是说，从作为客体的自我出发是不可能证明的。而恰恰应当被证明的是，自我根本不可能成为客体。由于自我应当是无条件的，它必须位于一切客观可证明性的层面之外。**以客观性的方式去证明**自我是无条件的，实际上反而意味着证明自我是有条件的。在无条件者那里其存在与思维的本原是合二为一的。无条件者存在，完全只是因为它存在，无条件者被思维，完全只是因为它被思维。绝对者只能由绝对者给出，诚然，绝对者要想是绝对的，自身就必须先行于一切思维与表象活动。因为人不可能超出他的概念，所以这根本不可能得到客观的证明，而只能通过**自身**实现出来（第1节）。如果自我不是由自身实现出来的,那么那个表达出其存在的命题就会是这样:如果我存在,那么我存在。但这一命题的条件已经在自身内包含了有条件的东西:如果没有那个有条件的东西,那么条件(Bedingung)本身就是不可思维的,我就不能在我的存在的条件下思维我自己。因而在那个命题中,有条件的东西没有以条件为条件,而是恰恰相反,条件以有条件的东西为条件,也即,这一命题扬弃了有条件的命题,而转变为无条件的命题:**我存在,因为我存在**(Ich bin, weil Ich bin)。①

**我存在**!我的自我包含着存在,存在先行于一切思维与表象活动。自我存在,因为它被思维,而它被思维,因为它存在;自我之所以存在,之所以被思维,是因为它思维自身。因而自我存在,是因为它思维自身,而它将自己仅仅思维为自身,是因为它存在。自我通过它自身的思维——从绝对因果性中产生出自己。

我存在,因为我存在!这句话突然抓住了每个人,并告诉他们:自我存在,是因为自我存在(das Ich ist, weil es ist)。人们也许不能那么快地领悟这一点。自我之所以仅仅通过自身而是**无条件的**,是因为自我同时是**不能以之为条件的**(unbedingbar),也即,自我不可能转变为物,也不可能转变为客体。那些是客体的东西,希望它的实存是一些位于它单单被思维到的层面之外的东西;但如果自我的存在没有被同时设定,那么自我就什么都不是,本身也不可被思维。**因此除非自我思维自身,或者说除非自我存在,否则自我就根本不可被**

I, 168

---

① "我存在!"就是那个独一无二的东西,因为它在无条件的自身权能中预示了自身(据第一版)。

**思维**。但我们也不能说：所有思维的东西都存在，否则那个思维着的东西就被规定为客体了。我们应该说，**我思**，**我存在**（Ich denke, Ich bin）（但正是从这一点可以看出，只要我们把永远不可能成为客体的东西变成**逻辑性的**客体，并去对它展开研究，那么这些研究就其自身而言完全是不可理解的。因为自我是根本不可能作为客体而被束缚住的。而又因为我们与我们对于客体的认识是联系在一起的，所以直观与永远不能成为客体的自我一样，对于我们来说完全是异在的。如果我们又没有直观的帮助，那么我们就根本无法谈论自我，也根本无法互相理解）。

因而自我只能**通过自身**而被给定为无条件的。①然而，如果无条件的自我同时又被确定为那个在我的整个知识体系中占主导地位的东西，那么一种**回溯**（Regressus）也一定是可能的，也就是说，我一定能够从哪怕是最低的有条件命题上升到无条件命题，正如反过来说，我**可以**从无条件命题下降到有条件命题序列中最低的命题一样。

---

① 也许我该讲得更清楚些，让我再举一遍之前已经用过的例子：对于我来说，只要上帝被规定为**客体**，那么它就根本不可能是我的知识的实在根据，因为上帝通过自身落入了有条件的知识的层面。但假如我与之相反，根本不把上帝规定为客体，而是把上帝规定为自我，那么这样的上帝一定就是我的知识的实在根据。但在理论哲学中是不可能这样规定上帝的。在理论哲学中，假如上帝被规定为客体，那么对它的本质——自我的规定也必然同步。因此自我只能接受，上帝对于自己而言是它的知识的实在根据，但对我来说不是。对我来说，在理论哲学中，上帝不仅作为自我，而且作为客体被规定了。相对地，上帝=自我，**对于自身而言**根本不是客体，而只是自我。顺便说一句，从中我们可以看出，上帝存在的本体论证明被非常错误地说成只是一种不自然的错觉；恰恰相反，这种错觉是非常自然的。因此那个能对自己说"我！"的东西，也能说"我存在！"只是非常可惜，在理论哲学中，上帝并不是与我的自我相同一的，而是与那个被规定为**客体**的自我相关的，而关于**客体**实际存在的本体论证明是一个自相矛盾的概念。

我们可以从有条件命题的序列中任意抽取一个命题，而它一定会回溯到绝对自我。因此，为了回到前面那个例子，主体的概念必须要导向绝对自我。如果**绝对自我**不存在，那么主体的概念也就不存在了，也即，那个以**客体**为条件的自我的概念，那个最高级的概念。然而，由于客体的概念包含着一组反题，它本身原初地必然只有在另一个**排除**了它的概念本身的客体的对立中才能被规定，因而不可能仅仅在与主体的对立中得到规定。主体只有在与客体的关联中，而不是通过**排除**客体才是可思维的。因此，客体的概念本身以及那个只有在与客体概念的关联中才能被思维的主体的概念都必须要导向绝对者。绝对者从根本上与一切客体相对立，并且排斥一切客体。假定在一切其他设定活动之前，绝对自我并没有从根本上设定，而一个客体原初地被设定了，那么那个原初被设定了的客体就没有被规定为客体，而是被规定为与自我相对立的东西，因为没有任何东西可以对立于那个没有被设定的绝对自我。因此，一个在一切自我之前被设定了的客体不是客体，也即，那个假定把自身扬弃了。或者假定，自我仍然存在，但已经被客体扬弃掉，因而**主体**原初地被设定了，这样则这个假定再次把自己瓦解了；因为如果绝对自我没有被设定，那么就不可能有什么东西被扬弃掉，而假如在一切客体**之前**不存在自我，那也就不存在什么客体，因为自我已经能被设定为被扬弃掉的状态了（我们自己表象出的知识的链条一定是有条件的，而且只在一个最高的无条件的点上才会停止运转。因而链条中全部有条件者都必须以绝对的条件，即无条件者为前提才是可被思维的。因此有条件者不可能在无条件者[不能以之为条件的东西]之前就被设定，而只能在与无条件者的**对立**中被设定为**有条件的东西**,只有通过那些根本不是物的,也即无条件的东西才是可被思维的)。——客体本身因而原初地与绝对自我相对立,也即,仅仅作为与自我对立的东西,作为非我(Nicht-Ich)才是可被规定的:主体与客体的概念本身就是绝对的、无条件的自我的保证。

## 第4节

一旦自我被规定为人类知识中的无条件者,那么所有知识的全部内容都必须通过自我本身,即通过与自我的对立而被规定:我们也因而能够设计出一切关于先天无条件者的可能的理论。

既然自我就是绝对者,那些不是自我的东西就只能在与自我的对立中,或者说只能在自我的前提下被规定,因而是彻底**被设定了的东西**,非我如果没有**对立于自我而被设定**,就会是自相矛盾的。相反地,如果自我不是以绝对自我为前提的,那么非我要么就先于一切自我,要么就与自我同时被设定,除此之外别无其他可能。

这两种极端立场就是独断论(Dogmatismus)与批判论(Kriticismus)。独断论的本原是一个先于一切自我被设定的非我,批判论的本原是一个先于一切非我并且排斥了一切非我而被设定的自我。位于这两种极端立场之间立场则将以非我为条件的自我或者以自我为条件的非我当作本原。

I, 171

(1)独断论的本原是自相矛盾的(第2节)。这种本原以一个无条件的物,即一种根本不是物的物为前提。因此在独断论中,除了那些不是自我的东西变成了自我,而是自我的东西变成了非我之外,没有任何前后一致性可言(而这恰恰是真正哲学的头号要求),**斯宾诺莎**那里也是这样的。但还没有哪个独断论的思想家证明过,非我能给自身以实在性,并在与绝对自我的单纯对立之外还能指出什么其他东西。即便是斯宾诺莎也从未证明过,非我中存在着并且一定存在着无条件者;相反,他只是在他的绝对者的概念的指导下,直接把绝对者设定为一个绝对的客体,就好像他预先假定,任何人只要赞同了他的无条件者的概念,都会不假思索地赞同他接下来的推论,即无条件者的概念必然会被设定为非我。但是,因为斯宾诺莎并没有去证明这个命题,而只是预先假定了它,所以他比他的任何个别对手都更严格地履行了一致性的义务。结果他突然发现,他违背了自己的意愿,仅仅凭借他那不会被任何假定原理的后果动摇的一致性的力量,就把非我本身提升成为自我,而把自我贬低为非我。在斯宾诺莎那里,世界不再是世界,绝对客体更绝非客体;没有任何感性直观也没有任何概念能达到他那不可分割的实体,只有理智直观才能回忆起无限的实体。我们的整个研究都揭示出,斯宾诺莎的体系因而完全堪称完善的独断论的代表。没有哪个哲学家能像斯宾诺莎一样认识到这巨大的误解,认识到这一误解和达到目标,对他来说是同一件事。而最令人难以忍受的责难莫过于人们经常指责他的那样,说他任意地以绝对实体的理念为前提,而且很可能只是通过任意地解释词语来以之为前提的。当然,通过一个小小的语法注释来推翻整个体系,要比把整个体系归结到它的终极基础上轻松得多,但无论体系怎么错误,也一定是可以在人类精神中的某个地方被发现的。——假如有人能首先认识到,斯宾诺莎的错误不在于他的理念,而在于他将理念设定到一切自我之外,那么他就理解了斯宾诺莎,并找到了通往科学的道路。

## 第5节

(2)从主体,或者说从只有在与客体相关才是可思维的自我出发的体系,虽然与独断论或批判论都不相同,但就其最高本原而言仍然是自相矛盾的,独断论也是如此。但是,进一步跟进考察这一本原仍然是很有价值的。

人们往往——也许太过不假思索地——假定了,一切哲学的最高本原必须要表达出一个**事实**。假如人们把事实按字面意义理解为位于纯粹的绝对自我之外,即位于有条件者层面上的某个东西,那就会必然出现问题:这一事实的本原又是什么呢?——是现象还是自在之物?——这是只要存在于客体的世界中的人们就会提出的下一个问题。——难道是现象吗?——那么这一现象的本原又是什么呢?——(比如说,假如把本身仅仅是现象的表象确立为一切哲学的本原)还是一种现象,并由此直到无穷吗?——还是说人们想的是,那个作为事实的本原的现象不能再以其他现象为前提了?——难道本原是自在之物吗?——我们来好好审视一下这个问题吧!

自在之物就是那个在一切自我之前被设定了的非我。(这一思辨需要无条件者。假如无条件者到底在哪里的问题是由两帮人决定的,一帮主张在自我那里,另一帮主张在非我那里,那么两边的体系都会按照一样的方式展开:主张自我的那边一定会反过来主张非我，反之亦然。简而言之，只要把一个命题中的自我换成非我，把另一个命题中的非我换成自我，那么人们的所有命题都会混淆；如果没法在不破坏体系的情况下做到这一点，那么两边中肯定有一边是不一致的。）**现象**就是那个以自我为条件的非我。

I, 173

假如一切哲学的本原真的是一个事实，而且这个事实还是自在之物，那么一切自我都会因此被扬弃。纯粹自我不存在了，自由不存在了，实在性不存在了——最后自我中只剩下否定。而一旦非我被绝对地设定出来，那么自我也就原初地被扬弃掉，并被设定为单纯的否定（从**主体**或者说**有条件的自我**出发的体系一定会以自在之物为前提，而自在之物只有在表象中作为仅与主体相关的**客体**、作为**现象**才会出现。简言之，这又掉进一种最不可把握的、最不一致的实在论中了）。

假如那个事实的终极本原是**现象**，那么它马上就会失去自己作为最高本原的身份；无条件的现象是自相矛盾的，而一切把非我当作是他们哲学的本原的哲学家，实际上同时把非我抬高成了一种绝对的、不依赖于任何自我而被设定的非我，即一种自在之物。

因此，假如从那些主张自我的自由的哲学家口中同时听到"一切哲学的本原都必须是事实"这一主张，可太令人吃惊了。这实际上恰恰已经预设了，那些人已经想到了，先前那种主张会紧接着推导出**这种**主张，即"一切哲学的本原只能是非我"。

（这一推论是必然的。因为自我仅仅被设定为有条件的主体，所以不可能是本原。因此，要么伴随着这个最高级的本原，一切哲学作为无条件的科学都同时被扬弃了；要么原初的、不依赖于一切自我的客体被预先设定，自我本身因而只是因对立于一个绝对的某物才是可被设定的，也即，自我被规定为绝对的无。)

然而那些哲学家事实上还是想把自我而不是非我当作哲学的本原，但又不能就此放弃掉事实的概念。他们为了帮助自己摆脱眼前的困境，却选择了经验性的、有条件的自我而不是绝对自我作为一切哲学的本原。还有什么比这更显而易见的吗？他们确实把自我当作哲学的本原——他们的哲学也不是什么独断论，但同时他们又把事实当作哲学的本原，这样经验性的自我成了事实的本原，又有谁想否认这些呢？

当然，人们也仅仅能暂时满足于此。我们接着更细致地考察一下这个事实，就会发现要么就什么都没有，要么又不过只是把非我作为哲学的本原而已。因为无论是从以非我为条件的自我出发，还是从以自我为条件的非我出发，都是一样的，这是显而易见的。其实独断论也会稍后一些达到由非我规定的自我的立场，诚然，所有哲学都必然会走向这个立场。此外，如果所有哲学家在这一事实（自我有条件的存在）之前没有假定某种更高的东西作为有条件的自我与非我的条件（解释的根据），那么他们就必然要以同样的方式来解释那个以非我为条件的自我，而他们对这一事实暗地里是有分歧的。现在还可能是本原的，无非要么是一个不以自我为条件的非我，要么是一个不以非我为条件的（绝对的）自我。然而，由于主体已经被确立为哲学的本原，所以上述讨论只能被搁置一边。因此，假如我们还想保持前后一致的话，要么就必须放弃这一命题的所有进一步规定，即放弃一切哲学，要么就把一个绝对的非我，即独断论的本原,因而又是一个自相矛盾着的本原(第4节)接受下来。简言之,这个本原如果要成为最高本原,无论它转向哪里,都一定会遇到矛盾。而他们只能在一定程度上用前后不一致以及错漏百出的证明来掩盖矛盾。当然,假如哲学家们能就这一最高本原达成一致的话,哲学世界的和平就会到来了。因为他们在单纯地分析本原这件事上很快就会达成一致,而一旦有人试图超越这种分析,试图以综合的方式去解释,由非我规定的自我以及由自我规定的非我的事实是怎么从本原中被分析出来的,那么他就预设了一个更高级的本原,破坏了大家的"默契"。

[说明] 众所周知的,莱茵霍尔德就曾尝试把(在意识中出现的)经验性的、有条件的自我提升为哲学的本原。在哲学更进一步的时候,如果我们不怀着最大的敬意提及这一尝试,那就是对所有科学的必然进程缺乏洞察力。莱茵霍尔德没有致力于解决哲学的根本问题,但却致力于把这个问题以一种最特殊的方式呈现出来。谁又不知道,如此呈现出根本的争论点会在哲学中产生多么大的影响呢?(在哲学中,这样的规定通常只有通过幸运地预见到将要发现的真理本身才是可能的。)即使是《纯粹理性批判》的作者,为了最终解决哲学家们的乃至是哲学本身的争论,也只能通过提出一个无所不包的问题来界定作为争论基础的争论点:先天综合判断究竟何以可能?而本研究正要指出,这个以最抽象的方式被呈现出来的问题无非是这样一个问题:绝对自我是如何跃出自身,又把自己对立于一个非我而设定出来的?很显然,只要这个问题不是以这么抽象的方式被提出来的,那么这个问题的答案就一定会被误解。那么,一个有思想的头脑所能为自己带来的下一份成就显然

就是：以一种更抽象的方式提出问题本身，从而以某种确定的方式准备好对问题的回答。

## 第6节

完善的科学体系起始于那个排斥了一切对立物的绝对自我。绝对自我，作为那唯一不可以之为条件的东西，是整个知识链条的条件，刻画了一切可思维的层面，并作为那个绝对的、把握了一切的实在性支配着我们的整个知识体系。只有通过绝对自我，只有绝对自我自身截然被设定了，非我才可能被设定为与之对立的东西，哲学本身才成为可能。理论哲学与实践哲学的整个事业无非就是去解决纯粹自我与经验性的、有条件的自我之间的矛盾。①

为了解决这一矛盾，理论哲学从综合走向综合，直至可能的最高级的综合，在其中自我与非我同步被设定（上帝），而理论理性在全然的矛盾中中止运转的地方，实践哲学进入了，并不是为了解决这些乱麻，而是通过绝对的要求来斩断乱麻。

因此，如果一切哲学的本原是经验性的、有条件的自我（独断论与不完善的批判论大致都同意这一点），那么一切自我的理论与实践

---

① "经验性的"（empirisch）的这个词常常在非常狭隘的意义上被理解。一切与纯粹自我对立的东西都是经验性的，因而与非我处于关联中的全部东西也都是经验性的，甚至是那个原初的、以自我本身为基础的东西，非我的对立设定活动，完全通过其行动而成为可能的东西，都是经验性的。"纯粹的"（rein）则意味着与一切客体都无关联。"基于经验的"（erfahrungsmäßig）则指那些仅仅通过客体才是可能的东西。——"先天的"（a priori）指那些仅仅通过与客体相关联（而不是因为客体）而可能的东西。——"经验性的"（empirisch）指那些客体由之成为可能的东西。

的自发性就都是完全不可解释的了。理论自我因而努力去同步设定出自我与非我，把非我本身提升为自我的形式；实践自我则排斥了一切非我，努力向纯粹的统一体奋进——两者如此都仅仅在于，绝对自我有着绝对因果性与纯粹同一性。哲学的终极本原因此绝不可能外在于绝对自我，它既不可能是现象，也不可能是自在之物。

绝对自我不是现象；否则就与绝对者的概念相矛盾。绝对自我既不是现象也不是自在之物，因为它**根本**就不是**物**，而彻彻底底地就是自我，排斥了一切非我的单纯的自我。

我们的整个知识与有条件者的整个序列所赖以维系的那个终极的点，绝不能再以任何其他东西为条件。如果我们的全部知识不是被某种通过自己的力量承载自身的东西所支撑，那么它就没有任何支撑，而这正是通过自由而真实存在的东西。一切哲学的开端与终点都是——**自由**！

## 第7节

迄今为止我们将自我界定为这样一个东西，它对于自身而言绝不可能是客体，而对于外在于它的某物而言既不可能是客体也不可能是非客体，因而它也不可能像客体那样，通过位于它的层面之外的东西来获得实在性，它的实在性完完全全是通过自身而获得的。这一自我的概念也是那唯一一个将自我标明为绝对者的概念，而我们的所有进一步研究都不过是对绝对者的展开而已。

如果自我不与自身相等同，如果它的原初形式不是纯粹同一性的形式，那么我们迄今似乎已取得的所有成果都会被扬弃。因而自我存在，仅仅因为它存在。如果自我不是纯粹的同一性，即自我本来所是的东西，那么自我就不可能由自身设定出来，或者说，那样的话自我就因为它是它所不是的那些东西而存在的。自我要么就不存在，要么就仅仅由其自身而存在。因此自我的原初形式只能是纯粹同一性。

I, 178　　只有那个由自身而存在的东西，才能给自身以同一性的形式。因而只有那个是因为它存在所以才肯定存在的东西，才就其存在本身而言以同一性，即以其自身为条件；与之相反的是，因为每一个其他实存着的东西的实存都不只是通过其同一性，而是通过外在于其实存的某些东西而被规定的。那些由其自身而存在的东西，它的同一性是它的存在的唯一条件。如果这些东西都不存在，那么就根本没有东西是与自身同一的；因而只有那个通过其同一性而存在的东西，才能把同一性赋予其他存在的东西；只有在通过其存在本身而被设定为同一的绝对者中，一切存在的东西才能实现其本质的统一。如果一切可以被设定的东西都是可变的，而没有任何无条件的、不可变的东西被承认，那又怎么会有任何东西被设定出来呢？如果一切设定活动、一切实际存在、一切现实性都不断地彻底四散分离，而没有一个统一且恒定的共同的点，这一点不再通过任何其他事物，而只通过自身，通过其单纯的存在而获得绝对同一性，从而将所有实际存在的光线都汇聚到它的同一性的中心，并将一切被设定出来的东西凝聚在它权能的圆环内，那到底什么叫作设定某物呢？

　　只有自我才是那个赋予了一切存在统一性与恒定性的东西；所有同一性都应归于那个在自我之中被设定出来的东西，而归于它完全是因为它是在自我中被设定出来的。

因此，一切同一性的形式（A=A）都首先由绝对自我奠定。如果这一形式（A=A）先行于自我，那么A能表达出的就不是那个在自我之中，而是在自我之外被设定出来的东西，那样的话，那个形式就会成为如此这般的客体的形式，甚至自我也会被置于这一形式之下，而成为某种由这一形式所规定的客体。这样一来，自我就不是绝对者，而成了有条件的东西，成了从属于客体的种的概念（那个具备同一性的绝对非我的变体）之下的某个下属。

因为自我就其本质本身而言，是通过其单纯的存在而被设定为绝对同一性的，因此最高原理这样表达起来也是一样的：

**我是我**（Ich bin ich），或者说：**我存在！**（Ich bin）

I, 179

## 第8节

自我仅仅因其是无条件的而被规定，因此它完全是通过它的无条件性，完全因为它根本不可能成为物，才是自我。只有它的无条件性被详尽阐明，自我才能被详尽阐明。因而，因为自我完全只通过其无条件性而存在，那么只要存在任意一个自我能思维到而无条件性不能思维到的谓词，自我就会因此被扬弃。因为这个谓词要么前提是自相矛盾的，要么预设了某个更高级的东西，在其中把无条件者与那个被预先设定好的谓词这两者统一起来。

**自我的本质就是自由**，也即，自我是可思维的，完全只因它是从绝对的自身权能出发，把自己设定为单纯的自我，而不是设定为**其他什么东西**的。这一自由可以从肯定的层面被规定：我们不会把自由归因于自在之物，而只归因于那个纯粹的、由自身而被设定出来的、完全自己显明的、排斥了一切非我的自我。没有任何客观自由会归于自我，因为自我根本就不是什么**客体**；只要我们一想要把自我规定为客体，自我就会自己退回到最受限制的层面上，退回到交互规定的条件之下——它的自由与独立也就消隐无踪了。客体只有通过客体，只有作为条件被固定下来时才是可能的。——自由只通过自身而存在，因而囊括了无限者。

因此，我们对于客观自由的无知，不亚于我们对任何自相矛盾的概念的无知。但是，不能去思维矛盾，不代表无知。自我的那个客观自由也可以从肯定的层面被规定。客观自由对于自我而言，正正好好就是无条件地通过绝对的自身权能，把一切实在性设定在自身之内的活动，——从否定的层面来说，自由可以被规定为彻底的独立性，甚至与一切非我彻底不相容。

I, 180　　你们会要求自己意识到这种自由吗？但你们又可曾思考过，只有通过自由，你们的一切意识才是可能的，且这一条件不可能被包含在有条件者之中？你们到底有没有思考过，自我只要出现在意识中，就不再是纯粹的自我？对于绝对自我来说根本不存在任何客体，而绝对自我本身根本不可能成为客体。——自我意识是以一种可能会失去自我的危险为前提的。自我意识不是那不可变的东西的任意变种，而是那个可变的、以非我为条件的自我被迫进行的追求，以挽救

I, 181　　其同一性，并努力在风暴的洪流中再次抓住自己；①（或者说，你们

---

① 有限性的特征就在于，如果没有同步地对立设定，就不能设定任何东西。对立设定的形式原初地通过非我的对立设定而被规定。因此，对于有限自我来说，因为它把自己绝对地同步设定为自身，所以必然同时把一切非我设定为对立于自己的东西，而不去设定非我本身是不可能的。无限的自我则**排斥**了一切被对立设定的东西，而不是把它们（转下页）

真的在自我意识中感觉到自由了吗？）但如果没有绝对自我的自由，**经验自我**的那份努力，以及由此而生发出来的那个意识本身都是不可能的。而且绝对自由作为表象的条件，与其作为行动的条件是同等必然的。那么，如果**绝对**自我没有原初地通过其自身出于绝对的权能而被设定为纯粹的同一性，你们的经验自我就不可能采取什么努力去挽救其同一性。

如果你们想把这份自由实现为一种客观的自由，那么你们一定会无果而终。你们可能想借此来**把握**或**反驳**自由；但自由恰恰在于它彻底排斥了一切非我。

自我不可能由任何单纯的概念给出。因为概念仅仅存在于有条件者的层面上，只可能是客体的概念。如果自我是一个概念，那么就必然存在某个更高级的东西，在其中自我的概念才能获得它的统一性；也必然存在某种更低级的东西，在其中自我的概念才能获得它

---

（接上页）**对立于自己而设定出来**：无限自我因而几乎将一切事物设定为完全等同于自己的东西，它所设定的无非就是它的实在性；在无限自我中也不存在任何试图挽救其同一性的**努力**，杂多的综合、意识的统一性等都不存在。经验自我因而只能通过原初的对立设定而被规定，因而在对立设定之外根本不存在任何东西。因此，作为经验自我，它的实在性并不归功于自身，而完全归功于非我对它的限制。它并不是单单靠那句"我存在"，而是通过那句"我思"预示了自己，也即，它不是通过它的单纯存在而存在，而是因为它思维着**某物**，或者说它思维着**客体**。因而为了挽救自我的原初同一性，具备同一性的自我的表象必须伴随着一切其他表象，只有这样，才能思维到表象的复多性与统一性之间的关联。经验自我因而只通过诸表象的统一性并只因与其相关而实际存在，因而在自身之中除此之外根本没有任何实在性。否则，只要有人扬弃了全部客体及经验自我的综合统一性，经验自我就会消失。作为**经验**自我，它的实在性因而是通过某些在它之外被设定出来的东西，通过客体而被规定的，它的存在对它来说并不是直截了当的，而是通过客观的形式——作为一个实际存在——而被规定的。但它本身只存在于无限自我之中，并只通过其而存在；因而单纯的客体是根本不可能产生出自我（作为表象统一性的本原）的表象的。

的复多性。简言之：这样的自我始终都是有条件的。因此，自我只能在一个直观中被规定。但自我只通过那个根本不可能成为客体的自我而存在，因此自我不可能在什么感性直观中，而只能在一个如此这般的、不直观任何客体的，即一种理智直观中才能被规定。——客体在哪里，哪里就有感性直观，反之亦然。因而没有客体存在的地方，即在绝对自我之中，就没有感性直观，因而那里要么什么都不存在，要么只有**理智**直观。**自我因而就其自身而言被规定为理智直观之中的单纯自我。**

我很清楚地知道，康德曾否认一切理智直观；但我也知道，他是在一份研究中这么做的。那份研究仅仅只是预设了绝对自我，而根据被预设了的更高级的本原，只是把经验的、有条件的自我，以及在与自我的综合中的非我一并规定了。我同样知道，只要人们还想把理智直观当成与感性直观差不多的东西，那么理智直观就只能是根本不可把握的。理智直观就和绝对自由一样，根本不可能出现在意识之中，因为意识以客体为前提，而理智直观之为可能，恰恰在于它没有任何客体。因而，从意识的立场去反驳理智直观的尝试肯定会失败，就像通过意识来给理智直观以客观实在性的尝试一样肯定会失败，这无非意味着彻底扬弃理智直观。

自我只能通过其自由而被规定，因此我们关于纯粹自我所能说出的一切东西，都是通过其自由而被规定的。

# 第9节

自我完全就是统一性。假如它是复多性，那么它就不是通过它的单纯存在,而是通过它的部分的现实性而存在的。它就不会是仅以自身、以其单纯存在(换言之,它根本不存在)为条件,而是以复多性的一切个别部分为条件的,因为如果其中某个部分被扬弃,那么它本身(在其完善状态下)也会被扬弃。但这又与其自由的概念相矛盾,因此(第8节)自我不可能包含任何复多性,它只能是彻底的统一性——完全只是自我。

通过自由而被规定的无条件性在哪里,自我就在哪里。**自我因而完全是一体的**(Eines)。假如还存在着更多的自我,假如在这一自我之外还存在自我,那么这些不同的自我必须要以某种方式彼此区分开。然而,自我又仅以自身为条件,并仅在理智直观中才是可被规定的,自我自己因而只能与自身完全等同(而根本不能通过数字来规定);因此外在于自我的那些自我完全与这个自我叠合在一起,根本不可能彼此区分。因而自我完全就只是一体的(如果自我不是一体的,那么为什么会有更多自我存在的根据,就不在于自我自身的本质,而这样的自我也不能被规定为客体[第7节]——因而在自我之外,这无非意味着扬弃掉[同一个]自我本身)。——纯粹自我完全就是同一个自我,自我完全等于(=)自我。自我的属性(Attribut)在哪里,自我就在哪里。因而自我的诸属性也不可能彼此存在差异,因为它们全都是通过同一个无条件性而被规定的(全都是无限的属性)。假如要把这些属性规定为彼此有差异的,要么通过它们的单纯概念,而这是不可能的,因为自我是绝对的统一性;要么只能通过它们之外的随便什么东西,来让它们失去它们的无条件性,而这又是无比荒谬的。

那些除了经验自我什么自我都不知道的人们(但倘若没有纯粹

自我作为前提，经验自我根本就是不可把握的），那些从未将他们自己提升到对他们自身的理智直观的人们，肯定会觉得"自我完全是一体的"这句话是荒谬的。而经验自我是复多性这件事，则只能由完善的科学本身来证明（你们不妨设想一个无限的层面[而一个无限的层面必然只有唯一一个]，在其中你们想要有多少有限的层面就有多少。然而这些有限的层面本身只在那唯一一个无限的层面中才是可能的；即便你们毁灭掉那些有限的层面，那唯一一个层面还在那里）。对于那些总是根据他们迄今为止的习惯仅仅思维到经验自我的人们来说，似乎会必然地认为存在着很多自我，而这些自我彼此间成了自我与非我。但他们没有考虑到，纯粹自我只有通过它的本质的统一性才是可被思维的。

这些经验自我的追随者也根本无法思维纯粹的**绝对**统一性[unitas]的概念，因为在谈论绝对统一性的地方，他们能想到的只有经验性的、派生的统一性（通过数字的图型而感性化了的知性概念）。

经验意义上的独一性[unicitas]与复多性一样，都不归于自我。自我完全位于这些概念规定的层面之外；自我不是经验意义上的"一"或"多"，换言之，这两者都与它的概念相矛盾，它的概念不仅外在于一切通过这两种概念而能被规定的东西，而且自身就位于一个完全与之对立的层面之上。——在谈论数目统一性的地方，人们已经预设了某些东西，在与这些东西的关联中，那个在数字意义上独一无二的东西被思维为如此这般的数目统一性；人们预设了一个**属的概念**（Gattungs=Begriff），在其之下自我被把握为它的独一无二的**种**（Art），在此则只剩下一种（实在的与逻辑的）可能性，即自我根本不是那个独一无二的东西，换言之，自我仅仅就其实际存在

I, 184

而言（这根本没有达到自我），而不是就其本质而言才是一体的。然而，自我恰恰不是就其实际存在而言，而是就其单纯的、纯粹的存在而言才完全是一体的；自我也根本不能在与某些更高级的东西的关联中被思维，自我不属于任何种的概念。——全部概念都只是某些构成了统一性的复多性：自我因而不可能是概念，既不是纯粹的概念，也不是被抽离出来的概念，因而它既不是总括式的统一性，也不是被总括的统一性，而是**绝对的**统一性。自我不是属，也不是种，更不是个体。因而属、种乃至个体都只在与复多性的关联中才是可思维的。谁要把自我当作一个概念，那就会对自我一无所知。谁要是把自我转变为一个可推证的概念，就永远无法把自我当作绝对者来认识。因而绝对者是绝不能被中介的，也因此绝不会落入可证明的概念层面。因而一切可推证的东西都预设了某些已经被推证出来的东西，或者那些因为是最高级的所以不能再被推证出来的东西。所以，谁要是想推证出绝对者，那就会因此扬弃掉一切自由、一切绝对同一性以及其他。

[说明] 人们当然也可以把这些事情反过来说："因为自我不是什么普遍的东西，所以它不可能成为哲学的本原。"

如我们目前所预设的，如果哲学是以无条件者为出发点的，那么哲学就不能以任何普遍的东西为出发点。这是由于，普遍的东西是以个别的东西为条件的，而它只有在与全部有条件的（经验性的）知识的关联中才是可能的。因此，独断论那最具备一致性的体系——斯宾诺莎主义的体系——最强烈地反对的，莫过于人们把那唯一的、绝对的实体当作一种理性存在者[Ens rationis]，当作一种抽象的概念。斯宾诺莎将无条件者设定为绝对的非我,而不是抽象的概念,或是世界的理念,更不可能是个别的、实际存在着的物;更何况他已经以一种激烈的方式表明了——如果其他人还能这么用斯宾诺莎的这个表达的话——反对意见①,他解释说,谁要是把上帝在经验的意义上称为"一",或是把上帝当作单纯的抽象物,就是对上帝的本质一无所知。然而人们不能理

---

① 参见雅各比的《论斯宾诺莎的学说》第179页起的一些文段。关于此问题还有许多其他讨论,最杰出的便是斯宾诺莎的《伦理学》第二部分命题四十的附释,以及他书信的第467页,在此他写道:"因为有许多事物,我们是不能用想象去理解它们的,而只能用理智加以把握,譬如**实体、永恒**等等,如果我们用这类只是**想象**辅助工具的概念去理解它们,那么,**我们除了用想象力徒劳地说一些毫无意义地梦话之外**,别无其他成效。"[Cum multa sint, quae nequaquam in imaginatione, sed solo intellectu assequi possmus, qualia sunt *Substantia, Aeternitas* et al. si quis talia ejusmodi notionibus, quae duntaxat auxilia *imaginationis* sunt, explicare conatur, nihilo plus agit, *quam sidet operam, ut sua imaginatione insaniat*](摘自斯宾诺莎致梅耶尔的信,1663年4月20日。中译文参见《斯宾诺莎书信集》,洪汉鼎译,商务印书馆,1996年,第52页。——译者注)人们要想理解这段话,就一定要知道,斯宾诺莎把被抽离出来的概念当作想象力的单纯产物。他说,那些先验的表达式(他将这些表达式表达称为存在者[Ens]、物[Res]等等)源自这样一个事实,即身体只能接受一定数量的印象,因此,假如身体被太多的印象所淹没,灵魂就只能混乱地、无区别地想象它们,即把所有印象都归于同一个属性之下。他也以同样的方式解释了那些普遍概念,比如人、动物等等。把上文提到的《伦理学》中的文段与特别是斯宾诺莎遗著中的《知性改进论》相比较,就会发现,斯宾诺莎认为,认识的较低级的层次上是对个别事物的单纯想象,而最高级的层次上则是对绝对实体的无限属性的纯粹的理智直观,以及由此产生的对于物的本质的充足认识。这就是他体系的最高点。对于他来说,单纯的混乱的想象是一切谬误的源头,而神的理智直观就其最宽泛的字面意义而言则是一切真理与完满的源头。斯宾诺莎在他的《伦理学》第二部分命题四十三的附释中这样说:"并且除了真观念之外,还有什么更明白更确定的东西足以作为真理的标准呢?正如光明之显示其自身并显示黑暗,所以真理即是真理自身的标准,又是错误的标准。"[(Deinde) quid idea vera clarius et certius dari potest, quod norma sit veritatis? Sane, sicut lux se ipsam et tenebras manifestat, ita veritas norma sui et falsi est.](中译文参见:斯宾诺莎:《伦理学》,贺麟译,商务印书馆,1997年,第82页。——译者注)又还有什么能比得上"我们更美好生活的**大全一体**["Εν καὶ πᾶν]"这样的文字所蕴含的宁静的幸福呢?

解，非我是究竟如何位于一切数目的规定性之外的。但从根本上斯宾诺莎并没有把无条件者设定为非我，他把非我本身变成了自我，因而把自我提升为绝对者。

**莱布尼茨**据说是完全以物的**属的概念**为出发点的：这一事项还有待更具体的研究，在此则不做展开。但毫无疑问的是，他的追随者们以这个概念为出发点，并就此为一个不完善的独断论体系奠定了基础。

（问题：现在到底如何解释诸单子以及先定和谐呢？——正如根据批判论，理论理性终结于"自我=非我"，而根据独断论，理论理性则一定反过来终结于"非我=自我"。根据批判论，实践理性必须要完全投入去重建绝对自我，而根据独断论，实践理性必须要完全投入去重建绝对非我。似乎去勾画一个独断论的前后一致的体系更有趣一些，但可能已经有这样的体系了。） I, 186

……"哲学研究者最伟大的功绩不在于建立起那些抽象的概念，并由此编造体系。他的最终目的是纯粹的存在；他最伟大的功绩就是去揭示那些无法运用概念的东西，无法解释的东西，无法展开的东西，换言之，去开显那些不可解决的东西，那些直接的东西，那些基本的东西"……①

---

① 谢林的这段文字化用了雅各比1785年在《论斯宾诺莎的学说》中的说法。雅各比的原文是："……根据我的判断，研究者最伟大的功绩在于去揭示并开显实际存在……对于他来说，解释只是中介，是通往目标的道路，而不是最终目的。他的最终目的是那些不能被解释的东西，那些直接的、基本的东西。"参见F. H. Jacobi, *Über die Lehre des Spinoza in Briefen an den Herrn Moses Mendelssohn*, Hamburg: Felix Meiner, 2000, S. 35。——译者注

## 第10节

**自我包含着一切存在，包含着一切实在性**。如果在自我之外还存在着实在性，那么这种实在性就要么与那在自我之中被设定的实在性一致，要么不一致。而一切自我的实在性都由自我的无条件性所规定；除非自我是被无条件地设定的，否则它就没有实在性。但既然自我仅仅通过无条件性得到了它全部的实在性，因而即便自我的**某一个**实在性是在自我之外被设定的，它也得包含自我的全部实在性，换言之，在自我之外就存在着另一个自我，而这（第9节）是荒谬的。

如果那个在自我之外的实在性与自我的实在性是**有矛盾的**，那么通过设定前者，自我之中的实在性就会被扬弃，而因为自我完全就是统一性，那么自我本身也会被一并扬弃，这又是荒谬的（我们所说的是**绝对**自我。绝对自我应当是一切实在性的总括，而一切实在性都是由它同步设定的，换言之，一切实在性都是**它的**实在性。绝对自我应当包含着一切存在规定与一切可能的实在性的规定的所有数据与质料）。如果想要预见到反对意见，那么我们也得预先准备好回应。我们的命题同样也很快就会遭到反对，要么就是，一个在一切自我之前已经被设定出来的非我是可思维的，要么就是，一个原初地而且完全**对立于**自我而被设定的非我**可以被实现为**绝对的非我。简言之，如果迄今为止哲学中的自在之物的实在性是可证明的，那么一切原初的实在性都会落入绝对的非我之中。

同样的，自在之物要么是那个在一切自我之前**被设定出来的**非我；但我们已经证明了，在一切自我之前**被设定出来的**非我是根本**没有任何**实在性的，也更不可能是可思维的，因为它本身没有像自我本身那样被实现出来，而且只有在与自我的对立中，换言之，不是在与**有条件的**自我（有条件的自我仅仅是客体的相关事物）的对立中，而是在与**绝对**自我的对立中才是能被想到的。

要么，自在之物是与在其有限性之中的自我**截然对立的**，在其**单纯的对立设定活动**之中存在的非我。诚然，非我的确是原初地彻底对立于自我而被设定为如此这般的样子的①，因而即便是原初的非我也不可能是什么经验性的、被抽离出来的概念（要想在经验中找到这样的概念，经验本身，即非我的实际存在必须要被**预先设定**出来），更不可能是一个先天的**普遍概念**（尽管它不是被截然设定出来的，但它是截然被**对立设定**出来的，因而它作为一个被对立设定出来的东西被设定为自我，而在它被对立设定出来的存在的质中同样是绝对[被对立设定]地存在着的）。非我的这种原初**截然**对立设定活动已经让我们完全得以去想象一个在一切自我之前的绝对非我。因而，如果那个被绝对地**对立设定**出来的非我没有呈现在独断

---

① 由于非我是原初地对立于自我而被设定的，因而非我必然以自我为前提。但**这个对立设定活动本身又与自我的设定活动一样截然发生了**：因此，**决然对立于实在性而被设定出来的东西只能是绝对的否定**。自我把非我设定为对立于自己的东西，与自我把自身截然设定出来是一样的，都不需要什么根据；事实上自我直接地就包含着非我。自我的设定活动是绝对的对立设定活动，换言之，是对那些不等同于自我的东西的否定。但一开始**根本**就没有东西能够被对立设定出来，更不用说有什么东西能**被截然**对立设定出来了，然而之所以还是如此，除非有些东西已经在先前被**截然**设定出来了。科学的第二条原理截然将非我对立于自我设定出来，因而截然获得了它的**内容**（被对立**设定出来的东西**），但它的形式（对立**设定活动本身**）则只有通过第一条原理才是可被规定的。第二条原理不能以**分析**的方式从第一条原理中推导出来，否则就没有非我能从绝对自我中产生出来，相反，正在发生的是一个从部分到反题并从而到综合的**进程**（Progressus）。倘若人们相信，整个科学似乎可以被**塞进**一条原理里面，那么整个科学是如何以原理为基础的这个问题，就是不可把握的了。不过据我所知，还没有哲学家这么主张过。

论面前，如果独断论没有偷偷把实在性借给非我（实在性不属于那个**截然被对立设定出来的东西**，而应属于那个**在自我之中被设定的非我**），那么无论独断论如何假装有能力想到，将一个在一切自我之前的非我不是**对立设定**，而是截然**设定**出来，对于独断论来说，单单去设想一个被绝对地**设定**出来的非我都已经是不可能了的。

与截然（换言之，在一切自我之前）**被设定**出来的非我一样，那个截然**被对立设定**出来的非我也并不是彻底不可思维的，但如此这般的非我根本没有任何**实在性**，更不用说什么可被思维到的实在性。而正因为非我是**截然**对立于自我而被设定的，所以非我仅仅被设定为单纯的**否定**，被设定为绝对的无，而关于绝对的无，除了它是单纯地对立于一切实在性而被设定出来的，其他无可一言。我们只要把实在性分给非我，那么就会把它从绝对对立设定活动的单纯层面转移到有条件者、在自我之中被设定出来的东西的层面中去了。因此，非我要么是对立于自我而**截然被设定**出来的，因而是绝对的非我，换言之，绝对的无；要么它就会变成**某物**、变成**物**，换言之，它不会再被**截然**对立设定出来，而是**有条件地**被设定到自我之内，也即，它不会再是自在之物了。

I, 189

如果人们还想把那个原初地并且截然对立于自我而被设定的非我称为自在之物，这当然没什么问题，只要人们只将自在之物理解为一切实在性的绝对否定；但如果人们要把实在性归结于那个作为截然被对立设定出来的非我的自在之物，那么这只有在经验想象力的迷梦中才是可能的。那个迷梦赋予了非我以实在性，**但只有在非我在自我中被设定出来的存在的质之中，实在性才会归于非我**。同样的，正因为属于那个原初被对立设定的非我的，根本不是什么实在性，而是单纯的否定,既不是纯粹的存在,也不是经验性的存在,而是根本就没有任何存在(绝对的非存在),所以只要非我还想得到实在性,它就必须根本不是对立于自我,而是在**自我**本身之内被设定出来的。**由于自我同样原初地把非我设定为与自己相对立的东西**(并不是像绝对自我那样,只是把非我**排斥出去**),自我已经把自身设定为被**扬弃**掉的东西了。正因为自我又必须同时截然设定自身,所以它又反过来把非我设定为截然被扬弃的东西,即"零"(= 0)。因而,假如自我截然设定了非我,那么它就扬弃了自身,如果自我截然设定了自己,那么它就扬弃了非我——但两者都应当**被设定出来**(而不是被扬弃掉)。这组矛盾是不可解决的,除非让自我把非我同样设定为自己。但这又与非我的形式相违背。因此,自我只能**分给**非我实在性,它只能把非我设定为与否定相连的实在性。因而只要非我是仅仅**对立于自我而被设定的**,即是纯粹的、绝对的非我,那么它就**没有实在性**;而只要非我被分到了实在性,那么它就会被设定到一切实在性的总括以及自我中去,换言之,非我不能再是**纯粹的**非我了。自我要想能够同样在自己里面设定出非我(这是必然的,因为非我虽然与自我对立,但仍然是应当**被设定出来**的),就必须要把自己的形式,即存在、实在性、无条件性以及统一性的形式也分给非我。但这一形式又与原初被对立设定的非我的形式相违背。因此,自我的形式转移到非我之上的过程只有通过**综合**才是可能的,从被转移过来的自我的形式与原初的非我的形式这两者的综合中产生出了**范畴**,原初的非我完全据此而得到了实在性(能够被表象出来),并因此不再是一个绝对的非我。

因此,自在之物的理念从根本上来说既不会通过在一切自我之前就已**被设定**的非我,也不会通过原初地**对立于**自我而**被设定**的非我被实现出来。但是,"一切实在性都包含在自我之中"这一命题也同样容易被推翻,如果一个**客观的**、在自我**之外**存在的**一切**实在性的总括的理论性的理念是可被实现的。我们承认,理论理性借以尝试解决自我与非我之间矛盾的最高综合,一定是个什么东西(x),在其中两种实在性——自我与在自我之中被设定的非我——必须被统一为一切实在性的总括;我们也承认,这个x被规定为某些自我之外的东西,因而等同于非我,但同样地也被规定为某些非我之外的东西,因而等同于自我。简言之,我们承认,理论理性似乎必然要诉诸一切实在性(=自我=非我)的绝对总括,只有这样才能把作为一切实在性的总括的绝对自我扬弃掉。

  这个理论理性的最高综合无非是解决自我与非我之间冲突的终极尝试。尽管这种综合似乎要截然扬弃绝对自我的绝对实在性,但对我们来说,它本身同时似乎又是这一实在性的完全有效的保证。这是因为:自我原初地并且在一切非我之前就已经被设定为一切实在性的总括了。如果这个冲突不是正因此而可能,那么自我就根本不可能做到,凭借一切实在性的**客观**总括来解决那个冲突。

  而如果事情不是这样,那么非我就可能有一个不依赖于自我的,而且能与自我的实在性一起被设定的实在性,因此在两者之间就不存在冲突了,也就不需要什么综合,不需要彼此冲突的实在性的**客观总括**①了。同样,如果没有"绝对自我是一切实体性的总括"这一前提,实践哲学就是不可想象的。实践哲学的终点必然是一切非我的

---

① 也不需要**容器**[δοχεῖον]了(第一版附释)。——原编者注

终点，也是绝对自我在其最高同一性中的复现，换言之，必须作为一切实在性的总括的终点而存在。①

## 第11节

I, 192

假如自我包含着一切实在性，那么它就是无限的。因为，如果不首先把自我本身设定为完全**不受限制**的，那么它还怎么会被限制呢？要么自我是被它**之外的实在性**所限制，这是不可能的；要么是被它

---

① 我们可以按感性的方式理解这个问题。——绝对自我刻画了一个无限的层面，占有了一切实在性。同样会有另一个无限的层面与之对立而被设定出来（不仅仅被排斥出来），这一层面则占有了一切的**否定**（绝对的非我）。后一层面因而直接= 0；但前提是，实在性的绝对层面首先已经被刻画出来，并且否定层面只有在**与绝对层面的对立中**才是可能的。因而绝对否定自己并不产生出自身，而只在与绝对实在性的对立中才是可被规定的。一个位于某一个先前已被设定的、同样是无限的层面之外的无限层面是自相矛盾的，且它在其之外被设定的存在必然已经蕴含了它只能是绝对否定这件事。而倘若它不是绝对否定，那么它的层面就不会外在于那个无限层面，而是与其融为一体了。非我的无限层面因而，就其完全**截然**被设定而言，必须把自我整个扬弃掉。因此一个无限的层面并不能容许另一个在其之外的无限层面存在。但也正因为这个，如果非我的层面被设定为**无限的**，那么自我的层面必须反过来把非我的层面扬弃掉。但两边都应当被设定出来。因此，我们还能做的无非就是，让自我努力去把那个非我的无限层面牵引到自我的层面上来，那么非我的无限层面就被设定出来，而且全部设定活动都只在自我中才是可能的。然而，对该层面的绝对否定是与全部设定活动相冲突的，因此非我的层面只能在自我的层面中与否定一起被设定出来。因为否定的无限层面只能被设定到实在性的无限层面上去，所以否定的无限层面会转变成实在性的有限层面，换言之，否定的无限层面只能作为与否定相连的实在性被设定在实在性的有限层面之中。而同时产生了自我的限制；虽然自我的层面没有被彻底**扬弃**掉，但否定，换言之，限制必须要被设定到自我的层面之中。现在，有限性的层面可以努力把无限性的层面牵引回自身，并使自己成为整个层面的中心——无限性的射线以及有限性的限制都源自这里，而这是自相矛盾的。如果最高综合（自我=非我）仅仅表达出了其中自我与非我之间的冲突，那么想要解决这个冲突的话，除了把有限性的层面彻底**摧毁**之外别无他法，换言之，把有限性的层面延展到与无限性的层面（实践理性）重合为止（第一版附释）。——原编者注

之外的**否定**所限制,而这也是不可能的,因为如此这般的否定只有在与绝对者的对立中才能被规定;要么自我是被**自身**所限制,那么自我就不是**截然**,而是以限制为条件而被设定的,而这又是不可能的。——自我必须完全是无限的。如果它的某一个属性是有限的,那么它也因此而是有限的,那么自我就同时既是无限的又是有限的。因而**一切自我的属性都必须是无限的**。而自我仅仅通过它所是的东西,即通过它的属性而是无限的。——如果人们还能把自我的实体分割成更多部分,那么这些部分要么分有了实体的无限性,要么不能分有任何无限性。在第一种情况下,在自我之外还存在着自我(因为哪里有无限性,哪里就有自我),在无限性之外还存在着无限性,这是荒谬的;在另一种情况下,自我通过部分而终止了,换言之,它就不是无限的了,它就不是**绝对**的实在性了。因此,**自我是不可分割的**。如果它是不可分割的,那么它同时也是**不可变易**的。而因为自我不可能通过在其之外的东西而被改变,那它就只能通过自身而被改变,因而它的一个部分必须要去规定另一个部分,换言之,自我就会是可分割的。但是,自我又应当始终与自身等同,因而是在一切交互活动之外被设定的绝对的统一性。

# 第12节

如果实体是无条件者,那么**自我就是唯一的实体**。而如果存在更多实体,那么就会在自我之外还存在自我,这是荒谬的。因此,**一切存在的东西都存在于自我之中,在自我之外什么都不存在**。自我包含着一切实在性(第8节),而一切存在的东西都通过实在性而存在。因此，一切都存在于自我之中。——没有实在性就什么都不存在，既然没有实在性在自我之外，那么在自我之外也就什么都不存在。如果自我是唯一的实体，那么**一切存在的东西都不过是自我的单纯偶性**。

我们站在了一切知识的边界上，而在边界之外，一切实在性、思维以及表象都消失了。一切都只存在于自我之中并且只**为了**自我而存在。自我本身完全是**为了**自身而存在的，要想找到其他什么东西，我们必须预先已经找到某些东西；我们只有通过其他真理才能达到客观的真理——但是我们只能通过自我来达到自我，这是因为，自我之所以存在，只是由于自我只**对自身而言**存在着，而对于存在于它**之外**的一切东西来说，它什么都不是，换言之，自我根本不是客体；因而自我存在完全不是因为它被思维，而是因为它思维着自身。

为了找到真理，你必须拥有一切真理的本原：无论你想把它设定到多高的位置，它仍然位于真理的领土上，而那领土是你刚刚才想要去寻找的。但如果你通过你自身产生出了一切真理，如果一切实在性系之于的那个终极的点——自我存在，自我只通过自身并且为了自身而存在，那么一切真理与一切实在性都会直接呈现在你面前。

因为你把你自身设定为自我，因而你同时刻画了真理的整个层面，而真理仅仅是因为你并且为了你才是真理。一切都只存在于自我之中并且只为了自我而存在。哲学在自我之中找到了它的"**大全一体**"[Ἓν καὶ πᾶν]，而这正是它迄今为止一直努力争取的最高胜利奖赏。①

---

① 所有的实际存在都依赖于我的自我：我的自我就是一切，一切存在着的东西都在自我之中并朝向自我而存在；如果我把我的自我移除掉，那么一切存在着的东西都会消失（第一版附释）。

[说明] 你们是想要把你们从非我的实体性中**推证**出来的概念与绝对自我最高级的实体性相比吗？还是说你们相信，已经在非我中找到了实体性的原初概念呢？

然而哲学早就已经建立起非我的实体性的概念。如果你们想挽救你们的自我的不可转变的同一性的话，你们就必须把非我（它的原初形式是复多性）也提升为同一性，同时肯定非我之于自我的存在。因而，非我并没有作为复多性与你们的自我重合，非我反而将你们的想象力设定入空间之中；但因为你们的自我并没有被完全消除，为了实现综合，你们只能在交互活动（前后相继）中设定复多性，并且又得为了交互活动的每一个点重新设定出那个由一个具备同一性的努力所规定的主体；因而通过以综合本身以及那个与综合一起同时被产生出来的空间与时间的形式为中介，你们得到了一个在一切交互活动中、在空间与时间中都持存着的客体。——一个**被转移了**（仿佛被转借出去）的**实体性**，然而如果没有以一个原初地、不是被转移过来的绝对自我的实体性为前提，这种实体性是不可把握的。绝对自我的实体性概念也恰恰使得批判哲学成为可能，从而解决了实体范畴的起源问题。

**斯宾诺莎**正是那个已经在其整体纯粹性中思维到实体性的原初概念的人。他认识到，最初一切实际存在都必须建立在一个纯粹的、不可转变的原初存在之上，一切产生与消失的东西都建立在某个持存于自身的东西之上，只有在其中并通过它，一切拥有实存的东西才会形成实际存在的统一体。但并没有人向他证明过，这种无条件的、不可转变的一切存在的原初形式只有在一个自我中才是可被设想的。人们会反驳斯宾诺莎关于那个被抽离出来的现象的实体性的概念（因而，只要这一原初概念还没有被揭示出来,那个被推证出来的、被转移了的、尽管先于一切经验但仍然仅仅**在与经验的关联中**才是可能的现象的实体性的概念就仍然是一个单纯被抽离出来的概念),仿佛斯宾诺莎既没有充分认识到、也没有无数次强调过,这个概念与那些在时间与交互活动中持存着的东西并不相干,而是与那个在一切时间之外、在不可转变性的原初形式之下已被设定出来的东西相关。如果没有原初概念,那个被推证出来的概念本身就不会有任何意义或实在性。因而人们会尝试通过有条件者来反驳无条件者,效果则是众所周知的。

## 第13节

I, 195

如果在自我之外什么都不存在,那么自我就必须把一切都设定在自己之内,换言之,自我必须**把一切设定为与自己等同的东西**。自我所设定出来的一切,只能是它自己的在其整个无限性之中的实在性。绝对自我只能将自己规定为彻底无限的实在性,换言之,绝对自我只能设定**自身**。

如果我们想要把这个设定者称为**原因**(因为我们没有别的词可以用),并把一个不把任何东西设定到自己之外,而把一切都设定在自身之内,与自己等同的原因称为**内在的**原因。那么自我就是**一切存在着的东西的内在原因**。存在着的东西存在着,只是因为它拥有实在性。它的**本质**[Essentia]就是实在性,而它的存在[Esse]完全归功于无限的实在性;而这仅仅是因为,一切实在性的源泉已经分给这些存在着的东西以实在性。因此,**自我不仅是存在的原因,而且是一切存在着的东西的本质的原因**。因而一切存在着的东西都仅仅通过那个是其所是的东西,换言之,通过它的本质,通过它的实在性(而存在),而实在性仅仅存在于自我之中(谁要想用我们本身之后肯定会得到的命题来反驳所有这些命题,那都可以去做。但他会发现,他本可以为自己省去这些麻烦,这里被建立起来的命题所期待的矛盾,恰恰就是整个哲学的问题。但他还是会承认,一切正题都必须先行于反题,而这两者又都必须先行于合题[综合])。

## 第14节

那个表达出了绝对实体(自我)的**因果性**的最高理念,就是**绝对力量**的理念。

人们能够以经验标准来衡量纯粹的东西吗?如果你们并不能跃出那个把想象带到你们面前的理念的一切经验规定,那么导致你们误解的责任就不在理念,而在你们自己身上。这一理念是如此远离一切经验性的东西,以至于它不仅把自己提升为超越于经验的东西,而且把经验性的东西彻底消灭了。

对于斯宾诺莎来说,这一理念也是绝对实体的因果性的独一无二的标志。对于他来说,不可分割的实体的绝对力量就是终极的东西,进而言之,是不可分割的东西。在斯宾诺莎看来,实体之中没有智慧,因为它的行动本身就是法则;实体之中没有意志,因为它的行动依据是它的本质的自身力量,是它的存在的必然性。实体并不依据任何在其之外现成的实体性的规定而行动;它是根据它的本质,根据由无条件的力量而带来的它的存在的无限完满而行动的。实体的本质本身完全就是这种力量。①

有人认为,斯宾诺莎体系中的这一最崇高的理念不仅理论上是错误的,也由于实践性的原因而是可反驳的。他们会说,这一理念,把一切自身的、但仍受法则规定的[**智慧**]的概念都扬弃掉了,因为,一方面,人们还没有上升到绝对力量的**纯粹**表象,绝对力量不**按照自身之外**的法则行动,而只**通过其存在**的法则,通过其如此这般的存在本身行动;另一方面,因为人们还没有考虑到,既然那种智慧的概念只有在限制的前提下才是可思维的,那么,如果其努力的最终目标不是以绝对力量为前提的话,智慧的概念本身就是一种荒谬,因为绝对力量是完全根据其本质的内在必然性而行动的,它不再是意志,不再是美德,不再是智慧,不再是幸福,而完完全全就是力量。

---

① 斯宾诺莎《伦理学》第一部分命题三十一至三十二:"**神的行动并不出于善的原因,而是出于它本性的完满**。那些认为神的行动出于善因的人似乎把某种东西置于神之外,这些东西不依赖于神。神似乎注意到这些东西,似乎认为它是工作的典范,或者神仿佛在瞄准这些东西,仿佛是在瞄准一个特定目标,这无疑是在让神屈从于命运。"[Deus non agit *ex ratione boni*, sed *ex naturae suae perfectione*. Qui illud statuunt, videntur aliquid extra Deum ponere, quod a Deo non dependet, ad quod Deus tanquam ad exemplar in operando attendat, vel ad quod tanquam ad certum scopum collimat, quod profecto nihil aliud est, quam Deum fato subjicere.](谢林在此所引用的《伦理学》版本与目前通行的版本不同,目前通行版本中第一部分命题三十三附释二有相似内容:"我还觉得那认万物皆受制于漠不关心的天意,依靠神的任性的说法,反较那谓神的一切行为皆志在为善的说法似乎更接近真理。说神有意为善,便不免要附会一些与神不相干的东西给它,而牵强谓神的一切行动皆志在以它为榜样,或以它为努力的目标。这种说法事实上实无异于说神亦受命运支配。"中译文参见[荷兰]斯宾诺莎:《伦理学》,贺麟译,商务印书馆,1997年,第35页。——译者注)——命题三十三:"**神的力量就是它的本质**。"[*Dei potentia* est *ipsius essentia*.](实为第一部分命题三十四,参见[荷兰]斯宾诺莎:《伦理学》,贺麟译,商务印书馆,1997年,第35页。——译者注)

[说明] 康德也曾将道德说成是至高善,将与之相匹配的幸福说成是最终的终极目的。但他本人最清楚,如果没有更高级的终极目的,道德本身就不具有实在性。道德以限制性和有限性为前提,因而不能被设想为最终极的目标本身,而只能被设想为对终极目的的**趋近**。同样,他在任何地方都避免对幸福与道德的关系做出明确的表态。尽管他清楚地意识到,幸福作为一种单纯的想象力的理想,只不过是一种图型,非我的**实践可表象性**是通过它来中介的①,因此它不可能属于最终的(终极目的),因为终极目的是非我与自我的同一化,即把非我作为非我彻底毁灭。因此,如果不预先假定一切努力的最终目的不是幸

---

① 因为非我应当要成为一个由自由所规定的自我的努力的对象,那么它就必须被从有条件的形式提升到无条件的形式。然而,既然作为非我的非我是这一努力的对象,那么只有**感性**,即可想象的**无条件性**(把非我本身提升到任何形式的知性或感性都无法达到的形式)才能由此产生。

有条件者与无条件者的这般中介只有通过想象力才是可设想的。幸福的理念最初只有通过一个单纯**理论性**的操作才会产生出来。但它只能被实践地呈现为非我与自我的**必然**协调一致,而且因为这种协调一致对于自我来说是一项无限性的任务,那么在实践的意义上,幸福的理念本身仍然是一种只有在无止境的进步中才能被实现出来的理念。但是,在**实践**的意义上,幸福的理念与自我最终的终极目的也是完全**一致**的,而且**由于**道德是对最终的终极目的的逐步**趋近**,因而幸福的理念只能被呈现为那些只有通过道德才被实现出来的东西,那些始终与道德处于同样的关系中的东西。而也只有在这样的意义上,康德才能把幸福与道德放在一起思考。有人会把经验性的幸福解释为客体与我们的自我之间**偶然**的一致。因此,经验性的幸福不可能被视为与道德相关。那么,幸福的理念就不会走向非我与自我的**偶然**一致,而是走向非我与自我的**必然**一致。因而,纯粹的幸福恰恰在于超越了经验性的幸福,纯粹的幸福必然排除了经验性的幸福。但很容易理解,为什么常常有人在康德那里谈到幸福时,总是把幸福理解为经验性的;令人惊讶的是,据我所知,还没有人批评过这种体系的道德堕落性,因为这种体系把经验幸福不是通过**内在**的联系,而仅仅是通过**外在**的因果性与道德联系在一起。

福本身，而是完全超越它的层面①，那么追求经验的幸福（作为由**自然**促成的客体与自我的一致）本身就是不合理的。因此，我们必须不断努力，不是为了变得幸福，而是为了不再需要幸福，实际上是为了变得完全不需要幸福，并把我们的本质本身提升到一种形式，这种形式不仅与幸福的形式完全相矛盾，而且还与那些与幸福相对立的形式完全相矛盾。

\* \* \*

同样的，绝对自我坚决要求有限自我成为与它一样的东西，换言之，有限自我要彻底消灭掉自身之内所有的复多性与交互关系。那些对于有限（受非我限制的）自我来说是**道德法则**的东西，对于无限自我来说就是**自然法则**，换言之，无限自我是同时与其单纯的**存在**一起并在其单纯的**存在**中被**给定**的。无限自我存在，只是因为它与自身等同，只是因为它由其单纯的同一性所**规定**；它不**应**首先仅仅通过与自身的同一性来**规定**它的存在。因而，无限自我根本就不认得什么道德法则，而且就其因果性而言完全被规定为绝对的、与自身等同的**力量**。但是，道德法则虽然仅仅是相对于有限性而言的，但如果它不把自我的无限性作为一切努力的终极目的，不把自我本身转化为自我单纯的**自然法**

---

① 如果自我一切努力的最终目的不是将非我与自身完全同一化，那么对我们来说，那种由自然促成的客体与我们的自我之间的**偶然**的一致就没有任何吸引力了。只有把这种一致性**与我们的全部活动**（这些活动从最低程度到最高程度，全都指向非我与自我的一致）联系起来思考，我们才会把那种偶然的一致看作是一种**恩惠**（而不是酬劳），看作是大自然的自愿让步，看作是大自然对我们的全部活动（不仅仅是我们的道德活动）所给予的**意外**支持。

则<sup>①</sup>，那么它本身就没有任何意义和重要性。——在有限存在者中的道德法则因而暂且只是**自然法则**的**图型**，是无限者的存在得以被规定的途径；那些由自然法则呈现为**实然**的东西，必须由道德法则呈现为**应然**的。因为这个让无限自我的**存在**得以被规定的最高法则就是自我的同一性的法则（第7节），那么有限存在者中的道德法则就必须把这一同一性呈现为**应然**而非**实然**的。因而对于有限存在者来说，最高法则是这样的："**你必须要与你自身绝对同一**。"<sup>②</sup>

但是，只要将这一法则应用于道德**主体**，即将其应用于以交互关系和复多性为条件的自我，它就会与那种同一性形式本身相矛盾，而只有通过新的图型法，这一法则才能应用于道德主体。有限自我的原初道德法则"**你必须要具备同一性**"是与有限自我的**自然法则**相矛盾的，根据后者，有限自我是不具备同一性的，换言之，它是复多性，但却**不应当是**复多性。有限性的道德法则与自然法则之间的这一冲突只能通过一个新的图型，即**在时间中产生出来**的图型才能被化解，因而现在那种要求"**存在**"的法则变成了要求"**转变**"的法则。以完全感性化的方式将原初道德法则表达出来就会是这样："你**必须要变得具备同一性，并（在时间之中）将你的本质的诸主观形式提升为绝对者的形式**。"（纯粹的原初道德法则已经**排除**了一切主观形式[一切从属于

---

① 也可以说，自我最终的终极目的是，把自由的法则变成自然的法则，然后又把自然的法则变成自由的法则，在自我中产生出**自然**，在自然中产生出**自我**。

② 这一法则可以通过同一性的原初形式的一切从属形式而被追溯。就**量**而言，它可以被表达为："你必须是**一体的**！"就**质**而言："你必须在你之中设定一切实在性，或者说，你必须把一切实在性设定为**与你等同的**。"就**关系**而言："你必须是不依赖于**一切**关系与一切有条件性的。"就**样式**而言："你必须把自己设定到一切**实际存在**的层面之外去，设定到纯粹绝对存在的层面中去（不依赖于一切时间形式等等）。"

以客体为条件的自我的形式]，并断然提出要求："**你必须要具备同一性！**"但那些形式又从根本上与这一法则相冲突，因而必然存在一种**综合**，能够将**那些形式本身**，不再作为**主体**[有限者]的形式，而是作为绝对者的形式容纳其中①。）

I, 200

通过这种道德法则的图型法，道德**进步**，即无限进步的理念就是可能的了。绝对自我是一个不可分割的永恒者，但也正因此，因为有限自我努力要成为与绝对自我同一的东西，它就必须努力奔向纯粹的永恒；因为有限自我把那些被无限自我设定为**存在着的**东西，表达为正在有限自我之内**转变着的**东西，有限自我也必须在自身之内设定**转变着的、无限的绵延**（换言之，经验性的永恒）。因而，有限自我的终极目标就是把自己扩张到与无限者同一的地步。意识的统一性，即人格就存在于有限自我之中。而无限自我根本不认识任何客体，因而也不认识任何意识、任何意识的统一性或人格。因此，一切努力的终极目标可以被

---

① 如果我们再次通过那些从属的形式去追溯这个被图型化的法则，我们就会得到以下法则——就**量**而言："你必须要彻底成为一体。"（那些要成为统一性的东西是以自身之内的复多性为前提的，而只有把复多性提升为统一性，这些东西才能成为统一性；因此，那一表述与如下表述是一致的："必须把你身上的复多性提升为统一性，换言之，你必须要成为你自身之内包含着的**总体性**。"）就**质**而言："你必须要彻底成为实在性。"（那些要成为实在性的东西，是在与否定的斗争中成为实在性的，因而也可以这样表述："必须要把你身上的否定提升为实在性，换言之，你得给自己一个[在时间之中]**直到无限都永远不能被扬弃的实在性**。"）就**关系**而言："你必须要成为绝对无条件的，并向着绝对因果性**努力**。"这再次表达出一种原初的冲突，就好比："你必须要使你身上的被动因果性与主动因果性成为同一种东西(你必须要产生出交互作用，并让你身上的被动因果性同时变成主动的，让主动的因果性同时变成被动的。）。"就**样式**而言："你必须要摆脱一切时间性的交互作用，努力把自己设定到绝对**存在**的层面中去。**努力**只有在时间之中才是可能的，因此一种在一切时间性的交互作用之外设定自己的努力，是一种存在于**一切时间之中**的努力。因而那种法则也可以被表达如下："你必须要成为一种**必然**的本质，成为一种在**一切时间之中持存的本质**。"

呈现为人格向着无限性的扩张，或者说，人格的毁灭。——有限自我以及非我最终的终极目的，换言之，世界的终极目的就是它作为一个世界——有限性（有限自我与非我）的总括——的**毁灭**。只有无限趋近才朝向着这个终极目的——因此自我无限延续，**永生不朽**。

理论意义上的神就是"自我=非我"，而实践意义上的神则是那个毁灭了一切非我的**绝对**自我。由于无限自我是以图型的方式被**表象**为**（绝对自我之外的）**有限自我的最终目标，因而神只能在实践哲学中被**表象**为（在图型意义上）**在有限自我之外的**，但又与无限自我**同一**的东西。

\* \* \*

从这些推论可以看出，**无限**自我的因果性绝不能被表象为道德、智慧等等，而只能被表象为绝对的力量，它充满了整个无限性，在其层面内不能容忍任何与之相悖的东西，甚至不能容忍那个被表象为无限的非我：因此，道德法则，即使在其所有感性化的过程中，也只有在与更高的**存**在法则的关联中才会获得意义和价值，而存在法则与自由法则相对，可被称为自然法则。当然，有些人不会满足于这些推论，他们竭力把我们道德努力的目标拉得越近且越深才好——还有些人也不满意，他们又在康德那里寻章摘句，在康德似乎还留给他们的经验论体系的唯一一点上又附加了如此多的幸福的公设。因为如果不把幸福设想为与最终的终极目的相同一的东西，换言之，如果不把幸福看作是在对一切经验性的幸福层面的完全提升，那么幸福本身甚至都不可能归属于**道德**理性的要求，然而只有**这些**要求才是被允许的；——还有少数对此不满的人，他们会相信，康德认为在理论哲学中不可能的认识，在实践哲学中却是可能的。从而在实践哲学中，超感性世界（上帝等）会再次被确立为自我**之外**的某种东西——**客体**。但似乎，那些是客体的东西，不管它是通过何种方式成为客体的，都不能成为理论哲学的客体，换言之，不能被理论哲学所认识（那些仅仅是客体的东西必须也要是可被认识的，用康德的话说，必须要是感性可直观且通过范畴可思维的。——见下文）。——诚然，根据康德的观点，理论哲学中的超感性事物会导致矛盾，因为理论哲学摧毁了一切绝对的东西（一切自我）；然而，根据同样是康德的观点，实践哲学也能进入超感性领域，因为反过来说，实践哲学摧毁了一切理论性的东西，并恢复了那些完全以理智的方式被直观到的东西（纯粹自我），但是，既然我们只有通过恢复绝对自我才能进入超感性世界，那么除了自我，我们还想再在其中找到什么呢？——因此，没有作为**客体**的上帝，根本没有非我，没有经验性的幸福等等，只有纯粹的绝对自我！

## 第15节

自我存在，因为它存在，没有任何条件与限制。**它的原初形式就是纯粹且永恒的存在的原初形式**；关于它人们不能说"**它曾经存在**"或"**它将要存在**"，而只能说"**它存在**"。无论是谁，要想不仅仅通过自我本身的存在来规定自我，都必须把自我拽向经验世界。自我是**截然**，因而是在**一切时间**之外被设定的，它的理智直观的形式就是**永恒性**。自我通过**自身**就是无限性的；它也不是想象力所呈现出来的那种被束缚在时间之上的模糊的无限性，相反，它是在其本质中包含着自身的、最确定的无限性；它的永恒性本身就是它存在的条件。由于自我是永恒的，它根本就没有任何**绵延**。因而绵延只有在与客体的关联中才是可思维的。有人会谈到一种绵延的永恒性[aeviternitas]，换言之，一种在**一切时间**之中的实际存在，但严格意义上的永恒性[aeternitas]是**不在任何时间之中**的存在。永恒性的纯粹原初形式位于自我之内：这与**特定**时间之中的非我的实际存在相违背，先验想象力则通过**一切时间之内**的实际存在，即通过经验性永恒的表象（形象地呈现为一条不断延伸的射线），把这种矛盾统一了起来。①但是，如果没有纯粹永恒性的原初概念，这种经验性的永恒本身就会是无法设想的，因此经验性的永恒不可能被转移到包含了一切存在的原初形式的绝对自我中去。**有限者绵延着；实体**则完全通过其无限的力量而存在。

[**说明一**] 斯宾诺莎也曾不得不反对这种将绵延当作绝对存在的形式的概念。对于他而言，永恒性就是纯粹理智直观的形式，但不是相对的、经验性的，而是绝对的、纯粹的永恒性。绵延，乃至一切世间之中的绵延，无非是（以经验为条件的）主体的形式，然而这一形式本身

---

① **一切综合**的过程都是这样的：综合会把那些在绝对地被设定出来的东西中被绝对地设定出来的东西，设定为在被对立设定出来的东西中**有条件的东西**（带有限制）。因而，非我在其原初的对立设定活动中是绝对的，但也正因为此，非我被完全设定为等于零（= 0），因此无条件的非我是自相矛盾的，换言之，根本就什么都不是。而既然非我在综合中获得了**实在性**，那么它就会因此失去它的无条件性，换言之，它会成为与否定相绑定的实在性，成为有条件的（受限制的）实在性。所以，非我与自我一样，从一开始就是**在一切时间之外**被设定的，但非我也截然等于零（= 0）；如果非我获得了实在性，那么它就会因此失去一切时间之外它的被设定存在，而只会在特定的时间内，通过一个新的综合被有限地设定到**一切时间**之中去，换言之，只要非我通过自我获得了实在性，那么自我的**绝对永恒性**就会转变为非我之中**经验性**的永恒。

只有通过永恒存在的更高级形式才会成为可能。如果有人把永恒性理解为经验性的永恒,那么对于这些人来说,绝对实体就不是永恒的,换言之,绝对实体根本不是通过这样的形式而是可规定的,它既不在特定的时间之中,也不在一切时间之中,而是根本不在任何时间之中实存着。①

I, 204

[**说明二**] 现在也到了要彻底规定自我本身,同时避免一切可能的与其他概念的混淆的时候了。在上文中,我们已经把自我规定为绝不可能成为客体的东西。因此,假如我们还想谈论作为**客体**的自我,那么我们自然会落入一个辩证的假象。因为,只要自我是一个单纯的**理念**的客体,那么它自然就**不会有**任何实在性,而只要它到底还是客体,那么为了把它如此这般地实现出来,我们就必须超出一个客观的直观,而这一定会导致矛盾。

然而,我们仅仅通过"自我根本不可能成为客体"这一事实,就规定了自我本身;我们还进一步揭示了,自我同样也不可能只是一个单纯

---

① 斯宾诺莎《伦理学》第五部分命题二十三附释:"**永恒既不能用时间来界定,也与时间没有任何关系**,但我们还是会感受并且经验到我们是永恒的。因为精神所感受到的、它凭理智所把握的事物,并不亚于它记忆中的事物。**因为精神的眼睛,正是它用以观察事物的证明**。因此,尽管我们不记得在身体之前曾经存在过,但我们仍然感受到,只要我们的精神在永恒的一面下包含了身体的本质,那么它就是永恒的,**而精神的这种实存是无法用时间来定义或用绵延来解释的。因此,只有当我们的精神包含了身体的现实存在时,它才可以被称为是绵延着的,它的实存才可以从某个确定的时间开始被界定**;也只有在这种尺度下,精神才有能力从**时间**出发去规定事物的实存,并在**绵延**下把握事物。"(中译文有改动,参见[荷兰]斯宾诺莎:《伦理学》,贺麟译,商务印书馆,1997年,第254—255页。——译者注)

斯宾诺莎在他的书信里同样强烈反对将永恒性与绵延混为一谈,正如他也坚决反对一切将存在的纯粹原初概念与经验性实存的被推证出来的诸形式混为一谈的做法。主要参见《遗著》第467页。

的理念，因此，这里必须要给出那个唯一可能的理智直观。我非常希望能看到从概念出发的对绝对自我的演绎。而康德之所以曾经主张，没有任何哲学是仅凭概念而可能的，是因为他明白，那个唯一可能的哲学——批判哲学，立足于一个终极的根据之上，而凭靠任何客观概念都不可能达到那个根据。康德早已指出，从单纯的概念出发的对自我的演绎是不可能的。这是因为，康德把"我存在"这一原初命题确立为**先行于一切**概念，并且仅仅作为概念的载体（Vehikel）伴随着这些概念的东西。"我存在！"这一原初命题不是"我思"命题的结果，而是包含在"我思"命题之中的。① 但如果有人觉得，根本就不存在绝对自我，那么根据上文，不仅一切自由，而且就连一切哲学都会被否定。因而，即便是理论哲学中最低限度的自发性，也能和实践哲学中能达到的最高限度的自发性一样，去开显出绝对自我的原初自由。而独断论也完全是以对绝对自我的否定为基础的。因为，如果以经验为条件的自我的实际存在不能通过以绝对自我为前提来解释，那么除了绝对的非我，即一切独断论的本原（而这是自相矛盾的）之外，就没有其他解释了。因此，扬弃绝对自我不仅意味着扬弃一种特定的哲学，而且意味着扬弃全部哲学。

1）对一种绝对自我的主张根本不可能是一种**超越的主张**，正如向着超感性领域的过渡也不会是超越的一样。相反，正因为那些想要**飞越**自我的主张是超越的，因而对一种绝对自我的主张必然是一切主张中最内在的那个，必然是一切内在性哲学的条件。诚然，如果这种对一种

---

① 绝对自我是与客体无关的，这不是**因为**它无论如何都在思维着，而是**因为**它仅仅**思维着自身**。也正因此，笛卡尔凭着他的"我思故我在"根本走不远。这是因为笛卡尔就此把他的全部思维活动都设定为自我的条件，换言之，他没有把自己提升到**绝对自我**。

绝对自我的主张超越了自我，换言之，如果对于自我而言，这种主张同时要把自我的实际存在规定为客体，那么这种主张也许是超越的。然而，那种主张的意义正在于，自我根本不是任何客体，因而自我是独立于一切非我，甚至从一开始就排除了一切非我的；自我只在自身之内拥有自己的存在，自己产生出自身。在先验辩证论中，康德所揭示出的谬误推理并没有止步于纯粹自我，相反，谬误推理试图将那个以非我为条件的，因而自身被转变为客体的自我，一方面作为客体，而另一方面作为自我，换言之，作为绝对的实体而实现出来。但是，绝对自我**实现了自身**；为了达到绝对自我的存在，我不能跃出绝对自我的层面，而"我存在"这一命题，作为那个独一无二的、任何其他命题都不能与之相比的命题，也因此将自己与一切现存的命题区分开来。因而，整个先验心理学的谬误推理都立足于这样一个事实，即人们想要把那些完全归于绝对自我的东西通过客体而实现出来（那么，整个辩证论就会走向绝对自我的毁灭，以及绝对非我[=自我]，即自在之物的实现）。

I, 206

"我思，我存在"这是些完全分析性的命题。但先验辩证论把自我变成了客体，并声称："思维着的**东西**存在着；被思维为自我的**东西**就是自我。"这则是一个**综合性**的命题，由此一个思维着的东西完全被设定为非我。但是，非我却根本不能像自我一样通过它的思维来产生出自身！

2）绝对自我与**逻辑**自我的意义也完全不同。在单纯的经验思维中，我把自我完全只是当成**逻辑**主体，当成在时间中可被规定的我的实际存在；与之相反，在理智直观中，自我把自己作为一切世间之外的绝对实在性而产生出来。因此，如果我们要谈论绝对自我，那么我们想要说明的就不可能是那个包含在意识中的逻辑主体。然而，这一逻辑主体本身确实只有通过**绝对自我的统一性**才是可能的（我的经验性的自我被设定在交互关系中。但为了在交互关系中至少保持与自己等同，它努力要将诸客体本身提升为**统一性**[诸范畴]，而它正是通过诸客体而被设定在交互关系中的；同时，通过它的**努力**的同一性，它还要把它**实际存在**的同一性规定为诸表象的某一个持存于时间的交互关系中的本原的同一性）。因此，意识的统一性仅仅规定了客体，但不能反过来把自我规定为客体；因而，自我根本不会在意识中作为纯粹自我出现，即便自我在意识中出现，它作为纯粹自我也根本不可能转变为非我；作为经验性的自我，除了在**统觉的统一性**之中，并且完全与客体相关时之外，它根本就没有任何实在性。"我思！"就是统觉的统一性的单纯表达。统觉的统一性伴随了一切概念，因而不像"我存在！"这一命题那样在理智直观之中，而是仅仅因与客体相关才可被规定，换言之，仅仅是经验性的可被规定。它所表达的不是一种绝对的统一性形式，而是一种只有在与复多性的关联中才可设想的统一性形式，通过后者，自我既没有被规定为**现象**，也没有被规定为**自在之物**（因而根本就没有被规定为**物**），而且也根本没有被规定为绝对自我，而只是被规定为某种**在单纯的思维统一性中被规定的**，因而只要脱离思维就会失去一切实在性的东西的**本原**。相反，这个单纯可思维的、仅仅包含在意识统一性之中的自我完全只能通过某种绝对自我的原初并且绝对现成的统一性才是可理解的。因而，如果不存在任何绝对自我，那么人们就无法理解，非我是如何能产生出逻辑自我以及思维的统一性的，而且也根本无法理解，到底如何只有非我才是可能的。由此则可得出，任何试图在思想中扬弃绝对自我的人，自己马上就会迫切地感到要将非我本身提升为自我（斯宾诺莎那边也是这样的情况）。因而，如果没有自我，至少如果没有逻辑自我，那么对我来说就根本不存在任何可思维的东西。逻辑自我则根本就不可能通过非我而被产生出来，因而只能通过绝对自我才会被产生出来。

因此，当谈论绝对自我时，我们所谈论的

1) 不是**逻辑**自我，因为逻辑自我只有在与客体的关联中才是可思维的，而逻辑自我完全是自我在诸客体的交互关系中试图获得其同一性的努力的单纯表达。但也正因此，因为逻辑自我只有通过那种努力才是可思维的，它本身就是绝对自我及其绝对同一性的保证。

2) 也不是**先验辩证论中的绝对主体**，逻辑主体起先无非只是**思维统一性的形式性本原**，无非只是**单纯的统觉相关物**，而由此逻辑主体得以被实现为**客体**，而这直接就是自相矛盾的。辩证的主体只有通过单纯的**抽离活动**（Abstraction），只有通过谬误推理的前提（意识中的自我是可被设想为**不依靠**意识就可被规定的客体的）才会出现。因此，辩证的自我将自己与逻辑自我同样以及纯粹自我相区分。逻辑自我无非是思维统一性（或者说抽离活动本身）的形式性本原，而纯粹自我则高于一切抽离活动，且仅仅通过自身才可设定。

I, 208

因此，绝对自我既不是单纯的形式性本原，也不是理念，更不是客体，而是理智直观之中被规定为绝对实在性的纯粹自我。因此，那些要求证明"我们的理念之外的某些东西是与他相对应的"的人根本不知道他们在要求什么；因而，1) 绝对自我不由任何理念给出，2) 绝对自我实现了自身，它自己产生出自身，因而不需要预先被实现出来。因此，如果绝对自我也是可被实现的，那么让它得以被实现的行动本身，就已经以它为前提了，换言之，绝对自我把自己实现为某种在自身之外被设定出来的东西的活动反而会把自身扬弃掉。绝对自我要么就什么都不是，要么就只因自身而存在并且存在于自身之中——不是作为客体,而是**作为**自我被实现出来。

因此,正是因为绝对自我被确立为本原,哲学才能摆脱一切假象。因而,正如我们已经表明了的,作为客体的自我只有通过辩证的假象才是可能的,然而,逻辑意义上的自我除了是思维统一性的本原之外又没有任何意义,因而逻辑自我只会与思维本身一起消失,并且除了单纯可被思维的实在性之外没有任何实在性。①——退一步说,假如一切哲学的本原是一个非我,那么人们必然会因此放弃一切哲学。那么从一开始非我就根本不是仅仅在与自我的对立中才是可被规定的,而且如果绝对自我没有实在性,那么非我也没有任何实在性。

[说明三] 显而易见的是,大多数语言都有着这一优点,能够将绝对存在与任何有条件的实存区分开来。这种区别贯穿于所有原初语言之中,它指向一种原初存在的根据,这种根据在语言形成之初就已经规定了语言,而人们却没有意识到这一点。但同样显而易见的是,绝大多数哲学家还没有利用他们的语言为他们提供的这一优点。几乎每个人都会使用"存在"(Seyn)、"实际存在"(Daseyn)、"实存"(Existenz)、"现实性"(Wirklichkeit)这几个词,它们几乎完全是同义词。但很显然,"存在"这个词表达出了纯粹的、绝对的被设定存在,而"实际存在"则相反,在词源学意义上已经被表明为是一个有条件的、受限制的被设定存在。但人们还是会在宽泛意义上说出比如**"上帝**

---

① 因此,作为哲学的本原的意识命题就不攻自破了。因为事实证明,它只能在单纯的**逻辑意义上**规定客体与主体,然而事实上无论客体还是主体都不是由它规定的。而即便意识命题能成为哲学的**最高**本原,它也根本不可能有任何实在的意义。没有哪位哲学家比**所罗门·迈蒙**更强烈地坚持指出意识命题缺失实在性这件事。

存在"（Daseyn Gottes）①这样的话，仿佛上帝**现实地**实际存在，换言之，上帝是可以有条件地且在经验意义上被设定的（顺便提一句，这正是大多数人所希望的，似乎也是各个时代、各个派别的哲学家们所**希望**的）。谁如果要说"绝对自我是现实性的"，那么他就对绝对自我一无所知。②**存在表达出了绝对的被设定存在，而实际存在则表达出了一个有条件的被设定存在，现实性表达出了一个按特定方式、通过特定的条件的有条件的被设定存在**。在世界的整体联系中的**个别现象**是有**现实性**的，**全部**现象的世界也有着**实际存在**，而那个绝对地被设定出来的东西——自我，存在着。"我存在！"就是自我能够说出的关于自己的一切。

有人可能会认为，纯粹存在是归于**自在之物**的。——但我相信，康德关于自在之物所说的东西，一定只能由他那个已经被详尽考察过的**纡尊降贵的体系**（Herablassungssystem）③来解释。因此，根据康德的

---

① 在理论哲学中，上帝应当作为非我被实现出来，因而此处的"上帝存在"这个表达是恰如其分的。相反，在实践哲学中，"上帝存在"这一表达除了用来与那些想把上帝作为客体的人进行论战之外，别无他用。
② 相反地，道德自我努力去反过来把一切现实性提升到**绝对存在**，并且把自身重新从实际存在的层面提升出来，因为道德自我以非我为条件，因而下降到了实际存在的层面。但是，绝对存在只能作为一个道德**主体**（换言之，一个有条件的自我）的努力的客体，按照图型的方式，**即作为一切时间之中的实际存在**，而被呈现出来。实践哲学的无限任务正在于此：把绝对存在与经验性实际存在在我们之中统一起来。因为朝向一切永恒性的经验性实际存在并没有被提升为绝对存在，而绝对存在从未在现实性的层面上被展现为我们之中**现实的东西**，理性就会要求赋予经验性自我以无限的实际存在；因此，绝对自我就**在自身内**拥有永恒性，而根本不可能通过绵延乃至无限绵延的概念而被解释。
③ 谢林在1810年的《斯图加特私人讲授录》中将"屈尊"（Herablassung）理解为"收缩"（Contraktion），认为上帝"屈尊"进入实在东西，即完全收缩为一个实在东西，"屈尊"或"收缩"是一切实在性的开端。参见谢林，《论人类自由的本质及相关对象》，先刚译，北京大学出版社，2019年，第120页。——译者注

演绎本身，自在之物的理念一定是一个自相矛盾的理念。因此，自在之物不多不少就是一个根本不是物的物而已。哪里有感性直观，哪里就有非我，而哪里有非我，哪里就有感性直观。非我根本不会被以理智的方式直观到，只有单纯的自我才会被以理智的方式直观到。因而我们不可以说，比如上帝直观到了那些自在之物。诚然，上帝不会直观到任何现象，也不会直观到自在之物，上帝除了直观到**自身**以及一切**被设定为等同于自己的实在性**之外，根本不会直观到任何物（这也说明了，上帝不过是我们无止境地能够努力实现的某种东西罢了）。但如果上帝（根据斯宾诺莎的说法）能在无限性的形式之下被规定为客体，那么一切客体都必然会包含在这一客体之中，因而只有当上帝被表象为与（排除了一切客体的）绝对自我同一的东西时，斯宾诺莎主义才是可反驳的。不过康德依据他那无所不包的体系（Accomodationssystem），把感性直观的诸形式说成了**人类**直观的唯一形式；然而，感性直观及其杂多的综合的诸形式完全都是**有限性**的形式，换言之，这些形式只能由那个**完全以非我为条件的自我的单纯概念**演绎出来，而这导致了，哪里有客体，哪里就必然也有感性直观，因而在一切感性直观之外的非我（自在之物）都自我瓦解了，换言之，这样的非我自在之物根本就不是物，它只是单纯的非我，因而根本什么都不是。——当然也有人会说，我们之所以不能认识**自在之物**，是人类理性（这是一个人们一直以来都在误用的词）的缺陷所导致的；更确切地说，有人会觉得这一缺陷恰恰在于，我们认识了**全部**客体。

［只有那个与绝对自我相对立的非我的概念是可规定的，**唯心论**与**实在论**的概念才能具有准确的含义。人们在**经验**和**纯粹**的意义上都混淆了两者。**纯粹**的唯心论和实在论与**被表象的**客体和**经验性的**主体之

间关系的规定毫不相干。两者都只关注解决如下问题：某物到底如何可能是对立于自我而被设定的，换言之，自我到底如何可能是**完全经验性的**？——**唯心论者**就此的回答只会是这样的：自我**根本就不会是经验性的**，否则的话，如此这般的自我就必然会设定出某些完全与自己相对立的东西，那么理论哲学就会彻底失效。①然而，这样的唯心论只有在**实践**的意义上（作为实践的规范）作为（最终的终极目的的）理念才是可设想的，因而这样的唯心论，作为理论性的唯心论，扬弃了自身。因此，根本不存在什么纯粹的、理论性的唯心论，而又因为经验性的唯心论**根本就不是**唯心论，因而在理论哲学中**根本**就不存在任何唯心论。

　　纯粹的**实在论**设定了全部非我的**实际存在**，而就如人们充其量能够解释贝克莱的唯心论那般，这一实际存在**要么**等同于那个**纯粹的绝对自我**（这是自身瓦解的实在论的观点）。

　　**要么**，全部非我的实际存在完全**不依赖于**全部自我，就如**莱布尼茨**和**贝克莱**那般，唯心论者们会极为错误地谈论这种实在论（**先验实在论**）。

　　**要么**，全部非我的实际存在都**依赖于**自我，根据如下主张：除了自我所设定的东西之外，任何东西都不存在；而非我只有在预设了一个**绝对的**、不以任何非我为条件的自我的情况下才是可设想的；因而非我只有通过自我才是**可设定的**（也即，第一，要想能设定出全部非我，绝对自我必须在先已被设定，因为非我只有在与自我的**对立**中才是可规定

I, 212

---

① 超越性的唯心论与内在性的唯心论是同一回事，因为内在性的唯心论要否定的无非是诸表象中诸客体的实际存在，而这是超越性的唯心论同样需要否定的。而正因为超越性的唯心论是唯心论，并且不容许任何客观世界的存在，所以它必然只能在**自我**之内寻找这一主张的**根据**，因而从根本上说它就是内在性的唯心论。

的，因此，在原初的设定活动中，只有单纯的**对立设定**与绝对的否定；第二，要想让非我变成完全**可设定的**，并分给非我实在性，非我必须被**设定**到绝对自我之内[只有通过绝对自我，一切存在着的东西才是可设定的]，换言之，非我必须被提升为实在性。但非我只能通过**一切**实在性的绝对总括才能获得实在性——这是**内在性的康德式**实在论①的观点）。

要么，全部非我的实际存在终究还是**原初地不依赖于**自我，但在**表象**中仅仅是**通过**自我并且**为了**自我而存在着（许多康德分子，特别是**莱茵霍尔德**②的超越性的–内在性的[不可把握的]实在论就是这种观点，顺便说一句，莱茵霍尔德自己不允许别人给他扣上"康德分子"的帽子）。

**经验性的**唯心论要么就毫无意义，要么就只在与纯粹的、超越性的实在论的关联中才是可设想的。**莱布尼茨**（还有**笛卡尔**）就是这样的，因为他们否定了**身体**之外的诸对象的实际存在，但又反过来假定

---

① 通过这一实在论展现出了自然研究所特有的领域，即自然研究根本不会指向"深入客体的内部"，换言之，根本不会假定诸表象就其实在性而言是可以**不依赖于**自我而被规定的，而是把归属于诸表象的所有实在性当作一般意义上的实在性来考察，后者则不具备任何基于诸客体本身的知性，而仅仅在（与自我的）关联中才是可设想的。这种自然研究并不能赋予诸客体任何不依赖于这些被转借出去的实在性的实在性，并将这些客体本身预先假定为是脱离这种实在性而存在的，因为如果把客体从这种被转借出去的实在性中抽离出来，客体完全就是 = 0 的。因此，诸客体的**法则**完全只在与它们显现出来的实在性的关联中才是可规定的，而且不能就此预先设定，现象中的实在性仍然是通过不包含在现象中的任何其他实在性的因果性而存在的；相反，如果我们想在显现着的（被转借出去的）实在性的背后找出原初地属于客体的另一个实在性，那么我们所能遭遇的只能是否定。

② 我根本找不到别的办法来把这个表述讲清楚：**自在之物**为表象提供了**材料**。(自在之物所提供的无非是表象中的绝对实在性的界限)。——只需参见《**表象能力理论**》（莱茵霍尔德于1789年出版的著作《人类表象能力新论尝试》的第二卷《全部表象能力理论》——译者注）第 29 节，尽管根据作者后来的解释，这一节应该只是一份哲学性的"附论"（Excursion）！

全部非我的实际存在是不依赖于自我的。就前者而言,他们是经验唯心论者;就后者而言,他们是纯粹的客观实在论者。

**超越性的**实在论必然就是**经验性的**唯心论,反之亦然。因为超越性的实在论将全部客体都视为自在之物,所以这种实在论会将客体之上那些可变的以及有条件的东西仅仅看作是经验自我的产物,并且由于全部客体都具备同一性以及不可变性的形式,将全部客体都仅仅当作自在之物来考察。因而,**莱布尼茨**为了保留自在之物的同一性与不可变性,必须诉诸先定和谐。简言之,(把**非我**作为绝对者来主张的)独断论将自在之物表象为屈居于那些形式之下的东西,根据批判论,那些形式是属于**自我**(作为不可分割的绝对者)的,而且首先被从(在综合之中的)自我转借给了非我(同一的实体性、纯粹的存在、统一性等等);另一方面,独断论必须把客体从原初非我的综合中所得到的那些形式(交互关系、复多性、有条件性、否定等等)看作仅仅属于自在之物的**现象**。①因此,莱布尼茨的单子具备了自我的原初形式(统一性与实在

I, 214

---

① 非我只在与自我的绝对对立中才是可规定的,但也正因此,非我是就关系而言的绝对否定,在原初的对立设定中被规定为绝对的**有条件性**。因而非我是对立于绝对者而被设定的,并且是以绝对者为前提,但同时又是彻底被对立设定的,换言之,非我是无条件的。那些对立于绝对者而被截然设定出来的东西,因而必然同时是有条件的且无条件的,即完全 = 0。就**量**而言,非我被规定为绝对的复多性,但绝对的复多性又是矛盾的,因为复多性是以统一性为条件的。就**样式**而言,非我被规定为存在,这种存在是对立于绝对存在而截然被设定的,换言之,这种存在是绝对的非存在;就**质**而言,非我被规定为作为对立于绝对实在性而截然被设定的质,换言之,非我是作为绝对的否定而被规定的。因而如果绝对非我具备实在性,那么这样为之可能的原因只能在于,非我并没有对立于绝对者而截然被设定,换言之,非我是在一切实在性本身的绝对总括中被设定的。那么所有综合的过程都是这样:那些在正言命题与反题中被截然设定的东西,在综合中都是受限制,即被有条件地设定的。因此,自我的绝对统一性在综合中变成了经验性的统一性,换言之,只有在与复多性的关联中才可设想的统一性(统一性的范畴);非我的(转下页)

性，同一的实体性与纯粹存在，作为表象者的本质）；

　　另一方面，所有这些由非我过渡到客体的形式（否定、复多性、偶然性、**被动**意义上的因果性，即有条件性），必然会按经验性唯心论的方式被解释为单纯地存在于非我的**感性**表象之中的东西。——在具备一致性的独断论中，经验性的唯心论是有意义与价值的，因而它也必然是超越性的实在论的推论。如果经验性的唯心论被当作是全部非我的解释根据，那么它就扬弃了自身。而荒谬的是，非我就其实际存在而言只是被理解为一种经验性能力——比如说想象力的产物。人们当然明白，全部非我，换言之，全部经验性的能力到底是如何可能的。]

　　**莱布尼茨**，或者更合适的说法是具备一致性的**独断论**，将诸现象视为**非我**的无限实在性的诸多限制；而根据**批判**体系，非我则是**自我**的无限实在性的诸多限制（从自我的角度来说，**诸现象**不是按**种类**[实在性]，而是按**量**而言有差异的。莱布尼茨说，现象世界的**保存**与创造是绝对客体的同一个行为，他也许是对的。而根据独断论，现象世界只是在绝对非我的限制中产生并且持存的。——批判体系只允许内在性的主张，因而创造无非就是自我的无限实在性在有限范围内的展现。通

I, 215

---

　　（接上页）绝对复多性变成了经验性的复多性，即只有在与统一性的关联中才可设想的复多性（复多性的范畴）；自我的绝对实在性变成了有条件的实在性，只有在与行限制的否定的关联中才可设想的实在性（实在性的范畴）；非我的绝对否定变成了只有在与实在性的关联中才可设想的否定（否定的范畴）；自我的绝对无条件性变成了经验性的无条件性，只有在与有条件性的关联中才可设想的无条件性（实体的范畴）；自我的绝对存在变成了一种只有在与非存在的关联中才可规定的存在（可能性的范畴）；非我的绝对非存在变成了一种只有在与存在的关联中才可规定的非存在（实际存在的范畴）。

　　（也许只是出于失误，第二印删去了这一说明，因为原版中的这一说明不在正文之中，而是位于修订索引与附释之中。——原编者注）

过一种在绝对自我之外的现实因果性来规定自我的无限实在性,通过一种无限者之外的无限者来规定自我的无限实在性,这就叫作**飞越**自我)。在莱布尼茨那里,一切当下存在的东西都是非我乃至上帝,(脱离了所有否定的)一切实在性都统一在上帝之中;根据(从主观能力的批判,换言之,从自我出发的)批判体系,自我就是一切;自我占据着唯一一个无限的层面,在其中各个有限的(受非我限制的)层面塑造着自身,尽管这些有限层面只有在无限层面中并且通过无限层面才是可能的,况且这些有限层面只能从无限层面那里并且在无限层面之中获得一切实在性。①(**理论**哲学)在那个无限层面之内,有着一切理智的东西,一切绝对存在、绝对统一性、绝对实在性,而在那些有限层面之内则是一切有条件性、现实性、限制:如果我们突破这些有限层面(实践哲学),那么我们就会进入绝对存在的层面,进入超感性世界,那里根本没有任何自我之外的**自我**,自我完全是一体的。

I, 216

\* \* \*

……我真希望能有**柏拉图一般的**语言,或者他的"转世灵童"**雅各比**一般的语言,以便能够将绝对的、不可变的存在与一切有条件的、可变的实存区分开来。但我也看到,当他们想要谈论那些不变的、超感性的东西时,这些人本身就在与他们的语言做斗争——而且我认为,我们之中的那个绝对者并不受制于任何人类语言中的单纯语词,而只有关

---

① 许多空想家的表达是这样的:感性寓于超感性之中,自然寓于超自然之中,尘世寓于天国之中。这当然是非常合理的说法。一般而言,他们的那些表达往往蕴含着(无论是**想象到的**还是**感觉到的**)真理的宝藏。按照**莱布尼茨**的比喻,它们是埃及人的金器,哲学家必须把它们拿走,以作更神圣的用途。

于我们之中的理智事物的自我获得的直观活动，才能对我们语言的零碎工作有所帮助。

**自我获得的直观活动**。因此，我们之中的无条件者被有条件者蒙蔽，而我们之中不可变的东西也被那些可变的东西蒙蔽。——那么，你又能如何指望，有条件的东西能够再把无条件者呈现到你面前，可变性与交互关系的形式会变成你的存在的原初形式，变成永恒性与不可变性的形式呢？——

因为你被你关于客体的认识所束缚，因为你的理智直观被蒙蔽，你的实际存在本身对你来说是在时间中被规定的，所以，即使是那些单单凭你就能获得实际存在的东西、你在其中生活和交织、思维和认识的东西，在你的意志**终点**对你来说也只能成为**信仰**的客体——就好比某个与你自己有差异的东西，你无休止地努力把它作为有限存在展现在你自己之内，却从未发现它在你之内是现实的——你的知识的起点和终点是同一个东西——起于直观，终于信仰！

＊＊＊

## 第16节

自我截然设定了自身，并且把一切实在性都设定在自己之中。它将一切都设定为纯粹的同一性，换言之，一切**等同于自身**的东西。因此，由于自我将一切**等同于自己**而设定，自我**质料性的原初形式**就是自我的设定活动的统一性。绝对自我绝不会跃出自身之外。

I, 217

然而，通过这个**质料性**的原初形式，必然同时会有一个设定活动的**形式性**的形式在全部自我之中被规定。自我因而完全被规定为一切实在性的可设定性的基底。因而,如果自我是一切实在性的**质料性的总括**(第8节),那么,同时就会存在一个全部设定活动的**形式性**条件,我也会获得一个全部自我之中的可设定性的单纯形式,而这一形式是通过那个自我同一性的质料性原初形式(自我是以之为中介而将一切实在性设定为与自身等同的,换言之,设定在自身之中的)而必然被规定的。因此,如果自我没有原初地将一切设定为与实在性等同的,换言之,将一切设定为与自己同一的,而将自身设定为最纯粹的同一性,那么在自我之中就根本不可能设定出任何具备同一性的东西,这就可能导致"A = 非A"被设定出来。自我可以是任何东西(但如果自我不绝对地等同于自身,自我就什么都不是,这是因为自我仅仅**通过自身**而被设定),只要它完全只是与自身同一而被设定的,而自我之中这一设定活动的一般表达就是"A = A"。如果自我被设定为与自身同一的,那么,除去一切就是自我的东西,一切在自我之中被设定的东西不会被规定为与自身有差别的东西,而恰恰被规定为在同一个自我之中被设定的东西。通过自我的纯粹同一性,或者说,因为自我仅仅通过其同一性,通过全部自我的存在而存在,全部自我之中的设定活动都是可能的了。如果自我是不与自身等同的,那么一切在自我之中被设定的东西,就会同时被设定并且不被设定,换言之,就根本没有任何东西会被设定,不存在任何设定活动的形式。

然而,因为自我把一切它设定的东西设定为与其实在性等同,而又由于自我中设定活动的形式只有通过自我才被规定,所以那个被设定的东西只会出现在自我之中**其被设定存在的质**之中,换言之,它不能被视为某种**对立于自我而被设定的东西**;自我通过其同一性的原初形式所规定的,无非是全部实在性,而根本不可能是任何如

I, 218 此这般的**客体**，因为客体是对立于自我而被设定的。因而，"自我 = 自我"这一命题是**一切**设定活动的基础。因此，自我本身之所以被称为"被设定"，是因为它完全是为了自身并且通过自身而被设定的；而一切其他被设定的东西之所以是自我，只是因为自我预先被设定了；而被设定的东西是截然被设定的，只是因为这个东西等同于那个截然被设定的自我而被设定了，这也是因为自我只能被设定为与自身等同的，自我是与自身同一的。"A = A"之所以是截然的设定活动的**全称公式**，是因为，由其所言的无非是，被设定的东西被设定了。

因此，我可以依据自由任意而深入自我去设定，我所不能设定的，只有我没有设定的东西。因而，我设定了A，且因为我深入自我，把A设定为等同于任意一个实在性 = B，但必然设定为与自身等同的东西，换言之，要么设定为B，要么设定为"非B = C"。如果A被设定为B与"非B = C"，那么自我本身就会被扬弃掉。因为"A = A"这一命题作为（与自身等同的设定活动的）**全称公式**先行于一切其他形式性的原理；因为"A = A"是一个（有着特殊的**内容**的）**特称**命题，因而这一命题居于那些截然被设定的、以之为条件（因为它是个单纯的公式）的诸命题的普遍的属之下。

一切无条件被设定的命题，一切其设定活动完全以自我同一性为条件的命题，都可以被称为"分析命题"，而因为它们的被设定存在可以由它们自身展开，因而更好的提法是"**正言命题**"（thetische Sätze）。正言命题就是一切完全以其在自我之中被设定的存在为条件的命题，换言之，由于一切都被设定进入自我之中，因而正言命题就是那些被无条件地设定的命题（我所说的是

"[它们]被设定"。因为只有单纯的被设定存在才属于形式性的形式)。

**同一性**命题是正言命题的一种,比如"A = A"就被视作特称命题(换言之,同一性命题是这样的:在其中主词与谓词是同一个东西,其主词只以自身为谓词。因此,自我只是自我,上帝只是上帝,但一切实存领域中的东西,都有其本质之外的谓词)。"这些命题是正言命题"属于**形式性的**形式,而"这些命题是同一性命题"则属于**质料性的**形式。同一性命题必然是正言命题,因为在其中A是截然被设定为如此这般的,而且因为被设定的东西就是A。但是,正言命题不一定必然就是同一性命题,因为只要其被设定存在不以另一个被设定存在为条件,那么一切这样的命题都是正言命题。因此,如果单纯地设定A然后B,但没有反过来单纯地设定B然后A,那么"A = B"就是一个正言命题,但不是同一性命题。

正言命题的形式完全以自我的纯粹同一性为条件。因为正言命题完全只是把质料性的、由自我规定的无限性形式**以形式性的方式**表达了出来,所以必然有种形式性的无限性形式平行于自我的质料性形式而存在着。

自我之所以存在,完全是因为它存在,换言之,它与自身等同,自我因而通过**其直观的单纯统一性**而存在。因此,正言命题完全是以它在自我之中**被设定的存在**为条件的。而自我完全是以其直观的统一性为条件的。因此,在正言命题中被设定的东西完全是以**在自我之中被规定的其直观的统一性**为条件的(当我做出"A = B"的判断时,我对A做出判断,是因为它不是由任何一个在自己之外的东西规定,而是完全通过自身,通过其在自我之中被设定的存在的统一性而被规定的,它也没有被规定为特定的客体,而是被规定为全部的实在性,被规定为在全部自我之中都可被设定的东西。我所判断的,不是空间或时间中的这个或那个特定的点上的这个或那个A,而是如此这般存在着的A,只要它是A,就通过其成为A（与自己等同）的规定,= B。——一切关于A的**数目性的**规定——无论是统一性还是复多性的数目性规定——因而都被排除了。虽然数目统一性仍然会在正言命题中出现,但并不归属于正言命题的形式。因此,人们可以这样做出判断,比如:物体A是有广延的。如果这是一个正言命题,那么物体A就必须完全在其在自我之中被设定的存在的统一性之中被思维,而不是作为**特定的客体**,在特定的空间中被思维;或者反过来,因为这是一个正言命题,所以A只能在其被设定存在的统一性之中被现实地思维。那个使这一命题成为正言命题的东西,不是特定的物体A,而是物体A在其统一性之中的**思维**本身。——全部正言命题中的那个A就其单纯的被设定存在而言,既不是作为属,也不是作为种,更不是作为个体而被规定的。复多性之所以被设定,是因为一个东西被多次设定,而不是因为它被**截然**设定。因此,那个表达出了多重性的命题,不仅就其内容而言,而且就**其被设定存在**的单纯形式而言是一个**反言命题**(antithetischer Satz)。只有通过原初地对立于自我而设定某物,通过让自我本身被设定为(时间中的)复多性,才可能让自我跃出在其中单纯被设定存在的统一性,并且比如说,让自我多次设定出那个被设定存在,或者让自我同时设定两个没有任何共同点、在任何统一性下都不可思维的概念(比如**物体**和**重量**)。

**全称性**（Allgemeinheit）是经验性的，即由复多性所产生的统一性，因而是一种**综合**的形式。全称命题因此既不是正言命题，也不是反言命题，而是**综合**命题。

自我之所以存在，完全是因为它设定了一切**实在性**。如果诸正言命题应当是可能的（换言之，正言命题是这样的：它们通过它们在自我中单纯的设定活动而被规定），那么它们必须要截然**设定出**（肯定了）某些东西。只要它们否定了（某些东西），那么它们的设定活动就不是以单纯的自我为条件的——因为设定活动中不包含任何否定，而是以某些自我之外的东西（对立于自我而被设定的东西）为条件的（无论如何，肯定性命题将某些东西设定到了实在性的层面上去——正言–肯定性命题只会把某物设定到**全部**实在性的层面上去。否定性命题则根本没有把某物设定到某个特定的层面；但由于否定性命题没有把它在一个层面上移除的东西设定到任何其他层面上，所以它把这些东西从全部现实性的层面上移除掉了）。正言–否定性（否则就是无限性的）判断不仅把A从一个特定的层面上拿走了，而且同时把它设定给另一个与前者对立的层面。因而，比如说"上帝不是现实性的"这一命题，把上帝从现实性的层面上移除掉了，但又没有把上帝设定给另一个层面；但"上帝是非现实性的（nicht-wirklich）"这一命题则同时把上帝设定到了另一个与现实性的层面相矛盾的层面上去了。然而，为了产生正言–否定性判断，不仅需要将否定与谓词任意相连，还需要已经把主词通过其在自我中**单纯的**设定活动设定到一个与谓词对立的层面上去。因此我不能将比如说"圆不是方的"这个否定性命题转变为正言–否定性判断；因为主词"圆"并没有通过它**单纯的**被设定存在就截然

I, 221

被设定到一个与四边形的层面相对立的层面上去；圆甚至可以是五边形或更多边形。相反地，"圆不是甜的"这一命题必然是一个无限判断；因为主词"圆"已经通过其在"甜"的层面之外单纯的被设定存在而被设定，因而是被设定给了与"甜"的层面完全相对立的层面。因此，在正言–否定性判断中的否定不在于系词，而在于谓词，换言之，主词不仅被从谓词的层面中完全移除，而且还**被设定给**另一个完全与谓词的层面相对立的层面。——据我所知，**迈蒙**是迄今为止最坚决主张无限判断与肯定以及否定判断之间的**这一**区分的人。

**自我完全是通过自身**而存在的。它的原初形式就是纯粹存在的形式。如果说某个东西之所以应当被设定在自我之中，完全是因为它被设定了的话，那么它就绝不可能以任何自我之外的东西为条件；因而它完全是以其在自我中被设定的存在为条件的，而且自我不包含任何在其本质所处的层面之外的东西。因此，正言命题设定了一个完全以自身为条件的存在（不是可能性、现实性或必然性，而是单纯的存在）。

样式的诸形式的规定到目前为止还没有被妥善解决。存在与非存在的诸原初形式是一切其他形式的根据。因为正题与反题（自我与非我之间的矛盾）相当笼统地、只是**在形式上**包含在其中：因此，如果自我与非我之间的矛盾是以**综合**为中介的，那么样式的诸形式也必须完全普遍地、**仅仅在形式上**表达出这种综合。但**也正因此**，**质料性的**（客观的）可能性、现实性与必然性，根本不会归属于那些先行于一切综合的诸原初形式；因为样式的诸形式会**在质料上**（换言之，在与**已完成的**综合的**关联**中）表达出那些先行于一切综合的

I, 222

诸原初形式仅仅在形式上表达出的东西。因此，由于诸范畴本来就是这些让自我与非我的综合由之被规定的形式，所以样式的诸形式（即可能性、现实性与必然性——译者注）**根本就不是**范畴，而是全都一起包含了**一切**范畴的**一语双叙**（Syllepsis）。而因为它们本身表达出了那个单纯的存在，然而自我之中非我的可设定性正是以诸范畴（关系范畴、量的范畴与质的范畴）为中介的，因而它们本身不再可能成为这种可设定性的**条件**，而只能成为综合的**结果**，或者一切综合**一语双叙式的概念**。

因此，**纯粹存在**原初地仅仅在自我之中，而且在这一形式之下，纯粹存在只能被设定为与自我等同的东西；也正因此，唯独在正言命题中纯粹存在才被表达出来，这是因为，在正言命题中，被设定的东西根本没有被规定为任何对立于自我而被设定的东西，没有被规定为**客体**，而是仅仅被规定为全部自我的实在性。

正言命题真正的公式是这样的："A存在"——换言之，它自己具备一个存在的同一性层面，而一切完全以A的存在为条件、以其在自我中被设定的存在为条件的东西，都能被设定给这一层面。相应地也必然存在一个之于反题而言的全称公式。而因为A表达出了全部存在，所以反题的公式是这样的："A＞非A。"因此，由于A是在自我中被设定的，故而非A必然在自我之外、不依赖于自我并且在非存在的形式下被设定。正如第一个公式使得一个原初的正题成为可能，因而后一个公式也使得一个原初的反题成为可能。

然而，如今这些原初的正题与反题反而成了哲学的**全体**综合的问题①，而且，正如样式的诸纯粹形式原初且普遍地表达出了正题与反题的形式，这些原初的正题与反题也必须在原初意义上且在一切综合之前就包含了可能的综合的形式。这一形式是**存在之于非存在的规定**，而且这一形式作为原初形式是一切可能综合的规定的根据。

因此纯粹存在只有在自我中才是可思维的。自我是截然被设定的。但非我是对立于自我而被设定的，因此非我就其原初形式而言就是**纯粹的不可能性**，换言之，根本不可能在自我中被设定。但如今非我还是要被设定在自我中，而且这一把非我设定在自我中的活动是以一种**综合**为中介的，**这是因为**这一综合将非我本身的形式与自我的形式同一化，换言之，努力通过自我的存在去规定非我的非存在。

既然如今**纯粹存在**是自我中一切可设定性的原初形式，而非我在自我中的可设定性又仅仅以综合为中介，所以纯粹存在的形式，由于它还应当被归于非我，则仅仅作为**全部综合的适用性**才是可思维的（用康德式的话来说：**客观可能性**，换言之，应归于一种如此这般的**客体**的可能性[自我中的可设定性]，完全包含在综合的适用性之中）。因此，对于自我而言，非我在原初意义上就是逻辑上不可能的；因为，对于自我而言只存在正言命题，然而非我根本不可能成为任何正言命题的内容，而只会与自我的形式完全相矛盾。只有当非我的非存在通过自我的存在而被规定，换言之，只有当存在与非存在

---

① 在每一个个别形式的诸范畴中，第一个（范畴）总是自我的原初形式的表达，第二个则是非我的原初形式的表达，第三个终于才是综合，在综合中，前两者被统一起来，才能在与客体的关联中获得意义与价值。顺便说一句，质的形式与样式的形式有关，量的形式与关系的形式有关，因此数学范畴是由动态范畴规定的，反之则不然。

的综合得以开展，非我才会在自我中是可设定的，因而非我的可能性只能被表象为全部综合的适用性：因此，非我在逻辑上的可能性就是以客观可能性为条件的，形式上的可能性就是以质料上的可能性为条件的。

因此，**或然命题**（problematische Sätze）是那些其逻辑可能性是以客观可能性为条件的命题，但在逻辑本身中，它们只归属于那个纯粹的、先行于一切综合的存在形式，而不可能被假定为特殊的种。因为或然命题只是对以客观可能性为中介的逻辑可能性的陈述，而逻辑可能性在任何地方都是一样的，所以或然命题只有就其成为**或然命题**的**那一点**而言才从属于逻辑。——我把以逻辑可能性为中介（是逻辑可能性的图型）的客观可能性称为**客观-逻辑**可能性；把那些仅仅表达**纯粹**存在、**纯粹**可能性①的命题称为**或然命题**。因此，只有当或然命题同时也是本质命题（Essentialsätze）时，它们才会出现在逻辑中。

**实存命题**（Existentialsätze）是通过非我的原初对立设定活动而被规定的，但只有通过综合才能获得可能性。实存命题因而是以客观-逻辑可能性为条件的，即便它们所陈述的并非单纯的可能性。因此，通过客观-逻辑可能性，非我仅仅被设定到**全部**综合中，单个实存命题则将非我设定到**特定**综合中。但现在，非我，作为被提升

I, 224

---

① 就应该把"**逻辑的、纯粹的可能性**"这个词去掉：这种表述必然会引起误解。实际上只有**实在的、客观的**可能性；所谓逻辑的可能性无非就是纯粹存在，正如纯粹存在是在正言命题的形式中被表达出来的。例如，如果说"自我是自我"这个命题具有纯粹可能性的形式，这就容易引起误解；而如果说"它的形式是纯粹存在的形式"（与实际存在或逻辑可能性相反，逻辑可能性只以客观可能性为条件），就不容易引起误解。参见《论一种全部哲学形式的可能性》，第53页及以下（即本卷第108页及以下）。

为自我的形式，只能通过**纯粹存在的**图型，通过其单纯的可能性，即通过**全部**综合而被设定，正如自我是通过全部正题而被设定的（因为哪里有正题，哪里就有自我，而哪里有自我，哪里就有正题）。然而，客体的原初形式是有条件性。而因为原初形式只有通过时间的图型才是可展现的，那么以此为中介，诸客体就只能通过它们相互规定对方在时间中的**位置**而获得**实际存在**；它们的全部实际存在都仅仅通过它们的**现实性**，换言之，通过它们在一个**特定**综合中的实际存在而被规定。因此，这里必须出现一种新的综合，正如存在与非存在原初地只能以"非存在通过存在而被规定"为中介一样，而现在反过来，客观可能性（之前那种综合的结果）与现实性只能以"客观可能性通过之前那种综合来规定新的综合"为中介。因此，客观–逻辑可能性是在**全部**综合中被设定的存在，而现实性则是在**特定**综合中被设定的存在：因此，非我之所以必须在特定综合中被设定，是因为它同时在全部综合中被设定，换言之，它必须在**一切**综合中被设定，这是因为**一切**综合既等同于全部综合，也等同于特定综合。

＊＊＊

我相信，通过表格，读者会更清楚地了解到这一综合的整个进展过程。

这是一份一切样式的形式的表格：

### 一切样式的形式表

#### I.

**1.**

**正题**

绝对的存在，完全在自我中并通过自我原初被规定的**绝对可设定性**。

**2.**

**反题**

绝对的非存在，绝对不依赖于自我，且只在与自我的对立中才是可设定的、**绝对的不可设定性**。

I, 227

**3.**

**合题**

**有条件的**、通过被**吸收**进自我才可规定的可设定性，即非我的**可能性**①（这里的可能性是在说，因为非我只有通过被吸收进自我才能成为**客体**，成为客观–逻辑可能性，而又因为那样被吸收进自我是只有通过先行的综合[通过范畴]才是可能的，**全部**[诸范畴的]**综合**的适用性，全部时间中的**实际存在**）。

---

① 非我是在原初对立设定活动（反题）中的绝对不可能性，而现在它又在综合中获得了**可能性**，但仅仅是**无条件的**可能性，因而非我将有条件的可能性替换为无条件的不可能性。
"要么就没有可能性而只有无条件性，要么就没有无条件性而只有可能性！——如果说非我应当是人类知识之中的无条件者，那么因为它根本什么都不是，所以它是仅在原初对立设定活动中的无条件者。"（第一版中的附释）

## II.

### 1.
#### 正题

以**全部**综合为条件的存在,即以被客观地吸收进自我为条件的存在。**客观‑逻辑可能性,全部时间中的实际存在**。

### 2.
#### 反题

**客观的**、不单通过自我而被规定的有条件存在,**特定**综合(时间)中的实际存在,即**现实性**。

### 3.
#### 合题

在**特定**综合中(通过**客体**而被规定的)被设定的存在以在**全部**综合中(通过**自我**而被规定的)被设定的存在为条件的存在,**一切**综合中的**实际存在**。[①]——现实性通过客观‑逻辑可能性而所受的规定——**必然性**(因此综合的整个进展都是: 1. 从存在与非存在到可能性; 2. 从可能性与现实性到必然性)。

---

① 实际存在是可能性、现实性与必然性从属于的共同形式。而它们之间的区别仅仅在于时间规定本身,而不在于全部时间中的设定活动或者非设定活动。全部实际存在因而是第一重综合的结果。在第二重综合中,实际存在在正题中被规定为可能性,在反题中被规定为现实性,在合题中被规定为必然性。

[既然**时间**是一切综合的条件,而且正因为如此,时间是由先验想象力通过综合并在综合中产生的,那么人们也可以如此展现出整体。**纯粹**(**在一切时间之外**被设定的)存在的**图型**就是**全部**时间中的(**全部**综合的行动中)实际存在。因而客观可能性就是**全部**时间中被设定的存在。因为实际存在在时间中交互作用,所以客体虽然在全部时间中设定,但又同时是可设定且不可设定的。要想设定一个客体,我必须要把它设定到特定时间之中,而这之为可能,完全在于另一个客体规定了这个客体在时间中的位置,并且另一个客体又由这个客体所规定。因而现在非我则只能通过其可能性,只能通过纯粹存在的图型而被设定。

但是,这种仅通过可能性的设定活动又与其固有形式的图型(Schema)相矛盾,通过这种图型,这种设定活动仅能被设想为是在**特定时间**内被设定的。因此,正如**全部**时间都是彻底的**无时间性**的图型,**一切时间**(即那个现实性的、无限推进的综合)反过来又是全部时间的(即全部综合的行动的)展现(图形)①,而**全部**时间中的实际存在以及**特定**时间中的实际存在正是以此为中介的。因而,**一切**时间无非就是全部时间的图形(Bild),同时又是特定的时间,因为**一切**时间都是如同某段个别的部分时间一般被规定的。正因为如今非我被设定到特定时间中,它因而获得了(交互关系、复多性与可否定性[Negabilität]的)**原初**形式;正因为非我被设定到全部时间中,它因而表达出了图型化的自我的原初形式:实体性、统一性与实

---

① 图型(Schema)与其对象所中介的始终是一种**图形**(Bild)。图型是那个在全部时间之中交织着的东西,图形则是那个在特定时间中被设定的,但对于一切时间而言都是可被设定的东西,这是因为与之相反,对象本身对我而言只被设定到特定时间中。

在性。但是，只有当非我同时被设定到全部时间中时，它才会被设定到特定时间中，反之亦然。它的实体性只有在与交互作用的关联中才是可思维的，它的统一性只有在与复多性的关联中才是可思维的，它的实在性只有在与否定（即与否定一起——但永远如此）的关联中才是可思维的。①]

［说明一］由于自我是最纯粹的统一体，我原初地将一切都设定为与自己等同的，而没有任何东西与自己对立。因此，正言命题除了自我之外根本没有任何其他内容，因为在其中设定的东西只是被设定为全部实在性，被设定为与自我等同的，在其与自我同一的形式中被设定。——无论在理论性还是实践性的运用中，理性的基础都只是绝对-正言命题，等同于命题"自我 = 自我"。在理论性的运用中，理性努力

---

① 这些演绎的结果是：只有存在、非存在以及通过存在而被规定的非存在的诸形式才归属于逻辑，因为它们先行于一切综合，是一切综合的基础，并包含了原初形式，而只有根据原始形式综合才能被构想出来；而可能性、现实性和必然性只有通过已然发生的综合才成为可能的诸图型化形式，之所以归属于逻辑，是因为它们本身是通过那些原初形式而被规定的。因此，举例来说，或然命题之所以从属于逻辑，并不是因为它们表达出了客观可能性，而只是因为它们表达了客观-**逻辑**可能性；并不是**因为它们表达出了全部综合中的一个被设定存在**，而只是因为它们的全部**逻辑可思维性**都以这种综合为中介。简言之，或然命题、实然命题（assertorische Sätze）和确然命题（apodiktische Sätze）的三种形式之所以从属于逻辑，只是因为它们同时表达出了原初综合单纯形式性的形式（非存在通过存在而受到的规定，**全部实际存在**），而不是因为它们表达出了质料性的形式——全部综合、特定综合以及**一切综合**中的实际存在）。

因此，上文也已提到，实际存在是第一重全部综合的结果，并且仅仅在形式上是第二重综合的基础。因为在后者中，实际存在根据它与以范畴为中介的综合的关系而只在**质料意义上被规定**。因此，第二重综合的诸形式能够在逻辑中出现，不是因为它们是**在质料意义上被规定**，而只能是因为它们是**在形式意义上被规定**的，换言之，它们表达出了第一重综合的原初形式，全部的实际存在——无论是在**全部时间**、**特定**时间还是**一切**时间中（第一版附释）。

地将非我提升到最高级的统一性的层面，即在一个正言命题中规定它的实存，等同于命题"自我 = 自我"。因为在这个命题中，问题不是："自我被设定了吗"，而是"它被设定了，是**因为**它被设定了"。因此，自我努力地设定非我，因为非我是被设定的，换言之，将非我提升到无条件性的层面。理性的努力的这种**质料性**形式在三段论式的倒退中规定了形式性的形式；两者都基于一种向着正言命题的努力。因为理论理性在其**质料性**的运用中，必然会追求一个**质料性**-正言命题，完全类似于命题"自我 = 自我"，而绝不可能是另一个讨论非我的命题，这就是为什么那种追求也必然导致矛盾；然而，在其**形式性**的运用中，理性追求的是**形式性**-正言命题，这些命题证明了一整个序列的继生三段论（Episyllogismen）。——这对于理论理性来说是不可能的，因为它受到非我的限制，而现在实践理性则做到了，它实现了唯一绝对的（形式性的与质料性的）正言命题："自我 = 自我。"

[说明二] 同一性的形式绝对不能规定任何**客体**本身。①但是，**莱布尼茨**以及所有秉承他的精神进行思考的人都把同一性本原视为客观实在性的本原，这一点绝不像许多哲学行家似乎所认为的那样难以理解，因为他们习惯于认为没有什么比他们的大师所说的话更容易理解，也没有什么比那些他们没有发誓追随的人所说的话更难以理解。对于**批判**哲学，即那种把一切实在性设定到自我中的哲学来说，同一性的形式就是**自我**的一切实在性的本原，但正因为如此，它并不是客观（不包

I, 230

---

① 同一性的原理是"A = A"。但现在 A 根本不可能是现实的，因而很明显，A通过同一性的形式根本不是根据其自我之外被设定的存在而被设定的，而只是因为它通过自我而被考察，换言之，根本没有被设定为客体。

含在自我中的)**实在性**的本原①；而对于**独断论**来说则恰恰相反——同样的形式必须是客观实在性，而不是**主观**实在性的本原。通过同一性的形式，**莱布尼茨**规定了全部自在之物，而不涉及对立面（自我）；而康德与之相对，规定了自我的实在性，而不涉及对立面，即非我。但莱布尼茨同样有力、同样惊人地解释说，通过同一性的形式，全部自在之物及其客观实在性被规定了，而非**主观**实在性，换言之，对自在之物的**认识**（从全部自在之物的单纯层面中跃出）；康德则反过来解释说，通过同一性的形式，**主观的**，换言之完全在自我中被设定的实在性被规定了，而非**客观的**，只有通过跃出自我的层面才能被规定的实在性。对于独断论来说，正言命题必须只有通过非我才成为可能，而反言命题和综合命题只有通过自我才成为可能；反之，对于批判论（Kriticismus）来说，正言命题必须只有通过自我才成为可能，而反言命题和综合命题只有通过非我才成为可能。**莱布尼茨**通过绝对非我规定了绝对层面，但并没有因此扬弃一切综合命题的形式，而是需要这些形式才能走出他的绝对层面，康德也同样需要这些。为了从无条件者的领域进入有条件者的领域，两个人都需要同样的桥梁。为了从自在之物——**截然**被设定的东西的层面进入"**被规定的**"（可表象的）物的层面，莱布尼茨需要**充足根据律**；而康德也需要**充足根据律**（全部有条件性的原初形

---

① 它（同一性的形式——译者注）也可以成为客观实在性的本原，但只有在它本身在自我中的设定活动已经被中介的情况下，但那时它并没有把这种实在性规定为**客观**实在性，而只是在它在自我中被设定存在的质之中。——康德说，充分理由律根本就不能在超感性世界中被用来规定它的任何客体——这是因为在超感性世界中一切都是绝对的，而充足理由律仅仅表达出了有条件性的形式。如果超感性世界真的包含客体，而不仅仅是绝对自我，那么这一原理在超感性世界中就会像在现象世界中一样适用。因此，康德只有在超感性领域的论辩中才需要这一原理，或者只有当他根据他那无所不包的体系在谈论超感性世界的诸客体时才会需要这一原理。

式),才能跃出自我的领域,进入非我的领域。因此,莱布尼茨和**康德**用同样的方式理解同一性命题,并且同样都知道如何把它用于各自的体系:两者的分歧不在于同一性命题的**运用**,而在于它通过我们知识体系中的绝对者所受到的更高层面上的规定。①

I, 232

[说明三] 对于绝对自我而言,可能性、现实性或必然性都不存在。因为**绝对**自我所设定的一切东西都是通过纯粹存在的单纯形式而被规定的。然而,对于有限自我来说,在理论性与实践性的运用中还是存在着可能性、现实性与必然性的。既然理论哲学与实践哲学的最高综合体就是可能性与现实性–必然性的统一,那么这种统一也可以被确立为一切努力的根本对象(尽管不是终极**目标**)。对于无限自我来说,**如果**对其本身而言无论如何都存在着可能性和现实性,**那么**一切可能性都**会**是现实性,一切现实性都**会**是可能性。然而,对于有限自我来说,就是存在着可能性和现实性,因此,它与可能性和现实性相关的**努力**,必须像无限自我与可能性和现实性相关的**存在**一样来被规定。因而,有限自我**应当**去**努力**使一切在其中可能的东西成为现实,使一切现实的东西成为可能。只有对于有限自我而言才存在"应然"(Sollen),换言之,实践的可能性、现实性和必然性,因为有限自我的行动不是以单纯的正题(绝对存在的法则)为条件,而是以反题(有限性的自然法则)

---

① **康德**是第一个尽管从未直接地,但至少在任何地方都间接地将绝对自我确立为一切存在与一切同一性的终极基底的人,也是第一个解决了某种超出单纯同一性之外而被规定的东西的可能性这一根本问题的人。——以一种方式(该如何描述这种方式呢?——任何遵循着阅读他的一切作品都必须具备的精神来阅读他的《范畴演绎》以及《目的论判断力批判》的人,都会看到他的作品中蕴含着几乎深不可测的意义和认识)——以一种似乎只有对于天才来说才可能的方式,他仿佛冲到了他自己前面,从最高点出发,俯掠过其他人必须逐步登上的台阶(第一版附释)。

与综合(道德**诫命**)为条件的。因而，**实践的可能性**是行动之于**全部**实践性综合的适用性，而实践的**现实性**则是行动之于特定道德性综合的适用性，最后，实践的必然性法则(有限存在者所能**达到**的最高层面)是**一切**综合的适用性(在一个行动体系中，一切实践上可能的东西都是现实的，而一切现实的东西都必须同时也是可能的)。① 另一方面，在绝对自我那里根本就不存在什么**"应然"**，这是因为，对于有限自我而言，作为实践**诫命**的东西必然是它的**构成性**法则，通过它而被陈述

---

① 全部**权利**的概念以及整个自然权利体系都基于实践**可能性**的概念(之于全部综合的适用性)，而**义务**的概念以及整个伦理学体系则是基于实践**现实性**的概念的。那么，对于有限存在者来说，一切现实的东西因此也都是可能的，哪里有义务，哪里就必然也有行动的权利，换言之，适用于特定(道德性)综合的东西也必然适合于全部综合，反之则不然。与之相反的是，在绝对自我中**根本**不存在任何综合，因此义务与权利的概念也是不可思维的；然而，有限者仍然必须行动起来，就好像对于绝对自我而言存在着权利与义务一样，从而这般规定了它的**行动方式**，就像如果对于无限者本身而言存在着义务与权利，无限者的**存在**就会被规定一样。那么，在绝对自我中，义务与权利是同一的，因为在绝对自我中，一切可能的东西都是现实的，一切现实的东西都是可能的。因此，一切道德努力的根本**对象**也可以表象为义务与权利的同一化。这是因为，如果自由存在者有权采取的每一个行动同时也是义务的话，那么他的自由行动就不再以道德法则之外的任何其他规范为前提。因此，所有(以义务和权利的概念为基础的)国家宪法必须努力实现的最高目标，只能是将每一个个别个体的权利与义务同一化；这是因为，如果每一个个别个体都只受理性法则的支配，那么国家中就根本不会存在任何不同时是义务的权利，因为没有人会主张采取任何不是通过普遍有效的准则而可能的行动，而如果一切个体都只遵循普遍有效的准则，那么个体本身的眼前就只有他的义务。这是因为，如果一切个体都**履行**了他的义务，那么就没有哪个个别个体能够再要求去拥有一项没有通过普遍履行义务而实现的权利。但是，一旦与权利相对应的**义务**得到履行，**权利**也就不复存在了；这是因为，只有当可能性还没有被现实性所取代时，全部可能性才是有效的，而谁拥有了现实性(得到履行的义务)，谁就不再关心可能性(他的权利)。——这一思想也是柏拉图式理想国的基础；这也是因为，在理想国中，一切实践上可能的东西都应当是现实的，一切实践上现实的东西都应当是可能的；正因为如此，在理想国中，一切**强制**都应当不复存在，因为强制只针对那些让自己失去了实践可能性的存在者。但是，在一个主体中对实践可能性的扬弃就是**强制**，这是因为实践可能性只有通过自由才是可思维的。

出来的,既不是可能性,也不是现实性,更不是必然性,而是绝对的存在,不是**命令式**,而是**定言式**。

但那种"**应然**"的概念还有实践可能性的概念是以另一种概念为前提的,它为整个哲学中最棘手的问题提供了材料。在此,我们至少要简要地谈谈这些问题。

如果对于有限自我而言存在着实践**可能性**,换言之,一种"**应然**",那么,如果没有**经验**自我的自由概念,这将是绝对不可思维的。上文(第8节)已经把绝对自由归结为绝对自我,换言之,完全基于其存在本身的自由,而只有当绝对自我截然就是自我,并原初地排除了一切非我时,自由才会归属于绝对自我。自我的这种绝对自由只有通过自身才能被理解。这是因为,一个排除了一切非我的绝对自我,一旦脱离了一切客体的层面,从而也脱离了一切客观因果性的层面,它就不再是不可理解的了,并因此拥有了绝对的自由。但是,把自我移入客观性的层面,还想通过自由把因果性归于自我——这似乎是一种危险的举动。

因此,我们在此所谈论的不是绝对自我的绝对自由(第8节),这是因为这种绝对自由自己彻底实现了自身,因为绝对自由正是自我得以由之将自己截然设定为自我的这种因果性本身。但自我只是自我,因为它是通过自身,换言之,通过**绝对**因果性而被设定的。因而,因为自我设定了自身,它也同时设定了其绝对的、无条件的因果性。与之相反的是,经验自我的自由不可能自己实现自身,这是因为如此这般的**经验**自我并不是通过自身,通过其所固有的自由因果性而实存的。经验自我的这种自由也不可能像绝对自我的自由一样是绝对的,而这是因为通过经验自我的自由,自我的单纯实在性才得以被截然**设定**,但正是通过绝对自我

I, 235

的自由的因果性，自我的绝对实在性才得以被**产生出来**。绝对自我的那种自由是通过自身而存在的，是绝对无限的；而经验自我的这种自由则是经验意义上的无限，因为产生出一个绝对实在性是一项经验意义上无限的任务。绝对自我的那种自由是彻底内在性的，因为只要自我还是纯粹的自我，而且没有被迫跃出自身，它就是内在性的；经验自我的这种自由只有作为**先验**自由，换言之，只有作为与诸客体**关联**——尽管不是**通过**诸客体的自由，才是可被规定的。

先验自由的问题一直以来总有一种不幸的命运，总是被误解并反复被提出。诚然，即使在《纯粹理性批判》对它做了如此伟大的阐发之后，根本的争论点似乎仍然没有得到足够深刻的规定。根本的争论从来都不涉及绝对自由的可能性；这是因为绝对者通过其概念就已经排除了所有外在因果性规定；绝对自由无非就是无条件者通过其存在的单纯（自然）法则所受的绝对规定，不依赖于一切不能通过其本质本身而被规定的法则，不依赖于一切会在无条件者中设定出某些东西的法则，而这些东西是不会通过其单纯的存在，通过其全部被设定存在而被设定的（诸道德法则）。因此，哲学要么彻底否定掉全部绝对者，要么，如果它承认绝对者，它就必须也要赋予绝对者以**绝对自由**。因此，根本的争论永远不会涉及绝对自由，而只会涉及**先验自由**，即以诸客体为条件的经验自我的自由。不可理解的点不在于绝对自我究竟应当如何拥有自由，而在于**经验性的自我**究竟应当如何拥有自由；不在于一个理智性的自我①如何才能是理智的，换言之，是绝对自由的，而在于一个

---

① **康德**非常正确地指出，"理智的"（intellektual）这一表述仅与**认识**有关，而那些仅仅是这些认识的**对象**的东西则必须被称为"可理知的"（intelligibel）。这一评论对于独断论是成立的，因为独断论误以为可以认识可理知的**诸客体**，反而认为不应当对诸客体（转下页）

**经验性的**自我究竟如何才可能同时是**理智的**，换言之，通过自由而拥有因果性。

　　**经验性的**自我仅仅与诸客体一起实存，并通过诸客体而实存。但是，单凭诸客体是不可能产生出**自我**的。由于经验自我是**经验性的**，由于它完全就是**自我**，它必须只能将诸客体归结于一种更高级的因果性。在一个主张自在之物的实在性的体系中，即便是经验自我也是不可理解的；这是因为，既然一切绝对自我都通过一个绝对的、先行于一切自我的非我的设定活动而被扬弃，人们就无法理解经验自我是如何通过同样的客体而被产生出来的。继而，在一个这样的体系中，更不可能去谈论任何经验自我的先验自由。但是，如果自我被设定为排除了一切非我的绝对者，那么不仅一种绝对因果性原初地就归属于它，而且经验自我究竟如何是现实的以及如何在这种先验自由中是现实的这一问题就也会是可理解的。

　　因而，经验自我之所以是**自我**，在于它将此归结于让绝对自我借以成为**自我**的绝对因果性本身；而被经验自我归结于**诸客体**的，无非是其限制与其因果性的有限性。因此，经验自我的因果性与绝对自我的因果性就（**质**的）本原而言没有差别，而只是就**量**而言有差别。它之所以是

---

（接上页）使用"理智的"这一表述；但对于（至少是完善的）批判论而言，这种区分是不必要的，因为批判论根本不容许任何可理知的**客体**，它只把理智性（Intellektualität）赋予那些根本不可能成为客体的东西，换言之，赋予绝对自我。因此，在永远都不能成为客体的绝对自我那里，**存在的本原**[Principium essendi]和**认识的本原**[Principium cognoscendi]交汇为一体；因此，我们必须像对自我的直观一样，对自我使用"理智的"这一表述。与之相反，由于自我的因果性居于绝对者的因果性之中，经验自我被称为"可理知的"，是因为它一方面必须被视为**客体**，另一方面则必须被视为是通过绝对因果性才可被规定的。

I, 237　通过自由而产生的因果性，被它归结于它与绝对因果性的同一性，而它之所以是**先验**（经验性的①）自由，被它仅仅归结于它的有限性；因而，它在其从中产生的本原中是**绝对的**自由，而只有当它遭遇其限制时，它才会成为**先验的**，换言之，成为经验自我的自由。

　　因此，经验自我的这种自由只有通过其与绝对自由的同一性才能被理解，因此不能通过任何**客观的**证明而被达到，这是因为尽管它归属于**与诸客体相关的**自我，但只是由于它居于绝对自我的绝对因果性之中。但它也同样没有实现自身，这是因为作为先验自由，它只有在经验自我中才是现实的，而没有任何经验性的东西会实现自身。但是，由于它仅仅通过绝对因果性才是可能的，所以它在经验自我中只有通过某种事实才是可被实现的，通过这种事实，它被设定为与绝对自由相同一的。然而，经验自我恰恰仅仅是通过绝对者的限制，换言之，通过绝对者本身**作为**一个绝对者的扬弃才是现实的。因此，只要那个仅与诸客体相关的经验自我被视为绝对自我的限制（理论哲学），它的因果性就根本不可能被设想为是与绝对因果性相同一的；如果要做到这一点，那么经验自我的因果性就必须要被设想为（不是与诸客体相关联，而是）与对一切客体的**否定**相关联的。这是因为，对诸客体的否定恰恰是那个绝对自由与先验自由这两者能够相合的点。因为尽管经验自由只能走向**经验性的**（在经验意义上产生出来的）否定，而不能像绝对自我的因果性那样走向对诸客体的绝对否定，但两者都在否定中交汇，如果经验自我**这般的**因果性能够被讲清楚，那么也就证明了，它与绝对因果性就**种类**而

---

① 上文第 6 节的说明已经指出，"经验性的"一词通常是在一个非常狭隘的意义上被理解的。

言没有差别，就**本原**而言没有差别，而只是就**量**而言（通过其限制）有差别。绝对因果性不能在经验自我中被以定言式的方式**设定**，这是因为否则它就不再是经验性的了，所以它只能通过一种要求否定一切客体的法则，换言之，通过绝对自由，在经验自我中以**命令式**的方式被设定；这是因为，只能从一种**这般的**因果性这边去**要求**绝对因果性，这种因果性**本身**不是绝对自由，但它与绝对因果性不是就质而言有差别，而只是就**量**而言有差别。

I, 238

因此，先验自由不仅是通过道德法则的形式，而且也是通过道德法则的**质料**而被实现的。因而，那个只有在有限自我中才是可能的道德法则，因为只有从有限自我这边才能要求与无限者的同一性，虽然并不会走向对一切客体的**绝对**否定（构成性的），但还是会按命令式的方式走向对它们有条件的，即在经验意义上（渐进式的）产生出来的否定，因而走向自我的绝对因果性，尽管不是走向某种**定言法则**，而是走向某种**正在产生着的东西**。然而，这种要求只能被提给一种因果性，这种因果性与绝对因果性仅仅通过限制而有差别，因为它应当在自身中**产生出**那些彻底设定了这种绝对因果性的东西，换言之，通过扬弃其限制来设定。①

---

① 凡是跟踪我们的研究线索至此的人，都会看到上述阐释与莱茵霍尔德的自由理论之间的区分。莱茵霍尔德的理论有很大的功劳，但在**他的**（仅从经验的自我出发的）体系中，自由是不可理解的，甚至对于该体系那位精明的创作者来说，也很难给他的体系以统一性，并在他的自由理论与他的体系的其他部分之间建立起以最高本原为基础的联系（最高本原不仅应当是整个体系的基础，而且应当**支配**着该体系的一切**个别部分**）。——完善的科学排斥一切的哲学花招，因为通过这些花招，自我本身被分裂，并被肢解为各种能力，而这些能力在任何共同的统一性本原下都是不可设想的。完善的科学不会去研究那些没有实在性的、只是在人为的抽离中才是现实的僵死的能力；相反，它会去研究自我的活生生的、在其活动的一切外化中都保持一致的统一性；在这样的统一性中，哲学（转下页）

那么，如果经验自我的先验因果性就是无限因果性本身，只是在有限性的条件下被思维，那么它当然是可以理解的；但是，既然经验自我本身只有**显现着的**实在性，并且处于所有现象所处的同一个**有条件性**的法则之下，那么新的问题就出现了：经验自我的先验（通过绝对因果性而被规定）因果性究竟如何能与同一个自我的自然因果性相一致呢？

在一个主张诸自在之物的实在性的体系中，这个问题根本不可能得到解决，甚至根本不可能被提出来。

因为这个体系在一切自我之前设定了绝对非我，从而扬弃了绝对自我①，因此这个体系甚至根本不知道自我的**绝对**自由，更不用说先验自由了。但是，如果一个这样的体系完全前后不一致，一面主张诸自在之物，另一面又主张自我的**先验**自由，那么，即便通过一种先定和谐，该体系也永远搞不清自然因果性以及通过自由的因果性的协调一致是怎么回事；因为即使是先定和谐也不可能把两个彼此截然对立的绝对者（Absoluta）统一起来，但也只能是这样，因为一面是绝对的非我，另

---

（接上页）一直以来所确立的一切有差别的能力和行动都变成了同一个具备同一性的自我的同一种能力、同一种行动。——即使是理论哲学，也只有在与自我的因果性的关联中才是可能的，而这种因果性是在实践哲学中被实现出来的。这是因为理论哲学的意义只在于为实践哲学做准备，并为实践哲学所规定的自我的因果性确证其客体。有限存在者必须实存，这样无限者才能在**现实性**中展现其实在性。因为一切有限的活动都是为了在现实性中展现无限的实在性；而理论哲学只是为了给实践的因果性标明以及仿佛要划定现实性的这一领域。理论哲学关注**现实性**，只是为了给实践因果性找到一个领域，在其中无限实在性的那个展现——它的无限任务的解决——才是可能的。

① 两个绝对者是不可能并存的。因此，如果非我绝对地被设定为先于一切自我的，那么自我只能作为绝对的否定与之对立而被设定。两个绝对者不可能在它们之前或之后的综合中被设想为如此这般的绝对者；这就是为什么，即使自我是被设定为先于一切非我的，它在任何综合中也都不可能被设定为**绝对的**（作为自在之物）。

一面是脱离绝对者则不可理解的经验自我。

但是，如果客体本身只是通过绝对自我（作为**一切**实在性的总括）才获得实在性，故而只是实存于经验自我之中并与经验自我一起实存，那么经验自我的每一个因果性（它的全部因果性都只有通过无限者的因果性才是可能的，它与无限者的因果性不是就质而言有差别，而只是就量而言有差别）同时也就是诸客体的因果性，而这样的因果性将诸客体的实在性同样只归因于一切实在的总括——自我。我们从而获得了一个**先定和谐**的本原，然而，这个本原只是完全**内在性的**，并只有在绝对自我中才被规定。因为既然只有在绝对自我的因果性中一种经验自我的因果性才是可能的，而诸客体同样只有通过自我的绝对实在性才能获得其实在性，所以绝对自我是它们的和谐本原所处的共同中心。因为诸客体的因果性之所以能与经验自我的因果性和谐一致，只在于，诸客体只实存于经验自我之中，并与经验自我一起实存；然而诸客体之所以只实存于经验自我之中，之所以与经验自我一起实存，只是因为诸客体和经验自我两者都将它们的现实性只归因于绝对自我的无限实在性。

现在通过先定和谐，道德与幸福之间的必然和谐也会被理解。这是因为，既然我们谈论的完全是纯粹的幸福，而纯粹幸福是建立在非我和自我的同一化之上的，那么，既然全部客体只有作为自我的绝对实在性的变体才是现实的，自我的实在性的每一次扩展（道德进步）都是那些限制的扩展，都是它们向与绝对实在性的同一性的趋近，即向着完全扬弃限制靠近。因此，如果对于绝对自我而言，既没有"应然"，也没有实践可能性，那么，如果有限者哪怕一次能够完成它的整个任务，自由法则（应然法则）就会获得自然法则（存在法则）的形式；反过来说，既然其存在的法则只有通过自由才能成为**构成性的**，这个法则本身同时也就是自由的法则。①因此,一切哲学指向的那个终极的东西,不是什么客观的东西,而是先定和谐的一个**内在**本原,在其中,自由与自然是同一的,而这个本原无非就是绝对**自我**——一切哲学的出发点。

如果对于无限自我而言不存在任何可能性、必然性或偶然性,那么它也就认不出世界中的任何**目的联结**。如果对于无限自我而言**存在着**自然的机制或技术,那么对其而言,技术**就会是**机制,机制**就会是**技术,换言之,两者在其绝对存在中交汇为一体。因此,即使是理论探究也必须把目的论视为机械论式的,把机械论视为目的论式的,把两者视为位于同一个统一性的本原之中,虽然理论探究根本不能将这个本原(作为客体)实现出来,但为了能够理解这两个相互冲突的本原(机械论本原和目的论本原)的统一,不得不预先假定,在诸客体**本身**中是不可能的两者统一,只有在一个高于一切客体的本原中才能被理解。因而,正如实践理性不得不在一个更高级的本原之中把自由法则与自然法则之间的冲突统一起来,在其中,自由本身就是自然,自然就是自由②;理论理性在其**目的论的**运用中也必须达到一个更高级的本原,在其

---

① 这也让一个问题得到了回答:究竟**哪个**自我应该进入无限?答案是:经验性的自我,但经验自我在可理知世界中并没有**进步**;这是因为,只要它在可理知世界之中,它就不再是经验自我了,因为在可理知世界中,一切都是**绝对统一性**,因此没有任何进步、没有任何有限性是可被思维的。因此,虽然有限自我只通过可理知的因果性才是**自我**,但作为**有限的**存在者,只要它还是有限存在者,它的实际存在就只在经验世界中才是可规定的。现在,既然有限存在者的因果性本身落入了无限因果性的界限之中,那么有限存在者就可以不断扩张其有限性的界限;然而,由于这种进步以无限性为目标,所以有限性的界限本身的不断进一步扩张就是可能的,因为,如果这种扩张会在某个地方停止,那么无限者本身就必须要有界限。

② 这也揭示了目的论如何以及在多大程度上能够成为理论哲学与实践哲学之间的连接纽带。

中，最终性（Finalität）①与机制汇为一体②，但正因为如此，这个本原根本不可能作为一个客体而可被规定。

对于绝对自我来说是**绝对**和谐一致的东西，对有限自我来说却是**被产生出来的**，而统一性本原，对前者来说是**内在**统一性的**构成性**本原，对后者来说只是**客观**统一性的**范导性**本原，而客观统一性应当要**转变为**内在统一性。因此，有限自我也**应当去努力**在世界中**产生出**那些在无限者之中**是现实**的东西，而人的最高天职就是——把世界中诸目的的统一性变成机制，而把机制变成诸目的的统一性。

在1796年刊载于《文汇报》的"知识界专版"的一份"反批评"中，谢林将《论自我》一文的目的表达如下③：

> 笔者的目的无非是：将哲学从衰颓中解放出来，由于对**哲学的第一原理**的不幸研究，哲学不可避免地陷入了衰颓；去证明，真正的哲学只能从自由的行动开始，而位于这门科学顶峰的抽象原理就

---

① 此处"最终性"可以等同于"合目的性"，指最终目的已经内在地包含在事物本身之中。——译者注
② **斯宾诺莎**也希望，诸原因的机制与最终性在绝对本原中被设想为是包含在同一个统一性之中的。但是，由于他把绝对者规定为绝对**客体**，他当然无法搞清楚，有限知性中的目的论统一性究竟如何只能通过绝对实体的无限思维中的存在论统一性而被规定，因而康德说的很对，斯宾诺莎主义做不到它想做的事。——但是，也许从来没有人像《目的论判断力批判》第76节那样，把这么多深刻的思想压缩在这么小的篇幅里（第2行的"最终性"与第12行的"诸原因的最终性"在第一版中原作"目的论"。——原编者注）。
③ 该文出自谢林于1796年12月10日发表于《文汇报》"知识界专版"的书评回应文章，原先并不是《论自我》的一部分，系"经典版"编者谢林之子小谢林（K. F. A. Schelling）放在文后以飨读者。——译者注

是一切哲学运思的死亡;"哲学到底必须从哪一个(**抽象的?**)原理开始"这个问题,对于任何一个感觉到自身的自由人来说都是不值一哂的。——由于笔者将哲学当作自由人的纯粹产物,或者说当作唯一一种自由的行动,所以他相信自己拥有更高级的哲学概念,而不像某些哭哭啼啼的哲学家,从他的同事们的意见不一致中推演出了法国的革命恐怖与人类的一切不幸,然后又想通过一条空洞且言之无物的原理来补救这一不幸。——笔者相信,人是为**行动**而非思辨而生的,因而人在哲学中迈出的第一步庄严宣告了一个自由存在者的开端。正是因此,笔者对书面哲学不甚了了,更不晓得什么位于科学顶峰的思辨命题;而笔者最不屑的就是那种放之四海而皆准的哲学,只有"懂哥"才会以这种哲学廉价地自诩,就像莱辛的风车,与所有的32种风都友好相处。*但是,由于哲学界的公众过去似乎只对第一原理洗耳恭听,因此,笔者的第一原理,关系到读者而言,只能是一种**公设**(Postulat),即对于同一种自由行动本身的要求,在他看来,一切哲学运思都只能从这一自由行动开始。一切哲学的第一条公设"自由地行动于自身",对于笔者来说就如同几何学的第一公设"(从一点向另一点可以)引一条直线"一样是必然的;几何学家不用证明线,哲学家也同样不用证明自由。

但是,哲学本身只是一种理念,哲学家本人只能从实践理性中期待理念的实现,只要一个人不能上升到理念,那么哲学就将而且必将是不可理解的,甚至是荒谬的。这些人没有从康德那里学到

---

\* 这里谢林化用了莱辛在《古代文史书信》(*Antiquarische Briefe*,1768年)中的掌故,莱辛说:"我真的只是一座风车,而不是巨人……所有的三十三种风都是我的朋友。"(第55封信)——译者注

过，理念根本不是无用的思辨的对象，而是自由行动的对象，整个理念王国只有对于人的道德活动而言才具有实在性，人在自己开始创造并实现自身的地方根本找不到其他客体。难怪在一个想用理论的方式规定理念的人手中，超出范畴表的一切东西都成了痴人说梦，他脑海中绝对者的理念等同于一个没有人物的故事。而在其他人开始真切地感觉到自由的地方，这个人眼前所看到的只有他不知道该如何填满的巨大虚无，而这个虚无除了让他意识到自己的无知之外，别无其他。这证明了，他的精神从未学会过自由地行动于自身，他只知道通过机械的思维来维护自己在精神世界中的等级地位。

I, 244

# 关于独断论与批判论的哲学书信

## 1795年
## （1809年再版）

F. W. J. Schelling, *Philosophische Briefe über Dogmatismus und Kriticismus*, in ders. *Sämtliche Werke*, Band I, S. 281-342. Stuttgart und Augsburg, 1856-1861.

# 关于独断论与批判论的哲学书信[①]

## 引言

若干现象使这些书信的作者确信,《纯粹理性批判》在独断论和批判论之间划定的诸界限,对许多该门哲学的**朋友**来说还不够明

---

[①] 这些信件最初发表在1795年的《哲学杂志》(*Philosophisches Journal*)上(当时"Dogmatismus"最初写作"Dogmaticismus"),后来被收录在《哲学文集》(*Philosophische Schriften*,1809年)第一卷中,并在序言中做了如下说明:"关于独断论与批判论的书信从当时同样普遍盛行的主客对立的角度出发,对当时几乎普遍接受且广泛滥用的所谓上帝实存的道德证明进行了猛烈的抨击。在作者看来,这一抨击似乎仍然具有它所代表的那种思维方式的全部力量。那些至今仍然坚持同一立场的人从未反对过它。然而,第九封信中关于相互冲突的诸本原间的全部对立在绝对者之中消失的那些论述,显然是后来的那些更正面的观点的萌芽。"

译者按:"Dogmatismus"和"Dogmaticismus"在字面上都可以被译为"独断论",但是,谢林在第五封信中对二者做了哲学上的区分,并在第九封信中再次提及。当谢林辩护其核心论题,即真正的独断论与批判论一样,都是以实践性的方式完成的体系时,使用的是"Dogmatismus"一词。这种与批判论处在平行地位并与之同为哲学中的两大本真体系,仅就其所遵循的实践公设的精神而言与批判论相区分的独断论,必须区分于那种为《纯粹理性批判》所克服的,"盲目地、事先不对认识能力进行考察就建立起来的独断论体系"。为了明确这一点,谢林使用了"Dogmaticismus"一词来偏指后者。为突出这一区分,译者使用"独断论"一词翻译"Dogmatismus",将"Dogmaticismus"译为"伪独断论"。这份文本中的前四封信在1795年初次发表,由于编辑的误解,该版本标题与文本中的"Dogmatismus"都被改作"Dogmaticismus"。随后,在1796年发表的第五至第十封信中,谢林本人对此二概念的区分首次出现,《哲学杂志》的编者尼特哈默尔(Friedrich Immanuel Niethammer)也附加了一个长注释,澄清之前的改动缘于其编辑错误。在1809年的第二版中,这一错误得到了更正。

确。如果他没有弄错的话，人们正准备从批判论的战利品出发建立一个新的独断论体系，比起它，每一个真诚的思想家大概都宁愿看到旧日的大厦复归原位。这些混淆对真正哲学的危害通常远远超过最恶劣的，但至少自身一致的哲学体系。及时防止这种混淆，尽管不是一件令人愉快的事，但肯定不是一件无益的事。作者之所以选择书信体，是因为他相信，用这种形式比用其他形式更能清楚地表达自己的理念：在这里，他必须比在其他任何地方都更注重清晰性。如果在某些地方，作者的论述对于不熟悉的听众而言显得过于激烈，那么作者声明，只有对将被反驳的体系的恶劣性抱有最强烈的信念，才让他有这种力量。

## 第一封信

我理解您，我亲爱的朋友！在您看来，与绝对的力量作斗争并在斗争中倒下，要比通过道德的上帝提前确保自己免受一切危险更伟大。当然，这种与无可测度者的斗争不仅是人类所能思想的最崇高的事情，而且在我看来，它本身就是一切崇高的本原。但我想问您，人反对绝对者的力量本身，以及伴随这种斗争的情感，如何能在独断论中得到解释。自身一致的独断论的基础不是斗争，而是臣服，不是强制的，而是自主决定的灭亡，是沉默地将我自己献身于绝对的客体：每一种关于反抗和进行斗争的自主力量的思想都是从更好的体系中进入独断论的。不过，这种臣服也有**纯粹美学的**一面。沉默地献身于无可测度者，平静地投入世界的怀抱，这就是艺术与斗争之间的极端对立。处于二者中间的，是一种斯多亚式的精神平静，一种等待斗争或已经结束斗争的平静。

如果说战斗的场面是为了呈现人类自主力量的最高时刻,那么恰恰相反,对于那份宁静的沉默直观就是人类生命的最高时刻。他纵身在青春的世界当中,以满足他对生命和实际存在(Daseyn)的渴望。去存在,去存在!①这是他内在的呐喊。比起坠入死亡的怀抱,他宁愿投入世界的怀抱。

如果我们从这个角度(美学角度)来考虑道德的上帝这一理念(Idee),我们很快就会有所判断:在接受这一假定(Annahme)的同时,我们也失去了美学的真正本原。

因为,如果我在世界和我自己之间安插了一个更高的本质,如果需要一个世界的守护者来保持世界的界限,那么与世界对抗的想法对我来说就不再有任何伟大之处了。

世界离我越是遥远,我越是拉开我与它的距离,我对其的**直观**就越是受限制的,对世界的献身、交互的接近、在斗争中的相互屈服(美的真正本原)就越是不可能。真正的艺术,或者说艺术中的神性(θεῖον),是一种内在的本原,它由内而外地塑造出质素(Stoff),强有力地反对着所有粗野的机械论、所有外来质素的无规则堆砌。我们在失去这种内在本原的同时,也失去了对世界的理智直观(intellektuale Anschauung)。当两个相互冲突的本原在刹那之间结合为一(Vereinigung),理智直观便产生在我们之中。一旦在我们之中既不存在斗争也不存在结合,理智直观也就消失了。

---

① 此句原文为"Daseyn! Daseyn!"。"Daseyn"一词在本译文中原则上译为"实际存在"。但考虑此处谢林的表达中具备颇为强烈的动词意味,故权宜译作"去存在"。——译者注

到目前为止，我们意见一致，我的朋友。**道德的上帝**这一理念完全没有美学的一面。但我更进一步说，它甚至没有哲学的一面，它不仅不包含任何崇高的东西，而且根本不包含任何东西，它就像任何其他神人同形论（anthropomorphistisch）的表象一样**空洞**（因为在**本原**方面它们全都是相互等同的）。它用一只手拿走另一只手所给予的东西，又想把用这只手攫取的东西用另一只手给出：它既想向软弱效忠，又想向力量效忠，既想向道德上的绝望效忠，又想向道德上的自主力量效忠。

I, 286　　它意愿一个**上帝**。这让它无法对抗独断论。它不能通过上帝来限制世界，而不把它从世界中获取的东西给予上帝：我现在必须敬畏上帝，而不是敬畏世界。

因此，批判论的显著特点不在于**上帝**的理念，而在于**根据道德法则设想**的上帝的理念。自然，我首先要问的问题是，我是如何得出这个**道德的**上帝的理念的？

仔细一看，大多数人的回答无非都是这样的：因为理论理性**太弱**，无法把握上帝，只有通过诉诸道德要求，上帝的理念才是可实现的。所以我还必须在诸道德法则下思考上帝。因此，我需要一个**道德的**上帝的理念来拯救我的道德。而因为我假定一个上帝只是为了拯救我的道德，所以这个上帝必须是一个**道德的**上帝。

因此，那个实践性的论证根据（Überzeugungsgrund）给予我的并非**上帝**的理念，而只是**道德的**上帝的理念。那么，你们从哪里得到上帝的理念呢？你们必须先有上帝的理念，才能有**道德的**上帝的理念。你们说理论理性无法把握上帝。那好吧，随你怎么说：**假定、认识、信仰**，但你无法摆脱上帝的**理念**。你究竟是如何恰恰通过实践要求得出这个理念的？原因肯定不在于**"实践需要""实践信仰"**这些神奇的词语吧？在理论哲学中不可能有这种假定，不是因为我不需要这种假设，而是因为我在任何地方都无法看出绝对因果性。

"但实践需求比理论需要更必要、更迫切。"这句话在这里无关紧要。因为一种需要，无论它多么迫切，都无法使不可能变为可能：我承认你们**目前**的需要很迫切，我只想知道你们想如何**满足**它，或者你们突然发现了什么新世界，从而**为绝对因果性腾出了地方**？

但我也不想问这个问题。就按你们说的吧！但理论理性即使找不到那个世界，既然一旦发现了，就有权占有它。理论理性本身不应该深入到绝对客体中去；但既然你们已经发现了它，你们怎么能阻止理论理性参与到这一发现之中呢？因此，理论理性恐怕必须成为一种完全不同的理性，它必须在实践理性的帮助下得到扩展，以便在它的旧领域之外接纳一个新领域。

但是，一旦有可能扩展理性的领域，我为什么还要等那么久呢？你们自己声称，理论理性也需要假定绝对因果性。但是，如果你们的需要竟能够创造新世界，为什么理论需要就不能创造新世界呢？"因为对此而言，理论理性太狭隘、太受限制了。"嗯，这正是我们想要的！然而，你们迟早会让理论理性也参与其中的。因为我要老老实实地承认，我不明白**你们**对纯粹的**实践假定**的理解。这个词的含义可能仅限于一种"当之为真"（Fürwahrhalten），这种信念和其他信念一样，在形式上是**理论性**，但就**质料**和**基础**而言是**实践性**的。但你抱怨说，对于绝对因果性来说理论理性太狭隘、太受限制了。那么，一旦实践理性为那个假定提供了根据，它又从哪里为绝对因果性获取了足够广阔的新的信念形式呢？

I, 287

给我一千个关于在我之外的绝对因果性的启示，给我一千个强化实践理性的要求，只要我的理论理性不变，我就永远无法相信它们！为了能够相信一个绝对的客体，我必须扬弃作为信仰主体的自己！①

但我不想打断你们的机械降神[Deus ex machina]！你们应当预设上帝的理念。那么，你们究竟怎么达到了**道德的**上帝的理念？

是因为应当由道德法则来在上帝的强力（Übermacht）面前庇护你们的实存吗？请注意，在你们确定与该法则相适配的**意志**之前，你们还不能承认强力。

你们想通过什么法则来达致这一意志？道德法则本身？这就是我们要问的，你们怎样才能说服自己，认为那个本质的意志适配于这个法则？最简明的办法就是提出，那个本质本身就是道德法则的制定者。仅仅这一点就与你们哲学的精神和文字相龃龉了。——抑或是，道德法则应当独立于一切意志现成地存在？那样的话，我们就陷入了宿命论（Fatalismus）的窠臼。因为一个无法用任何独立于它的现成的实际存在来解释的法则，一个既能掌控最高权力也能掌控最小权力的法则，其所具备的无非便是必然性的约束。——又或者，道德法则应当可以从我的意志出发得到解释？我是否应该为至高无上者规定一道法则？一道法则？对绝对者的限制？我，一个有限的本质？

---

① 如果有人告诉我，这些反对意见不适用于批判论，那么他并没有告诉我任何我没想到过的内容。这些反对意见不是针对批判论，而是针对**个别**批判论的解释者——针对这些人，我不说他们从批判论哲学的**精神**中学到了什么，他们只是从康德使用的一个**词**"公设"（Postulat）（他们至少应该从数学中知道这个词的意思！）中学到了，批判论中的上帝理念根本不是作为**信念**的客体，而仅仅是作为**行动**的客体被建立起来的。

"不,你不应当这样做!你的思辨只能从道德法则**出发**,你应该以这样一种方式组织你的整个体系:道德法则在先,上帝在后。一旦你深入到上帝那里,道德法则就已经准备好为其因果性设定界限,从而保全你的自由。如果有人不喜欢这一套秩序,那么好,当他对自己的实存感到绝望时,那都是他自己的错。"

我明白你的意思。但是,让我们假设有一个更聪明的人来到你身边,告诉你,但凡正确者,它的前因与后果都同等正确。那么,请你接着相信一个在你之外的绝对因果性,但也请允许我反向得出推论:对于绝对因果性来说,不存在道德法则,神性不应为你在理性上的孱弱而负责,而且,因为**你**只能通过道德法则通达神性,所以你只能用这个尺度来衡量,只能在这些限制内思考神性。总之,只要你的哲学进程是**向前**的,我很乐意把全部都让与你。但是,亲爱的朋友,如果我在与你一起走过的路上**回头**,**反向**把你们辛辛苦苦建立起来的一切都毁于一旦,请不要感到惊讶。你只能在不断的逃亡中寻求救赎:当心,不要在任何地方停下,因为在你停下的地方,我会抓住你,迫使你和我一起回头,但毁灭会发生在我们走出的每一步之前,在我们面前是天堂,在我们身后是沙漠和荒原。

好了,我的朋友,您可能已经厌倦了对新哲学的赞美,厌倦了一谈到诋毁理性的问题就不断呼吁新哲学!体系被误解或误用,沦为因循的公式和传教士的说教,从而耻辱地遭到赞美,对于哲学家来说,还有什么比这更羞耻的场面呢?如果康德只想说:亲爱的人们,你们的(理论)理性太弱,无法理解上帝,但另一方面,你们应该做一个道德上的好人,为了道德而假定一个奖励德性、惩罚恶行的本质。那么,这里还有什么是出乎意料的、不常见的、不曾听闻的、值得人们普遍骚动和祈求的呢？**亲爱的上帝，只求你保护我们不受我们朋友的伤害，因为我们的敌人，我们会自行解决**。

## 第二封信

我的朋友，如果批判论的整个体系仅仅建立在我们**认识能力**的状况之上，而不是建立在我们的原初本质本身之上，那么它就只有薄弱的武器来反对独断论。我不想提及那种至少是独断论所特有的强大吸引力，因为它的出发点不是抽象或死的原理，而是（至少从完成了的独断论来看）一种嘲弄着我们的所有言语和死的原理的**实际存在**。我只想问，如果批判论的整个体系仅仅建立在我们的认识能力之上，而我们的认识能力又被看作不同于我们的原初本质的东西，那么，批判论是否真的实现了它使人类自由的目的？

因为，如果我的原初本质本身并不要求我不承认绝对的客观性，如果只是理性的孱弱使我无法过渡到一个绝对客观的世界，那么你至少可以建立你的弱理性体系，但不要相信你因此而赋予了客观世界本身以法则。一丝一毫的独断论都会毁掉这座你用纸牌筑起的屋子。

如果在实践哲学中要实现的**不是**绝对因果性**本身**，而只是绝对因果性的**理念**，那么，你是否认为，这种因果性及其对你的作用（Wirkung），要等你付出足够的努力，直到在实践中实现了它的理念之后才会实现呢？如果你想自由地行动，你就必须在一个客观的上帝**存在之前**行动。因为，说你在行动**之后**才相信他，这是无济于事的：在你行动之前，在你相信之前，他的因果性已经摧毁了你的因果性。

但说真的，我们必须安抚孱弱的理性。**孱弱的**理性确实并不是不承认客观的上帝，而是**意愿**认识客观的上帝。因为你们相信，没有一个客观的上帝，和一个绝对客观的世界，你们就无法行动，所以，为了能更容易地从你们手上拿走这个你们的理性的玩具，就不得不为了你们理性的孱弱而哄住你们，并以这样的承诺安慰你们，"你们以后会把它拿回来的"，希望到那时你们已经学会了自己行动，并最终成为了大人。但是，这个希望何时才能实现呢？

因为第一次反对独断论的尝试只能从对**认识能力**的批判出发，你们认为你们可以大胆地把希望的破灭归咎于理性。这让你们非常满意。现在，你们如愿以偿地通过一次极端的试验，直观地看到了理性的弱点。对你们来说，被推翻的不是独断论，最多只是独断论式的哲学。因为批判论只能向你们证明你们的体系是**无法证明的**。因此，自然而然地，在对这一结果进行问责时，你们只好不是把错误归咎于独断论本身，而是归咎于你们的认识能力，并且，由于你们曾把独断论视为最理想的体系，你们会把错误归咎于认识能力的**缺陷**、**孱弱**。你们认为，独断论本身的根据比认识能力更深，它会嘲笑我们的证明。我们越是向你们证明，认识能力无法实现这一体系，你们对它的信仰就越坚定。你们在当下发现不了的东西，却转移到了未来。你们总是把认识能力看作是一件披着的外衣，当它过时了，一只从更高之处伸来的手可以任意地把它脱下来；或者看作是一个量度，人们可以任意地把它增加或减少一小格。

**缺陷**、**孱弱**，这难道不是指那些可以无限延伸的偶然限制吗？你们难道不是因为深信理性的孱弱（这真是令人惊奇的景象，现在，哲

I, 291

学家和狂热思想分子、信徒和非信徒终于在同一个点上相互致意），同时又希望有朝一日成为更高的力量的一部分吗？难道你们不是甚至在相信这种限制的同时，又承担起了利用一切手段废除这种限制的**义务**（Pflicht）吗？当然，你们要大大感谢我们对你们的体系的驳斥。现在，你们不再需要进行微妙的、难以捉摸的证明了：我们为你们开辟了一条更短的道路。你们无法证明的东西，你们可以在上面盖上实践理性的印章，并确信，你们的钱币将在人类理性尚且主宰的领域全面流通。骄傲的理性谦卑下来是件好事。它曾是自足的，现在，它认识到了自己的弱点，耐心地等待着更高之手的抚摸，这只手会带着你们——受恩宠的人——走得更远，远远胜过可怜的哲学家们一千个夜晚不眠不休的工作。

是时候了，我的朋友，是时候破除这种错觉了，是时候真正清楚、明确地宣告，批判论不仅仅是为了演绎理性的弱点，它对独断论的反对**不仅仅**在于，证明独断论是无法证明的。您自己最清楚，那些对批判论的曲解已经把我们引向何方。我赞美过去的诚实的沃尔夫主义者：谁要是不相信他的证明，就会被认为没有哲学头脑。这还不算什么！谁要是不相信我们最新哲学家的证明，谁就会沾上**道德**沦丧的诅咒。

是时候了，是进行切割的时候了，我们不会再在我们中间培养一个秘密的敌人，他在此处放下武器，在彼处又拿起新的武器，不是在理性的公开场合，而是在迷信的隐蔽之所屠戮吾侪。

是时候了，是时候向**更好**的人宣告精神之自由，永不再容许他们为失去桎梏而哀哭。

## 第三封信

我不想这样，我的朋友。我不想把这些曲解归咎于《纯粹理性批判》本身。这些曲解的**诱因**诚然来自于它，因为这是它**必然**会带来的。但过错本身在于独断论仍旧持续着的统治，它仍从它的废墟之中禁锢着人们的心灵。

这些曲解的**诱因**来自于《纯粹理性批判》，因为它只是对**认识能力**的批判，**作为**对认识能力的批判，它只能达致对独断论的**负面**的驳斥，无法走得更远。反对独断论的第一场斗争只能从独断论和更好的体系的共同点出发。两者在第一本原上是相互对立的，但它们**必须**在某个共同点上相通。因为如果不同体系间不是同时有一个共同的领域（Gebiet），就根本不会存在不同的体系。

这是哲学这一概念必然的后果。哲学不应该是一件只能让我们欣赏作者机智的艺术品。它应该呈现人类精神本身的历程，而不仅仅是个人的历程。然而，这一历程必须经过那些各个派系所共享的领域。

假若我们仅仅关注绝对者，那么不同体系之间的争论就永远不会出现。只有当我们出离于绝对者时，才会发生与绝对者的冲突，也只是缘于这种人类精神自身之中的**原初**冲突，才会产生哲学家之间的冲突。如果有朝一日，不是哲学家，而是人类，能够逃离这个他们因为出离于绝对者而陷入的领域，那么所有的哲学，以及这个领域本身，都将终结。因为只有通过那种冲突，这个领域才会产生，只有那种冲突继续存在，这个领域才具有实在性。

因此，无论谁想先着手调停**哲学家们**的争论，都必须从哲学争论本身的起点出发，或者说（这是同一个意思），从人类精神中**原初冲**

突的起点出发。然而，这个起点不是别的，正是**对于绝对者的出离**。因为，如果我们从未离开过绝对者的范围，我们就会对绝对者达成共识；如果我们从未出离于绝对者，我们就没有任何其他可争论的领域。

《纯粹理性批判》也是从这一起点上，才真正开始了它的斗争。康德在其著作的开头就提出了"综合判断在根本上如何可能？"这一问题，而这一问题也是他整个哲学的基础，是一个触及**所有**哲学真正的相通之处的问题。因为换句话说，这个问题也可以被表述为：**出离于绝对者而达致某个对立设定的东西**（ein Entgegengesetztes），**这在根本上是如何可能的？**

只有通过复多性（Vielheit）与原初统一体的冲突，才会产生**综合**。因为如果在根本上没有冲突，综合就不是必然的，在没有复多性的地方，统一体是截然地存在的（schlechthin）。但如果复多性是原初者，也不会有综合。尽管我们必定只能通过一个与复多性对立的**原初的统一体**来把握综合，但《纯粹理性批判》却无法上升到这一绝对的统一体，因为为了调停**哲学家们**的争论，它恰恰只能从那个产生了**哲学家**间的争论本身的事实出发。可是，正因如此，它也只能把那种原初综合预先设定为**认识能力**中的一个事实。在这一方面上，它所实现出的那种优越性是显著的，远远超过了缺陷的那一面。

《纯粹理性批判》不得不与独断论斗争，不是争辩那个事实本身，而是争辩应从那个事实中得出哪些结论。我的朋友，我不必向您辩护这一说法。因为您向来觉得不可把握，为什么会有人把"根本不存在综合判断"这一论断强加给独断论。您早就知道，这两个体系的分歧不在于是否存在综合判断，而在于一个更高的问题：综合判断所表达出的那个统一体的本原何在。

另一方面，**缺陷**即是近乎必然会诱发的那种误解，即导致对独断论不利的结果的，仅仅是**认知能力**。因为只要认识能力被视为主体所特有，但对其而言非必然的东西，这种误解就不可避免。但是，认识能力独立于主体自身的**本质**这一错误，无法完全通过对纯然认识能力的批判来反驳，因为，批判之所以能对主体进行考察，就必定预设了主体本身是认识能力的**客体**，从而与认识能力截然区分。

这种误解还基于如下理由变得更加不可避免：与其他任何纯然理论性的体系一样，《纯粹理性批判》只能前进到完全不做决断的地步，也就是说，它最多只能证明独断论在理论方面**不可证明**，无法再向前一步了。此外，当一种缘于漫长的传统而被神圣化了的妄想把独断论说成是在实践方面最为可期的体系时，再自然不过地，它会通过诉诸理性的孱弱来拯救自己。诚然，只要人们还停留在理论理性的领域，就无法与这种妄想作斗争。那么，谁要是能把它带入实践理性的领域，他就可以听到自由的声音吗？

## 第四封信

I, 296

是的，我的朋友，我坚信，即使是完善的批判论体系也无法在**理论方面**驳倒独断论。诚然，它在理论哲学中被推翻了，但这只是为了以更庞大的力量再次崛起。

综合判断的理论必须打败它。批判论与独断论一起，从原初综合这一二者相通的要点出发，但只能基于**认识能力**本身解释这一事实。他以令人信服的明见性证明，主体一旦进入客体的领域（**进行客观判断**），就会出离于自身，被强迫进行综合。独断论一旦承认这一点，也就必须承认不可能有绝对客观的认识，也就是说，只有在**主体的条件**下，在主体出离于自己的领域并进行综合的条件下，客体才在根本上是可认识的。它必须承认，在任何综合中，客体都不可能是绝对的，因为绝对的客体绝不容纳任何综合，换句话说，绝不容纳与之对立设定的东西所施加的条件。它必须承认，我只能通过我自己到达客体，我不可能站在我自己的肩膀上向外看。

至此，独断论在理论上被驳倒了。但是，这种综合行动还远远不是认识能力的全部。只有在两个条件下，综合才是根本上可思的：

**第一**，有一个**绝对统一体先行于**它。只有在综合本身中，亦即，只有当某些相互对立的东西、某种复多性被给予时，这一绝对统一体才转变为**经验性的**统一体。诚然，一种纯然对认识能力的批判是无法上升到这种**绝对**统一体的，因为它的终极出发点本身已经是那个综合。但由此更加确定的是，完满的体系必须从那里出发。

I, 297

**第二**，综合本身又要**终止**于一个绝对的**正题**之中，预设这一前提，一切综合都是不可思的：**正题是一切综合的目标**。不过，全部综合的这第二个条件属于对认知能力的批判必须遵循的路线，因为在这里我们谈论的是一个正题，综合并非从此正题**开始**，而是应当**终结**于正题。

现在，对认知能力的批判不能——像在完满的科学中所应实现的那样——从原初的、**先于**一切综合的绝对统一体出发，演绎出"全部综合最终都以绝对统一体为基础"这一论断。因为它未曾将自身提升至**这一点**。为此，它采用了另一种手段。因为它**预设**主体的纯然**形式性**的行动是不可置疑的，所以它试图通过全部纯然**形式性**的综合的进程，来证明全部质料性的综合的进程。它预设了这样一个事实: **逻辑**综合只有以无条件的正题为条件，才是可思的，主体不得不从有条件的判断（通过上溯推理）上升到**无条件的**判断。它不是从**两者**共同的基础性本原中演绎出全部综合的形式性和质料性进程，而是通过一者的进展来让另一者的进展变得可把握。

因此，它必须承认，理论理性必然走向无条件者，而绝对的正题，作为一切哲学的终结，必然为那创生了综合的**同一个**努力所要求：为此，它必须再次摧毁它刚刚建立起来的东西。因为只要它还留在综合的领域之内，它就胜过独断论一筹；一旦它离开这个领域（它必须离开这个领域，就像它必须进入这个领域一样），斗争就会重新开始。

如果（我必须请求您的耐心）综合应当终结于正题，那么，那个唯一令综合成为现实的**条件**就必须被取消。综合的条件正是**冲突**本身，更明确地来说，是主体与客体的冲突。

如果主体与客体之间的冲突应当停止，那么主体就必须不再被迫出离于自身，二者必须变得绝对同一，也就是说，要么主体消隐于客体，要么客体消隐于主体。如果满足了这两个要求中的一个，那么要么是主体、要么是客体将转变为**绝对的**，也就是说，综合将终结于一个正题。如果主体转变为与客体相同一，那么客体就不再以主体为条件，换言之，客体将被设定为**自在之物**、被设定为绝对，而作为**认识者**的主体将被截然地取消。①反过来说，如果客体转变为与

I, 298

---

① 我说的是**完满的**独断论。因为，有些半吊子的体系在绝对客体旁边又同时设定一个认识着的主体，这点只有对**这些**体系自己来说才是可把握的。对于那些对上述关于《纯粹理性批判》的叙述没有逐字照搬《纯粹理性批判》本身而感到恼火的人，这些信不是写给他们看的。如果有人因为没有耐心专心阅读，而觉得这些信难以理解，那也没有什么可劝告他的，他只能什么也不读，只读他从前已经**习得**（gelernt）的东西。

主体相同一，后者就会成为**自在之主体**，成为绝对主体，但作为**可认识者**，或者说作为**对象**本身的客体，就会被截然地取消。

二者必取其一。要么没有主体和绝对客体，要么没有客体和绝对主体。如何调停这一争端呢？

最重要的是，我的朋友，让我们记住，我们仍然处于理论理性的领域。但在提出这个问题时，我们已经跃出了这个领域。因为理论哲学所关注的仅仅是认识的两个条件，即主体和客体。但既然我们想去掉其中一个条件，那么我们恰恰由此离开了那个领域，并且必须把争端留在**此处**：如果想要调停这个争端，我们必须寻找一个新的领域，一个或许让我们更为适意的领域。理论理性**必然**寻求无条件者：它生产了无条件者的**理念**。作为**理论理性**，它无法实现无条件者本身，为此，它**要求**一个**行动**，一个**应当**实现无条件者的行动。

在这里，哲学进入了**要求**的领域，即**实践哲学**的领域，只有**在这里**，我们方可为在哲学开端所确立的本原判定胜负。对于理论哲学来说，这个本原并非必不可少的，如果说理论哲学构成了一个独立的领域的话。

这就是《纯粹理性批判》给予我们的启示。它表明，理论哲学无法为这一争端做出**决断**，它不是驳倒了独断论，而是在理论理性的审判台前彻底拒斥了独断论的问题；然而，在这一点上，它不仅与完满的批判论体系有共同之处，甚至与自身一致的独断论也有共同之处。独断论本身为了实现自己的要求，必须呼求理论理性之外的另一个审判台：它必须寻求另一个领域来获得裁决。

**您**谈到了独断论讨人喜欢的一面。我认为，自身一致的独断论式道德是对此最好的回应，特别是，我们迄今为止的研究进程，一定会让我们好奇于独断论在实践理性领域的争端中争取对**它**有利的结果的最后尝试。

## 第五封信

I, 300

您走在我前头，我亲爱的朋友。您认为，只有在大众化了的独断论体系中才能发现独断论讨人喜欢的一面，比如在莱布尼茨式的独断论中。另一方面，您对我关于独断论本身诉诸实践公设的论断提出了反对意见。这是一些我不能绕过的反对意见。不过，我对您上次来信的回复有些太迟，这让我几乎有些担心，您对当时的反对意见的所有兴趣都已不在了。不过，也许我再重复一遍，至少可以再唤起您的一些兴趣。

您说，至少在大多数情况下，批判论的阐释者坚持认为，《纯粹理性批判》一劳永逸地、充分地驳倒了独断论，因为《纯粹理性批判》要求指明关于客观的理知世界之实际存在的所有**理论**证明的权限。独断论的显著特点恰恰在于：那些通过对认识能力的批判性考察，被认为通过实践理性才成为可能的东西，它声称要通过理论理性来发现。因此，独断论永远不可能方便地使用实践公设，因为这样它就不再是独断论，而是必然会变成批判论。批判哲学家与独断论哲学家的区别也恰恰在于只有批判哲学家使用实践公设，因为独断论哲学家认为，如果他必须诉诸道德根据来信仰，他就是在贬低思辨理性。

我的朋友您说得很对，您断言，就**历史**来看，绝大部分批判哲学家都把从独断论到批判论的过渡想得如此简单；以至于，为了让过渡足够简单方便，他们把实践公设的方法看作一个**唯独**属于批判论的方法，并认为，单纯凭实践公设这一个名字，就足以充分地将这个体系与所有其他体系区分开。这样做还有另一个好处，那就是人们认为方法本身已经足够独特，因此就没有必要深入研究批判论体系中实践公设**独有的精神**（der eigentümliche Geist）。就仿佛，相互矛盾的体系不是恰恰可因方法而相通，完全对立的两个体系不是恰恰必然通过方法而相通一般。但是，请您允许我再往前追溯一点。

在我看来，没有什么比人们几乎普遍认为《纯粹理性批判》仅仅属于一个体系这件事，更能证明大部分人迄今为止对《纯粹理性批判》的**精神**掌握得有多么少了。因为一门理性批判的独有特征恰恰在于**这一点**：不偏向于任何一个体系，而是真正为**所有体系**确立法规（Kanon），或者至少是为此做准备。诚然，作为**所有体系**的法规，普遍的方法论自然是其必然的组成部分；但对于这样一部作品来说，最可悲的，莫过于它为**所有体系**确立的方法本身被当作了体系。

在针对这部伟大作品的目标反反复复争论了如此之久后，想要对它发表自己的看法似乎有些僭妄。但是，或许，只有从第一印象的冲击中回过神来，我们才能更加确切地回答那个给《批判》的敌人与朋友带来了诸多麻烦的问题。毕竟，在人类生活中，把拥有的前景当作拥有本身的情况并不罕见！

因此，如果我可以不怀僭妄地向你们传达我自己的信念，那就是，《纯粹理性批判》的使命绝不是单单奠定任一个**体系**，最重要地，不是奠定我在前几封信中试图描述的那种独断论和批判论的混合物。

相反，就我的理解而言，《纯粹理性批判》的使命，恰恰是从理性的本质中，推导出两种相互对立的体系的可能性，既奠定一种批判论的体系（批判论的完成），或者更正确地说，唯心论的体系，又奠定一种与这种体系相互对立的独断论或者说实在论的体系。①

当《纯粹理性批判》反对独断论（Dogmatismus）的时候，它反对的是伪独断论（Dogmaticismus），亦即，反对那种盲目地、事先不对认识能力进行考察就建立起来的独断论体系。《纯粹理性批判》教导伪独断论如何成为独断论，即如何成为一个牢固地奠定了的客观实在论体系。也许您会先行判断道，这一论断与《批判》的精神背道而驰，而您的判断对大多数人来说似乎更加自然，因为该论断似乎至少与《纯粹理性批判》的字面表述背道而驰。因此，请允许我**事先**提醒，您只需注意《纯粹理性批判》中的一个部分，尽管对它有各种争论，但这个部分迄今为止最少得到阐明：我指的是涉及**自在之物**的部分。如果有人认为《纯粹理性批判》的目的只是为了奠定批判论，那么在我看来，恰恰这一点将使《纯粹理性批判》无法摆脱自身不一致的责难。但是，如果我们假设《纯粹理性批判》并不专属于任何体系，那么我们很快就会发现它为什么让唯心论和实在论这两个体系并立的根据。因为它既适用于批判论体系，也适用于独断论

---

① 顺便说一句，我认为我们应该尽快放弃这些名称，让更具体的名称取而代之。我们为什么不即刻用这两个体系的名称来称呼它们呢——独断论是**客观实在论体系**（或主观唯心论体系），批判论是**主观实在论体系**（或客观唯心论体系）（显然，《纯粹理性批判》通过探讨以自在之物为基础的诸现象，允许客观实在论和主观实在论并存）？改善术语似乎没有什么好处，尽管对许多人甚至大多数人来说，词语比概念更重要。如果不是在《纯粹理性批判》问世之后，"批判哲学""批判论"这样的说法开始流传，人们可能会更早地放弃《纯粹理性批判》只奠定了一个体系（即所谓的批判论体系）的观点（上文中"或者更正确地说，唯心论……"与随后的"或者说实在论的……"是第二版的增补。——原编者注）。

体系，而批判论和独断论不过是体系化了的唯心论和实在论。任何人只要用心读过《批判》关于实践公设的论述，就一定会承认，《批判》为独断论留下了一块空地，在这块空地上，独断论可以坚固而长久地筑起自己的高楼。多少所谓的批判论的反对者都曾这样断言。也正是因为这个原因，他们和批判论的朋友们一样，止步于方法的外表，声称批判论与独断论的区别仅仅在于方法的不同。而所谓的批判哲学追随者又是如何回应的呢？他们中的绝大多数人都确实足够谦虚，承认他们的批判论的差异性特征仅仅在于方法，此即，对于独断论者自以为**知道**的东西，他们仅仅选择**信仰**（glauben）。而新方法的主要优点（除了这些**优点**之外，没有别的了！），仅仅在于独断论的学说通过它对道德产生了更大的影响。

那么，无论如何，就让我们的时代保留这份荣耀吧：卓越地为独断论运用了新的方法。至于完成一个完全纯粹的、与之对立的体系，那份功绩大概就要留给一个未来的时代了。无论如何，我们大概总是可以继续在独断论的体系中进行研究，只是，任何人都不要因为从《纯粹理性批判》中借用了批判论体系的准则，就把他的独断论体系当作批判论体系售卖给我们。

《批判》为两大完全相互对立的体系建立了那种实践公设的方法，它自身就不可能超越纯然的方法。由于它应当适用于全部体系，它便不可能借一个**个别**的体系来规定它**独有**的那种精神。为了保持这种方法的普遍性，就必须同时保持它的无规定性（Unbestimmtheit），从而不能把两种体系中任一种排除在外。哦，是了，要是按照时代的精神来说，康德本人必须把它应用于**新奠定**的独断论体系，而非由他**最初**奠定的批判论体系。

I, 304

《纯粹理性批判》（请允许我在结论中更进一步）是自成一类的一部作品，因为它适用于所有体系，或者说，适用于两大体系（因为所有其他体系都只是两大主要体系不同程度的复现）。而任何超越纯然的批判的尝试都只能属于两大体系中的一个。

　　《纯粹理性批判》，**就其自身而言**，必须是颠扑不破和无可辩驳的。而每一个体系，如果它配得上这个名称的话，就必须能够被一个**必然**与之对立的体系所驳斥。只要哲学存在，《纯粹理性批判》就会作为唯一的批判而屹立不倒，而每一个**体系**都要容忍另一个完全与之对立的体系。《纯粹理性批判》不受个体性的侵蚀，正因如此，它对所有体系都有效，而每个**体系**的额头上都烙着个体性的印记，因为体系的完成必然是**实践性的**（主观性的）。一种哲学越是接近体系，**自由**和**个体性**在其中所占的比重就越大，它能做出的普遍性诉求就越低。

　　只有《纯粹理性批判》才是，或者说包含着真正的知识学（die eigentliche Wissenschaftslehre）。因为它对所有**科学**（Wissenschaft）都有效。毕竟，**科学**或许可以上升至一个绝对本原，或者甚至可以说，如果它要成为一个**体系**，它就**必须**这样做。但是，**知识学**不可能建立一个唯一的绝对本原，从而成为（严格意义上的）**体系**。因为它并不包含一个绝对的本原，不是一个特定的、完成了的体系，而是应该包含所有本原和体系的法规。不过，是时候从我们的离题中返回了。

　　如果《纯粹理性批判》是所有可能体系的法规，那么它也必须从全部**体系**（System überhaupt）的理念，而不是从**特定**体系的理念中推导出实践公设的必然性。因此，如果有两个体系是绝对对立的，那么实践公设的方法就不可能只属于其中的一个体系；因为《纯粹理性批判》首先从体系本身的**理念**出发，证明任何完成了的体系——不管它管自己叫什么——都不是**知识**的对象，而唯独是实践的、必然的，但也是**无限的**行动的对象。每一个以体系的范导性理念为指导的哲学家在建立他的体系时，都已经自发地运用了《纯粹理性批判》从理性的本质中推导出的东西，尽管他们也许没有清楚地思考其根据。

也许您还记得我们的问题：斯宾诺莎为什么要用**伦理学**的体系来阐述他的哲学？他当然不是无缘无故地这么做。事实上可以这样说："他生活在他的体系中。"但他肯定认为这不仅仅是一座理论的空中楼阁，一个他这样的精神大概很难在理论的空中楼阁中找到安宁与"**知性的天堂**"，而他本人显然生活和活动在这样的天堂中。

一个知识**体系**要么必然是变戏法，是思想的游戏（要知道，没有什么比这更让那个思想严肃的人感到厌恶了），要么就必须**拥有**实在性，不是通过理论的能力，而是通过实践的能力，不是通过认识的能力，而是通过**生产性的**、**实现着的**能力，不是通过**知识**，而是**通过行动**。

"但有人会说，这正是独断论的显著特点，它关注的仅仅是纯然的思想游戏。"我很清楚，这正是那些直到现在还在以康德之名延续独断论的人使用的普遍语言。体系从来不是只靠纯然的思想游戏建成的。"这正是我们想要的，独断论的体系就**不应该**存在。唯一可能的体系是批判论的体系。"在我看来，独断论的体系和批判论的体系同等地存在着。我甚至相信，我已经在批判论本身中找到了谜底，即为什么这两种体系必然并存，为什么只要有限的本质还存在，就必然存在两种完全对立的体系,为什么最终没有人能够以**实践**以外的方式来说服自己相信任何一个体系,这也就是说,为了说服自己,他必须将其中一个体系**自主地**(in sich selbst)实现出来。

因此,我相信我也可以解释,为什么对于一个已经获得自由的、通过自己获得**他的**哲学的精神来说,没有什么比狭隘思想的专制更不能容忍的了:狭隘思想除了自己的体系之外,不能容忍任何其他体系。没有什么比听到从现在起所有哲学都将被囚禁在单一体系的枷锁中时,更能激怒一个哲学的头脑了。当他看到无穷无尽的知识摆在面前时,他感到自己从未如此伟大。他的科学之所以崇高,正是因为它永远不会完成。在他认为自己已经完成了他的体系的瞬间,他将无法忍受他自己。在那一刻,他将不再是**造物主**,而是沦为其造物的工具。①如果有其他人想强制地给他戴上这样的枷锁,这个想法还会成倍地让他难以忍受。哲学的最高尊严,恰恰在于它的一切,都系于对人类**自由**的期待。因此,对它来说,没有什么比尝试强迫它去受一个理论上普遍有效体系的限制更有害。做这种事的人可能是一个头脑精明的人,但**真正的**批判精神并不在他身上。因为批判精神恰恰是要消解那种为一切寻求证明的虚妄的激情(die eitle Demonstrirsucht),以拯救科学之自由。

因此,事先对每一个普遍有效的体系宣战的怀疑论者,对真正哲学的功绩可谓无穷。比起那让全部精神从此刻起宣誓于同一**理论**科学之象征的独断论者,他的功绩要大得多。只要他还留在自己的

---

① 只要我们还处在实现我们的体系的过程中,就只有对它的**实践的**确定性。我们完成它的努力,实现了我们关于它的知识。如果我们在某一时刻解决了我们的全部任务,那么这个体系就会成为**知识**的对象,从而不再是**自由**的对象。

界限之内，也就是说，只要他不斗胆侵犯人类自由的领域，只要他相信无限的真理，但也只是把它看作一种**无限的享受**，只要他相信真理可以由我们自己逐步前进地自主赢取，谁会不敬重他是一个真正的**哲学家**①呢？

## 第六封信

我断言，独断论和批判论这两种完全对立的体系具备同等的可能性，而且，只要所有有限本质尚未处于同一个自由层面，这两种体系就会并存。我的根据简单来说在于：这两种体系都有同样的问题，但这个问题绝非理论性地，而是只能**实践性地**——通过自由——得到解决。现在，这个问题只有两种可能的解决办法，一种导向批判论，另一种导向独断论。

I, 308

我们选择哪一种，取决于我们为自己争取到的精神自由。我们在理论上宣称自己是什么样的，我们就必须**是**那样的。但除了**努力**成为这样的人之外，没有什么能让我们自己相信我们是这样的人。这种努力让我们的知识实现在我们自己眼前，因此，**这**知识成了我们的自由的纯粹产物。我们必须通过自己的努力达到我们想要的起点：我们不可能**通过空谈理论达到那里**（hinaufvernünfteln），更不可能借助别人的空谈而达到。

---

① **哲学**，一个极好的词！如果让笔者投票，他赞成保留这个古老的词。因为在他看来，我们的全部知识永远都将是**哲学**，即永远只是逐步前进的知识，其程度的高低只归功于我们对**智慧**（Weisheit）的**爱**，而爱即我们的自由。他最不希望这个词因为下述的这种哲学而失落：这种哲学首先一力反对独断论的僭妄，拯救哲学活动的自由，这种哲学预设了，精神可以通过自身而实现自由，因此，每一个体系的奴隶都永远无法理解它。

我认为，独断论和批判论面临**同样的**问题。

这个问题是什么，我在之前的一封信中已经说过了。它并不涉及绝对者本身的存在。原因在于，关于就其自身而言的绝对者本身的争辩是不可能的。因为，在绝对者本身的领域里，除了分析性命题之外，没有什么其他命题是有效的；在这里，除了同一性法则之外，没有什么其他法则可以遵守；在这里，一切无关乎证明，只关乎分析，无关乎间接认识，只关乎直接知识；总之，**在这里**，一切都是可把握的。

本质上最**无根据**的命题，便是在人类知识之内主张绝对者的命题。因为，当其主张绝对者，它就不可能为自身给出更进一步的根据了。只要我们进入了证明的领域，我们就进入了有条件者①的领域。

---

① 近乎不可理解的是，为什么人们在批判关于上帝实际存在的证明时，竟长期地忽略了一个简单、易于把握的真理，即只有本体论证明才能证明上帝的实际存在。因为，如果上帝**存在**，那么他仅仅是**因为**他存在而存在。他的实存和他的本质必须是**同一**的。但正因为对上帝的**存在**的证明只能**从**上帝的存在中得出，所以这个独断论的证明**并非**真正意义上的证明，而"存在一个上帝"这个命题，是一个最未经证明、最无法证明与**最无根据**的命题。它无根据的程度，甚至超过批判论的最高原理"我存在"！但更让有思想的人无法忍受的是所谓关于上帝存在的**诸证明**的言论。仿佛人们对待一个只能通过自身、只能通过其绝对**统一体**才能得到把握的存在时，可以像处理一个**有不同方面的**、历史性的命题一样，从各个方面令其**可能为真**（wahrscheinlich）。当人们读到下面这样的公告时，会有何等感触：**试论关于上帝之实际存在的全新证明**。仿佛人们可以对上帝进行试验，每时每刻都有新的发现！这种尝试在可以设想的最高程度上是非哲学的，就像所有非哲学的操作一样，它们的根据在于无法（从纯然的经验性事物中）抽象出来：只是在当下的特殊情况下，其根据在于无法进行最纯粹、最高层级的抽象。他们不是将上帝的存在视为一个**绝对的**存在，而是一个并非**因自身**而绝对的**实际存在**，他被视为绝对，只是因为人们无法再了解在它之上更高的东西了。这是每个无法实行抽象的人对上帝形成的经验性概念。坚持这一概念的更多理由是**担忧**绝对存在的纯粹理念会导致斯宾诺莎式的上帝。许多哲学家为了逃避斯宾诺莎主义的恐怖，满足于一个经验性地实存的上帝，他可能会想，斯宾诺莎提出了一个作为**全部**哲学的**第一**本原的命题，而他自己只能在其体系的（转下页）

I, 309

反过来说，一旦我们进入了有条件者的领域，我们就进入了哲学问题的领域。如果认为，斯宾诺莎在哲学中唯一关心的，是他作为体系基础而建立起来的那些分析命题，那我们就大大误解了他。人们可以清楚地感受到，他本人认为自己在这些命题上所做的工作是多么有限。他被另一个谜团所困扰，那就是世界之谜，亦即"绝对者何以能够出离自身，并设定一个与自身对立的世界"这一问题。①

压在批判哲学家们心中的正是这个谜团。他的主要任务不是分析命题如何可能，而是综合命题如何可能。对他来说，没有什么比基于我们的本质本身而解释一切的哲学更容易把握的了，也没有什么比出离我们自身的哲学更难以理解的了。对他来说，在我们之中的绝对者，比一切其他的都可把握，而不可把握的，是我们何以出离于绝对者，设定某种与我们自己截然对立的东西。最可把握的，是我们如何

---

（接上页）末尾通过最费力的证明来确立这个命题！不过，他想要的也是证明上帝的**现实性**（这只能通过综合的方法来证明），而斯宾诺莎并没有证明绝对的存在，而是截然地断言了它。语言已经如此精确地区分了**现实者**（存在于感受之中的东西，它作用于我，我又反过来作用于它）、**实际存在者**（**始终**在场，即在空间和时间之中）和**存在者**（出于自身，截然地独立于一切时间条件而存在），这已足够显著了。若人们完全混淆了这些概念，又怎么会有人对笛卡尔和斯宾诺莎的意图有哪怕一丁点的了解呢？当这两位谈论绝对存在的时候，我们却把我们对于现实性的概念，或者充其量是对**实际存在**的纯粹概念强加给了他们：一个虽然纯粹，但仅仅在现象世界中有效、在其之外完全空洞的概念。尽管那个理念在我们所处的这个经验性的时代似已完全失落，但它仍然作为古代最神圣的理念（τὸ ὄν）存在于斯宾诺莎和笛卡尔的体系中，存在于柏拉图的不朽著作中。不过，如果我们这个时代再次提升到了那一理念，那么我们的时代陷入那种自负的妄想，认为人类以前从未有过这种理念，也便不是不可能的了（原稿中"我们对于现实性的概念"作"我们对于现实性的粗鄙概念"——原编者注）。

① 这个问题是故意这样表述的。作者知道斯宾诺莎只断言绝对客体的**内在因果性**。但下文将证明，他之所以这样断言，只是因为对他而言无法把握的是，绝对者何以可能出离自身。也就是说，因为他尽管能够提出这个问题，却无法解决它。

单纯根据同一律规定一切，最让人捉摸不透的，是我们如何规定超越这一法则以外的任何事物。

在我看来，这种不可把握性对于批判论和独断论来说，在理论上都是无法解决的。

批判论的确可以证明综合命题**在经验的领域中**的必然性。但就前述问题而言，这能为我们带来什么呢？我追问，为什么在根本上存在一个经验的领域？任何我对这个问题所能给出的回答，都以经验世界本身的实际存在为前提。因此，为了能够回答这个问题，我们首先必须离开经验领域；但一旦我们离开了这个领域，问题本身也就不复存在了。从而，除了亚历山大解开戈耳狄俄斯之结的方法，即取消这个问题本身之外，我们别无他法。因此，它是截然无法回答的。因为回答它的方式，就是不再提出它。

但现在已经很明显了，对这一问题的解决不再是理论性的，而必然是**实践性的**。因为，为了能够回答这个问题，我必须自己离开经验的领域，换言之，我必须为我自己扬弃经验世界的限制，我必须不再是一个有限的本质。

由此，那个**理论问题**必然成为一个**实践的公设**，这个一切哲学的问题必然把我们引向一个要求，一个只有在一切经验之外才能满足的要求。但正是这样，它也必然把我引向一切**知识**的限制之外，通向一片无法**找到**任何已稳固的土地的地带：我必须首先自己将其**创造**出来，才能稳固地立在上面。

当然，理论理性可以试图离开知识领域，看看能不能碰运气发现些别的什么。但这样做除了会在徒劳的凭空幻想中迷失自己之外，不会有任何收获，因为凭空幻想不会让它实在地获得些什么。如果要避免这种冒险,它首先必须先行在其**知识**的尽头,自己**创造**一个新的领域。这就是说,它必须从纯然进行着认识的理性变成**创造性**(schöpferisch)的理性,从理论理性变成实践理性。

然而,这种转向**实践**的必然性,适用于理性**本身**,而不适用于特定的、被囚禁在个别体系桎梏中的理性。

独断论和批判论,无论它们从何其不同的本原出发,都必须在一个点上,在同一个问题上交汇。只有到了此时,二者才到了真正分离的时候;只有此时,他们才意识到,他们迄今为止所预设的本原不过是一种**预先期许**(Prolepsis),而此时才是对其做出判断的时候。只有到了此时,他们才发现,他们迄今为止提出的所有命题,都是**截然**(schlechthin)的命题,亦即,无根据地断定的命题。现在,他们已经进入了一个新的领域,进入了**进行实现活动的**(realisierend)理性的领域,此时应当揭示出的,是他们是否有能力,**赋予**那些命题以实在性。只有到这时,我们才能做出决断,看出他们是否能够通过其**自由**的自主力量,在纷扰争端中坚持那些原理,就像他们在普遍和平①的领域中做到的一般。在绝对者的领域,批判论不能追随独断论,独断论也不能反过来追随批判论,因为在那个领域内,对二者来说唯一可能的,就是做出一个绝对的**断言**。相互对立的体系对于对方的断言不屑一顾,对于矛盾的体系而言,这种断言则**没有任何决定作用**。只有此时,在这个两者相遇的时刻,任何一方都不能忽视另一方,因为以前,他们所占有的,都是不受侵扰、没有对抗地获得的,现在,他们要通过一场**胜利**,才能**赢得**某些东西。

---

① 通过绝对的、无功勋的力量(第一版附释)。

如果认为胜利只取决于自己的体系所依据的诸本原,只取决于自己最初为了拯救这一个或另一个体系而确立的本原,那一切将是徒劳的。这里需要的不是这样一种戏法,因为到头来,人们只会重新发现自己当初——十足机智地——为了发现而提前准备好的东西。不能认为,我们**截然地**建立的理论主张应当迫使我们的自由做出这样或那样的决定(这将是盲目的独断论)。一旦陷入争端,那些最初建立的本原毋宁就不再**自在自为地**有效。只有现在才能实践性地、通过我们的自由决定这些本原是否有效。或者毋宁说,我们的理论思辨以一个不可避免的循环,预先假定了我们的自由在之后的纷扰争端中将要坚持的东西。如果我们想建立一个体系、一些本原,那么我们只有通过对实践决断的**预期**才能做到这一点。如果我们的自由在此之前没有做出相关的决断,我们就不会建立那些本原。在我们的知识的开端,它们无非是一些预先期许的断言,或者说——如雅各比在某个地方足够混淆、笨拙地(如他自己提到的),但也并非毫无哲学性地表达的一般——一些**原初的、无法逾越的前见**。

I, 313

因此,任何哲学家都不会想象仅仅通过建立诸最高本原就可以成就**一切**。因为这些本原本身作为他的体系的基础只具有主观的价值,也就是说,只有当他预期到**他自己的**实践决断时,这些本原才对**他**有效。

# 第七封信

我越来越接近目标了。只要我们了解了独断论的道德与其他任何道德一样需要解决的问题,我们就更能把握独断论的道德。

所有哲学的主要任务都在于解决世界实际存在的问题：所有哲学家都致力于解决这个问题，无论他们对问题本身的表达有多么不同。谁想唤起哲学的精神，就必须在此处唤起它。

当莱辛问雅各比他认为斯宾诺莎主义的精神是什么时，雅各比回答说：无非是古老的"无中生无"[a nihilo nihil fit]，斯宾诺莎采用了一些比卡巴拉哲学家（die philosophierenden Kabbalisten）或之前的其他人更抽象纯粹的概念来思考这个问题。借助着这些更抽象纯粹的概念，他发现，不管运用哪些图型或语词，只要设想无限者之中的产生（Entstehen），就总是意味着**有某物从无中被设定**。"**因此，他拒绝一切从无限者向有限者的过渡**"，在根本上拒绝一切外因（causas transitorias）。取代了流溢本原的位置的是一个**内在**的本原，是寓于世界内部的、自身永恒不变的原因，它与它的全部后果在整体上是同一的。①——我不认为有比这更好的对斯宾诺莎主义的精神的概括了。但我相信，从无限者到有限者的过渡是**所有哲学**的问题，而不仅仅是某个体系的问题。我甚至认为，斯宾诺莎的解决方案是唯一可能的解决方案，只不过，它必须通过他的体系获得它的阐明，而这一阐明也只属于**这一**体系。另外的体系，会为该解决方案提供另外的阐明。

我听到您说："这句话本身就需要被阐明。"我将尽我所能，给

I, 314

---

① 从"无非是……"开始，到"……是同一的"结束的文段是谢林对雅各比1785年出版的《论斯宾诺莎的学说——致门德尔松先生的书信》（*Über die Lehre des Spinoza, in Briefen an Herrn Moses Mendelssohn*）的复述，雅各比在1789年重新出版了此书并做出了增补。雅各比相关思想可参见：F. H. Jacobi, *Über die Lehre des Spinoza in Briefen an den Herrn Moses Mendelssohn*, Hamburg: Felix Meiner, 2000, S. 24。——译者注

出我的阐明。

**不存在**可以**实现**从无限者到有限者的过渡的体系。因为，诚然，单纯的思想游戏在任何地方都是可能的，但它在任何地方都没有什么用处。任何体系都无法**填补**两者之间的鸿沟。我把这一点看作——不是批判哲学的，而是——《纯粹理性批判》的结果，并将其当作预设。《纯粹理性批判》对于独断论与批判论同等地适用，也必然同等地明见。

理性希望实现从无限者到有限者的过渡，从而使其认识达到统一。它想找到无限者与有限者之间的中间环节，以便将二者联结为同一个知识的统一体。它不可能找到这个中间环节，但它不会因此而放弃它对于认识的统一体的最高关切，而是转而截然地**意愿**它不再需要这个中间环节。因此，它实现这一过渡的努力，就转变为一种绝对的要求：**不应当存在**从无限者到有限者的过渡。这一要求和与其相对立的要求是多么不同：**应当存在**这样的过渡！后一要求是超越的，它要指挥它的力量达到它所不能通达之处。① 它是那种盲目的独断论的要求。反之，**前一个要求是内在的**，它的**意愿**是：我不应当允许任何过渡。在这同一个公设上，独断论和批判论结合为一。

哲学尽管不能从无限者过渡到有限者，但可以反其道而行之，从有限者过渡到无限者。那种不允许从无限者过渡到有限者的努力，将由此成为两者的中间环节，也是人类认识的中间环节。为了避免从无限者过渡到有限者，有限者本身就应该趋向于无限者，以永恒的努力，寻求让自身消隐在无限者之中。

----

① 达到无限者的领域（第一版附释）。

此刻，对我们来说，光才终于朗照在了斯宾诺莎的《伦理学》之上。引导他得出问题的解决方案的并不仅仅是**理论上**的必要性，也不仅仅是"无中生无"这一思想的后果：不存在从无限者到有限者的过渡，世界没有外因，只有寓于内部的原因。他的解决方案归功于在他的整个哲学中都能听到的同一句实践格言，只不过斯宾诺莎是按照**他**的体系来阐明这一命题的。

他从一个无限的实体，一个绝对的对象出发。"不应当存在从无限者到有限者的过渡"，这是所有哲学的要求。斯宾诺莎按照他的本原阐明了这一点：有限者与无限者的区别只在于其限制，所有实存的东西都应当只是同一个无限者的样式。因此，不应当有过渡，不应当有冲突，只应当**要求**有限者**努力**追求转变为与无限者相同一，消亡于绝对客体的无限性之中。

我的朋友，您要问，斯宾诺莎怎么能忍受这种要求中包含的矛盾呢？诚然，他感到，只要他必须像在自由之体系中那样地重视**主体**，那么"毁灭你自己"这一诫命就无法实现。但是斯宾诺莎意愿的恰恰是这一点。**他的**自我不应当是他的私人所有，而是应当从属于无限的实在性。

**如此这般的**主体可能毁灭自己。因为，为了能够毁灭自己，它必须在自己的毁灭中持存。但斯宾诺莎并不承认**如此这般的**主体。在斯宾诺莎本人那里，早在提出那个公设之前，他就已经取消了主体本身这一概念。

若说主体——作为客体——对斯宾诺莎来说有其独立的因果性的话，那么"你当自我消隐于绝对者"这一要求便包含着矛盾。但斯宾诺莎恰恰取消了**自我**的独立因果性，而**自我**正是通过这种独立因

I, 316

果性才成其为自我的。当他要求主体应在绝对者中自我消隐，他便与此同时**要求**着主观因果性与绝对因果性的同一，此时他所做出的，是一个实践性的决断：有限世界不过是无限者的样式，有限因果性不过是无限因果性的样式。

这个要求的满足，不是来自主体自身的因果性，而是来自一个在他之中的、陌异的因果性。换言之，这个要求无非是这样的：在绝对因果性中毁灭自己吧。或者：**截然地**让自己去承受绝对因果性！

有限的因果性不应是在本原方面，而是因其受到的限制才与无限的因果性相区分。在无限者中占主导地位的因果性，应当在每一个有限本质中占据主导。如果说，绝对者中的因果性导向的是对于一切有限性的**绝对**否定，那么有限者中的因果性应导向对于一切有限性的经验性否定，此即，在时间中**逐步前进地**创造出的对于有限性的否定。如果**有限的因果性**（斯宾诺莎进一步的推论必然是如此）已经解决了它的全部任务，那么它就会与绝对的因果性相同一，因为它已经消灭了它的限制。而限制，正是有限因果性与绝对因果性的全部区别。

朋友，让我们沉默地止步此处，感慨斯宾诺莎在完成他的体系时流露出的平静。或许，唯独在对无限者的**爱**中，他才寻得了这份平静。以这样一副形象，他心甘情愿地忍受那个令其体系沉默止步的想法。谁又能为此责怪他澄明的精神呢？

## 第八封信

在谈到独断论的道德本原时，我相信我正处于一切可能的狂热思想的中心。古代最神圣的思想，与由人类的愚蠢所诞下的怪胎在此处相遇。"回归神性，回归一切实存的原初源泉，与绝对者结合为一，毁灭你的自我。"这难道不是所有狂热思想的哲学的本原？只不过不同的人根据自己的精神和思维方式对它进行了诠释、阐明和形象包装罢了。一切狂热思想的历史的本原都可在此处找到。

您说，"我明白斯宾诺莎是如何掩盖其道德本原的矛盾。但即便如此，斯宾诺莎明朗（heiter）的精神（他的整个生活和他的全部著作都洋溢着明朗的柔和之光）怎么可能承受这样一个破坏性、毁灭性的本原呢？"我无法以别的方式回答您的问题，除了请您阅读他在**这一**方面的著作，您自己会找到问题的答案。

一种自然的、不可避免的错觉，使他和所有信仰这一错觉的高尚精神甘愿忍受那个本原。于他而言，对绝对者的理智直观是最高的东西，是一个有限本质所能提升到的最高的认识层次，是精神的真正生命。① 如果理智直观的理念不是从他的自我直观

---

① 在斯宾诺莎看来，所有充分的，亦即直接的认识，都是对神的属性的直观。斯宾诺莎的《伦理学》（就其是一门伦理学而言）所诉诸的首要命题就是下述命题，《伦理学》第二部分，命题四十七："人的心灵具有神的永恒无限的本质的正确知识。"[mens humana habet adaequatam cognitionem aeternae et infinitae essentiae Dei.]（中译文参见[荷兰]斯宾诺莎：《伦理学》，贺麟译，商务印书馆，1997年，第86页。——译者注）从这种对上帝的直观中，他产生了对于上帝的理智之爱，他把这种爱描述为接近至高的永福（Seligkeit）境界。在第五部分的命题三十六中他说道："心灵对神的理智的爱，就是神借以爱它自身的无限的爱。"[Mentis erga Deum amor intellectualis pars est infiniti amoris, quo Deus se ipsum amat.]（谢林在此所引用的《伦理学》文本与目前通行的版本不同，中译文根据谢林引文的出入之处有所调整，参见[荷兰]斯宾诺莎：《伦理学》，贺麟译，商务印书馆，1997年，第260页。——译者注）第五部分，命题二十五："心灵的最高努力和心灵的最高德性，都在于依据第三种知识来理解事物，第三种知识来自对于神的属性的充分观念。"[Summus mentis conatus summaque virtus est, res intelligere tertio genere, quod procedit ab adaequata idea divinorum attributorum.]（谢林在此所引用的《伦理学》[转下页]

（Selbstanschauung）而来，他又能从何处创造出这一理念呢？只消自己去读一读斯宾诺莎，人们就会对这一点深信不疑。①

在我们所有人之中，都潜藏着一种隐秘而奇异的能力。借助它，我们将自身从时间的更替中抽离出来，回归我们最内在的、脱离于一切外在所予的自我（Selbst），在那里，我们以不变的形式，直观我们内在的永恒。这种直观是最内在、最本己的经验，我们对超感性世界的一切知识和信念都依赖于这种经验。正是这种直观让我们相信，有某种在真正意义上**存在**的东西，而其他一切只是**现象**，我们只是将存在这个词**转移**（übertragen）给了它们。这种直观不同于一切的感性直观，因为它必须通过**自由**被创造。如果人的自由被客体穿透性的力量所压制，以致几乎不能产生意识，那么这种直观对他而言便是陌异与未知的。但是，即使对于那些不具备这种自我直观的自

I, 318

---

[接上页]文本与目前通行的版本不同，中译文根据谢林引文的出入之处有所调整，参见[荷兰]斯宾诺莎：《伦理学》，贺麟译，商务印书馆，1997年，第255页。——译者注）第五部分，命题二十七："从这种知识可以产生心灵的最高满足。"[Ex hoc cognitionis genere summa, quae dari potest, mentis acquiescentia oritur.]（谢林在此所引用的《伦理学》文本与目前通行的版本不同，中译文根据谢林引文的出入之处有所调整，参见[荷兰]斯宾诺莎：《伦理学》，贺麟译，商务印书馆，1997年，第256页。——译者注）第五部分，命题三十六，附释："我们可以明白了解我们的得救、幸福或自由何在了，即在于对神的永恒的爱。"[Clare intelligimus, qua in re nostra salus, seu beatitudo seu libertas consistit, nempe in aeterno erga Deum amore]（谢林在此所引用的《伦理学》文本与目前通行的版本不同，中译文根据谢林引文的出入之处有所调整，参见[荷兰]斯宾诺莎：《伦理学》，贺麟译，商务印书馆，1997年，第261页。——译者注）

① 第五部分，命题三十："我们的心灵只要能**在永恒的形式下**认识**它自身**，就必然具有对于神的知识，并且知道它是在神之内，通过神而被认识。"[Mens nostra, quatenus *se sub Aeternitatis specie* cognoscit, eatenus Dei cognitionem necessario habet, scitque, se in Deo esse et per Deum concipi.]（谢林在此所引用的《伦理学》文本与目前通行的版本不同，中译文根据谢林引文的出入之处有所调整，参见[荷兰]斯宾诺莎：《伦理学》，贺麟译，商务印书馆，1997年，第257页。——译者注）

由的人来说，至少也有一种近似于它的间接经验，一种让他憧憬这一直观实际存在的间接经验。有一种独特的深邃之思（Tiefsinn）是人们自己无法意识到的，我们每每努力试图追寻它，都徒劳而返。雅各比就曾描述过它。一种完满的美学（从其古老的意义上理解这个词）也会唤起一些**经验性的**行动，而这些行动只能被解释为对那种理智行动的**模仿**，用柏拉图的语言来说，如果我们不曾在理智世界（intellektuale Welt）中直观过它们的原型（Vorbild），那么这些行动将是完全不可理解的。

我们的一切知识都必须"来自**经验**"，来自直接经验：这是许多哲学家已经表述过的真理，这些哲学家只是因为尚且缺乏对于那种直观的种的阐明，才未能达到全部真理。由于与客体相关的每一种经验都是以另一种与客体相关的经验为中介的，所谓知识来自经验，指的毋宁是我们的知识必须来自最狭义的**直接经验**，即由我们自主创造的、独立于一切客观因果性的经验。只有这种本原（直观和经验）可以给死气沉沉、毫无灵魂的体系注入生命。即便我们的认识所把玩的最抽象的概念，也依赖于指向生命与实际存在的经验。

当我们不再是我们自己的**客体**时，当我们回归自身，以致我们进行直观的自我与被直观的自我相同一时，这种理智直观就发生了。在这个直观的时刻，时间和绵延对我来说消失了：不是**我们**在时间中，而是时间——更准确来说不是时间，而是纯粹绝对的永恒性——**在我们之中**。不是我们在直观着客观世界，而是客观世界消隐于我们的直观之中。

斯宾诺莎客体化了这种自我直观。当斯宾诺莎在自身中直观理智性东西时,绝对者对他来说**不再是客体**。这是一种容纳两种不同诠释的**经验**:要么说他转变为与绝对者同一,要么说绝对者转变为与他同一了。在后一种情况下,理智直观是他的自我直观,在第一种情况下,理智直观是对于一个绝对**客体**的直观。斯宾诺莎实行的是后一种情况。他相信,他自己与绝对客体转变为同一,并消隐于其无限性之中。

由于他相信这一点,他便陷入了错觉。并不是他在直观着绝对客体,恰恰相反,在他的自我直观中,对他而言,一切可称为客观性的东西都消失了。诚然,他之所以能够忍受"自我消亡于绝对客体"这一想法,正是因为这种想法是通过错觉而产生的①,因为这种错觉无从破灭②,他才愈发地能忍受这一想法。

如果狂热思想分子不是始终把他的自我摆到神的位置上,他或许就不会沉溺于被神性的深渊吞噬的想法。如果一个神秘主义者(Mystiker)不是每次都把他的自我当作毁灭的基体(Substrat),他就难以思考自己的毁灭。这种处处总是要想到**自己**的必然性,对于狂热思想分子,与对于斯宾诺莎,都起了引导作用。当他直观到自己**消亡**于绝对客体之中,他就还在直观着**他自己**。他无法思想自己的**毁灭**,而不同时将自己设想为实存着的。③

I, 320

---

① 是**虚假的**,是错觉的结果(据第一版)。
② 因为人如果要毁灭它,就必须毁灭自己(第一版附释)。
③ 我们之所以永远无法摆脱我们的自我,唯一的原因在于我们的本质具有绝对的自由,因此我们内在的**自我**不可能是一个**物**,一个能够被客观地规定的**事物**。因此,我们的自我永远不能被把握为一个表象序列的中间环节,而是每次都是作为维系整个表象序列的第一个环节出现在每一个序列之前。行动的自我虽然在每个个别事件中都是**受到规定**的,但同时也是**不受规定**的,因为它逸出每一**客观规定**,仅仅只能**通过自身**被规定。(转下页)

在这里,我的朋友,我们看到了一切狂热思想的本原。如果狂热思想产生,并成为体系,那无非是来自于对理智直观的客体化:人们把自我直观当作对外在于自身的客体的直观,把对于内在的理智世界的直观当作对于一个外在于自己的超感性世界的直观。

这种错觉在古代哲学的所有狂热思想中都有所体现。所有的哲学家,甚至是最古老的哲学家,似乎都至少**感觉**到,必须存在一种绝对境界(absoluter Zustand),在这种境界中,我们纯粹地只对于自己而在场,完满自足,不需要客观世界,由此,我们不受客观世界限制,过着一种更高的生活。他们都把这种理智存在的境界转移到了自身之外。他们感觉,他们自己中那个更好的部分正在不断地向这种境界努力,但却永远无法完全达到。因此,他们把这种境界看作是自

---

(接上页)换言之,它既是**被规定者**,也是**行规定者**。

行动的自我必然要从每一客观规定中将自己的自我拯救出来,因此总是处处想着**他自己**。这种必然性可以在两类经验中得到证明。这两种经验相互矛盾,但是都非常常见。我们常常把愉快的感觉与死亡和非存在的想法联系在一起,原因无他,唯独因为我们预先假定了对这种非存在的享受,也就是说,即使在非存在中,我们的自我也会继续存在。相反,我们也会把不愉快的感觉与"非存在"的想法相联系。"生存,还是毁灭"(To be or not to be),如果我只能设想我完全的不存在,那么这个问题对于我的感受而言是完全两可的。因为,与非存在的碰撞不会让我感到恐惧,只要我不必担心我的自我、我的感受在我不存在后还会存续的话。斯特恩(Laurence Sterne)有过绝妙的感叹:"死亡啊!如果我害怕你的话,那么我就是一个傻瓜!因为,只要**我存在,你就不存在**,而如果**你存在,那么我就不存在了**!"这或许是完全正确的,只要我寄希望于,我将在某个时候不存在。但是我担忧,在我不再存在的时候,我仍存在。这就是为什么对不存在的思考不仅令人恐惧,而且令人痛苦,因为为了思考我的不存在,我必须同时思考我自己的实存,从而必然陷入一种**矛盾**的思考。因此,如果我真的惧怕不存在,那么我惧怕的不是不存在,而是我在不存在之后还**实际存在**:我愿意不实际存在,只是我不想感受到我的不存在。我只是不希望拥有一个不是实际存在的实际存在。因此,正如一位诙谐的评论家(**巴格森**)针对斯特恩的感叹所说的,我恐惧的只是对于**实际存在的表达的匮乏**,实际上,这种匮乏就好比一种在非存在处的实际存在。

己中更好的部分所渴望的终极目标。但是，由于他们把这种境界置于自身之外，他们无法**从自身出发**来解释对这种境界的努力追求，他们只能客观化地、历史地来解释这种努力。由此，才有了古代哲学的那些虚构：灵魂在当下境况以前，曾生活在一个永福（selig）境界当中，后来，作为对过去罪行的惩罚①，它才被驱逐出这个世界，关进了客观世界的地牢。

我的朋友您现在大概明白了，斯宾诺莎为什么能如此欣喜，甚至满怀激情地谈论那种绝对的境界。他并不认为自己**迷失**在那种境界中，而只是他的人格发展到了那个境界！还有什么能比他用来结束他的整个伦理学的那个命题更崇高呢：**永福不是德性的报酬，而是德性自身**！在他从他的自我直观中呈现出来的那种理智状态里，我们内心的一切冲突都平息了；一切斗争，甚至是最高尚的斗争，即道德斗争，都停止了；一切感性和理性在道德性与幸福（Glückseligkeit）之间无可避免地形成的矛盾，都消解了。

**道德性**本身不可能是最高的，它只能是对绝对境界的一种接近，只能是对绝对自由的一种努力追求，绝对自由不背离任何法则，除了它自身本质中永恒不变的法则之外，它也不承认任何其他法则。如果说**幸福**应当在道德上是可能的，那么它只能被视为对永福（Seligkeit）的一种**接近**，而永福与道德不再有任何**区别**，正因如

I, 322

---

① 这也是一种试图让从绝对者到有条件者、从无限制者到有限制者的过渡成为可能的尝试，这种尝试可能起源很早，值得尊重，因为至少，它预设了它所**感觉到的**对解释的需要。但是，与所有最古老的哲学尝试一样，这种尝试也仅仅满足于历史性的解释。因为这正是问题所在：我们是如何从绝对完善的状态进入不完善的状态（道德犯罪）的？不过，这个尝试诚然包含着真理，因为它从**道德**的角度解释了这种转变：第一次犯罪也是走出永福境界的第一步。

此，它也不再可能是德性的**报酬**。只要我们还相信作为报酬的幸福，我们就已预设了，幸福和道德、感性和理性是相互冲突的本原。但我们不**应当**这样做，这种冲突应当截然地停止。

幸福是一种被动状态；我们**越幸福**，我们相对于客观世界就越被动。我们越自由，越接近合乎理性，就越不需要幸福，因为幸福是指幸福不是出于我们自己，而是出于**运气**（Glück）。我们对幸福的概念越纯粹，我们越是逐渐从幸福的概念中抽离出外在对象和感官享乐所带来的一切，幸福就越接近道德，就越不再是**幸福**。

一切关于作为报酬的幸福的理念，无非是一种道德错觉，一张收买你这个经验性世界中的人暂时放弃感性享乐的支票，然而，只有当你自己不再需要进行支付时，它才能兑现。说到底，你把这种幸福类比为你现在牺牲的那些享乐，把它看成那些享乐的总体。现在，请你敢于克服自己、敢于初次蹒跚学步，走向德行：第二步会容易得多。如果你继续走下去，你会惊讶地发现，你所期望的**那种**为你的奉献提供报酬的幸福对你来说已不再有任何价值。幸福①被有意地推迟到了那个时间点，那个你已长大**成人**，足够为你自己羞愧的那个时间点。我说，要为此感到羞愧：因为如果你永远无法超越感性的幸福理想，那还不如理性从未对你开过口。

不再需要幸福的**报酬**是理性的要求，就像要求变得更加理性、独立和自由一样。因为，除非我们用一种与一般语言运用相悖的方式来阐明报酬的概念（理性与幸福怎么会同时发生？），否则，只要幸福还能予我们**报酬**，那么这种幸福将恰恰因此是一种在理性本质

---

① 你那受经验性刺激的理性的玩具（第一版附释）。

眼中不再有价值的幸福。如一位古代作者所说，我们是否应该认为不朽的神灵是不幸的，因为他们没有资本、没有土地、没有奴隶？难道我们不应该赞美他们是唯一的永福者，因为唯有他们因天性的崇高而已经失去了所有这些东西吗？我们的理念所能达到的最高者显然是一种截然自足的、仅仅享受于其自身存在的本质，在这种本质中，**一切被动性都不复存在**，这种本质绝不承受（leiden），甚至不承受任何**法则**，它仅仅根据自身的**存在**而绝对自由地行动，它的唯一法则就是自身的本质。在谈到这一理念时，笛卡尔和斯宾诺莎几乎是唯一可以提及的名字！很少有人理解你们，更少有人**意愿**理解你们。

笛卡尔说，至高本质不可能按照合理性的根据行事。因为，斯宾诺莎补充道，在这种情况下，它的行动方式就不是**绝对**的，而是以它对理性法则的认识**为条件**。我们的纯粹存在、我们的绝对本质所无法解释的一切，都是由被动性规定的。我们一旦出离了自我，就会陷入受动的状态。然而，理性并不能通过我们的绝对存在而得到把握，而是只能通过绝对者在我们之中的**限制**。我们更不能在绝对者处设想道德法则。因为道德法则**就其自身而言**，是通过一个"**应然**"来宣布的，也就是说，它预设了偏离道德法则的可能性，预设了善与恶的概念。诚然，在绝对者中，无论后者或是前者都是不可设想的。

I, 324

甚至希腊人的感性也主张，**永福诸神**[μάκαρες θεοί]必须摆脱法则的一切束缚才能成为永福者，而可怜的凡人[aegri mortales]却在法则的约束下呻吟。但是，希腊神话本身通过哀叹人类之任意（Willkür）所受到的限制，无限地**颂扬**了人性。它正是借此将**道德上的自由**保留给了人类，而留给诸神的仅仅是**身体上的**自由。因为那种为了永福而要求绝对自由的感性，除了任意以外，无法被设想为别的什么。

**哪里有绝对自由，哪里就有绝对永福**，反之亦然。但是在**绝对**自由中，自我意识是不可设想的。一个不再有客体和阻碍的活动永远不会回返到自身之中。只有通过回返自身，才会产生**意识**。对于我们来说，只有被**限制**的实在性，才是**现实性**。

阻碍停止之处，是无限广延（Ausdehnung）。但是我们的意识的内涵（Intension）和我们的存在的外延（Extension）处在相反的关系之中。对于我们来说，存在的最高环节就是向非存在的过渡，亦即**毁灭**的环节。在此处，在绝对存在的环节中，最高的被动性和无限制的主动性相结合为一：绝对的平静，完满的伊壁鸠鲁主义（Epikureismus）。

I, 325

我们从理智直观中醒来，如同从死亡中苏醒。我们通过**反思**而苏醒，亦即，苏醒是因为我们不得不回返自身。但是，没有阻碍，就没有回返，没有**客体**，反思便不可设想。**纯然**指向客体的活动，被称作活的；迷失于自身之中的活动，被称作死的。然而，人既不应该是无生命的，也不应该仅仅是有生命的本质。他的活动必然指向客体，但同样也必然回返自身。**前者**使人有别于无生命的本质，**后者**使人有别于单纯有生命的（动物性的）本质。

一般来说，**直观**被解释为最直接的经验。就**事情本身**而言，这是非常正确的。但是，越是直接的经验就越接近于消失。即使是**感性**直观，纯然作为感性直观而言，也是接近于虚无的。如果我继续把它当作直观，那么我就不再是一个**自我**。我必须用力抓住自己，才能把自己从直观的幽深当中拯救出来。但是，只要直观指向对象，也就是说，只要直观是感性的，我们就不会有迷失自我的危险。自我发现了阻碍，就**不得不**将自身与之对立，也就是回返到自身之中。但是，当感性直观停止，当一切客观性东西消失，就只有无限的广延，而不会回返自身。如果我继续进行理智直观，我就不再活着。我将"从时间进入永恒"！①

一位法国哲学家说，自从人类堕落（Sündenfall）以来，我们就不再直观**自在之物**了。如果这句话具有任何合乎理性的意义，那么他一定是在柏拉图的意义上将堕落理解为对绝对境界的出离。但在这种情况下，他更应该反过来说：自从我们不再直观自在之物，我们就是堕落的本质。因为，如果"**自在之物**"这个词应该是有意义的，那么它只能意味着某种不再对我们而言是**客体**的东西，它不再为我们的活动制造阻碍。现在，正是对客观世界的直观把我们从理智的自我直观中、从永福境界中拉扯出来。**因此**，孔狄亚克②可以说：只要世界对我们来说不再是自在之物，只要理念实在性（idealische Realität）转变为**客观的**，只要理智世界转变为我们的**客体**，我们就跌落出永福境界了。

这些理念奇妙地贯穿了各个民族和时代的所有狂热思想。就其客观化了理智直观而言，完满的独断论与卡巴拉派、婆罗门派、中国

---

① 此处谢林引用的典故应当是康德1794年发表的文章《论万物的终结》（*Das Ende aller Dinge*）的开篇文句："主要是在虔诚的语言中，有一种流行的说法，即让一个临死的人说：他要从时间进入永恒。"中译文参见[德]康德：《康德历史哲学文集》，李秋零译注，中国人民大学出版社，2016年，第102页。——译者注

② 埃蒂昂内·博诺·德·孔狄亚克（Étienne Bonnot de Condillac, 1714—1780），法国哲学家、经济学家，启蒙运动的领袖人物之一，其关于以知觉为本原的认识论体系化构想对德国古典哲学产生了很大影响。——译者注

哲学家以及新的神秘主义者的所有狂热思想只有外在形式的差异，在本原方面，他们是统一的。不同的只是外在形式；在本原上，他们是一致的。只不过，在这之中，一部分中国先哲因为他们的**真诚**而比其他人优越得多，因为他承认，最高的善、绝对永福在虚无之中。①因为，如果虚无意味着完全非**客体**的东西，那么虚无一定就出现在那非客体（Nicht-Objekt）被当作客体直观之处，此即，一切思想和知性所出发之处。

也许我让您想起了莱辛的自白，他说他把无限本质的理念与无限**无聊**（Langeweile）的理念联系在一起，这让他感到恐惧和悲哀，或者我也让您想起了那句（亵渎神明的）感叹：为了世间万物，我无意于永福。②

## 第九封信

你的问题并不出人意料。甚至，我在上一封信中也已提到了这个问题。倘若批判论像独断论一般，也逾越人类之**使命**（Bestimmung）的范围，尝试把终极目的设想为可实现的，那么批判论就和独断论一样，也应被指控为陷入狂热思想。但是，请允许我再往前追溯一点。

如果不再受客体限制、完全绝对的活动不再被任何意识伴随；如果无限制的活动等同于绝对静止；如果存在的最高环节最逼近非

---

① 参见康德的文章《论万物的终结》。
② 对于不这样想的人，我想哲学对他没有什么帮助（第一版附释）。

存在——那么批判论就会像独断论一样，趋向自我毁灭。如果前者要求我消亡于绝对客体，那么反过来，后者必然要求，一切可称为客体的东西，应消失于我对自己的理智直观之中。在这两种情况下，对我而言，一切客体都消失了，由此，对于我自己作为主体的意识，也消失了。**我的**实在性消失在无限者的实在性之中。

只要我们预设这两个体系都是建立在对主体与客体之间矛盾的扬弃——或者说，建立在绝对**同一性**——的基础上，这些结论似乎就是不可避免的。如果不扬弃**作为**客体的客体，从而也扬弃所有自我意识，我就不能扬弃主体；如果不扬弃**作为**主体的主体，即扬弃主体的所有人格性，我就不能取消客体。可是，这个预设是绝对不可避免的。

因为所有哲学都要求将绝对正题①作为全部综合的目标。但绝对正题只有通过绝对同一性，才是可设想的。因此，这两个体系都必然追求绝对同一性，只不过批判论**直接**追求**主体**的绝对同一性，仅

---

① 顺便问一句：道德诫命（Gebot）属于哪一类命题？是或然（problematisch）命题还是实然（assertorisch）命题，是分析命题还是综合命题？就其单纯的**形式**而言，它不仅仅是一个或然命题，因为它的要求是定言的（kategorisch）。它也不是一个实然命题，因为它没有设定任何东西，只是**提出要求**。因此，它的形式介于两者之间。它是一个应当**成为**实然命题的或然命题。就其**内容**而言，它既不截然是分析命题，也不截然是综合命题。但它是一个应当**成为**分析命题的综合命题。它是**综合**命题，因为它只**要求**绝对同一性、绝对正题，但它同时又是**正言的**（**分析的**），因为它以**绝对**（而非纯然**综合**）**统一性**为导向。还有一件事！道德诫令为我提供了一个有待实现的绝对者。现在，自在的绝对者并不是实现行动的对象，而是只有在有东西被与之**对立地设定**的条件下，才成为实现行动的对象。因为若非如此，则绝对者截然地仅仅**因为**其存在而存在，不需要实现。如果它应当被实现，那么这只有通过**否定那些**与之对立的东西才是可能的。由此，道德诫令同时是肯定性的和否定性的命题，因为它要求我应当通过扬弃（否定）对立设定的东西，**实现**（**肯定**）绝对者。

I, 328

I, 328

仅间接追求客体和主体的一致（Übereinstimmung）。相反，独断论**直接**追求绝对**客体**的同一性，仅仅间接追求主体与绝对客体的相一致。前者忠实于自己的本原，试图将幸福综合地联系到道德上，后者则将道德综合地联系到幸福上。独断论者说，通过努力追求幸福，努力追求让我的主体和客观世界相一致，我就在**间接地**努力追求我的本质的同一性，我的行为就是道德的。相反，批判哲学家说，通过道德行为，我**直接**努力追求我的本质的绝对同一性，借此，我恰恰间接地努力追求着我之中客观性东西与主观性东西的同一性：此即**永福**。诚然，在两个体系中，道德性和幸福是两个不同的本原，当我还在试图接近终极目标（即绝对**正题**）的时候，我只能综合地将二者（作为根据和后果）①结合为一。一旦我达到了它，那么贯穿无限进程的两条线，即道德性和幸福，将在同一个点相交汇。两者就不再是道德性与永福，或者说，不再是两个不同的本原。它们将结合统一为一个本原，一个恰恰因此**高于**二者的本原：绝对存在的本原，或者说绝对永福的本原。

但是，如果**两个体系**都指向一个完成人类知识的绝对本原，那么这也必然是两种体系的统一点。因为，如果说在绝对者中一切冲突都将停止，那么不同体系间的冲突，或者毋宁说，一切体系，**作为**相互矛盾的体系，都必然停止在绝对者之中。如果说，独断论是一个将绝对者当作客体的体系，那么独断论一定会停止在绝对者不再是**客体**的时候，而这个时刻正是我们自身与绝对者相同一的时候。如果

---

① 这并不是指**功绩**和**报酬**。因为**报酬**不是**功绩**本身的后果，而是令两者相和谐的**正义**（Gerechtigkeit）的后果。然而，在这两个体系中，幸福和道德都被视为彼此直接的根据和后果。

说，批判论是一个要求绝对客体和主体的同一的体系，那么批判论必然会停止在主体不再是**主体**（或者说，不再是对立于客体的东西）的时候。这个结果来自对于两个相互矛盾的基础体系的统一点的抽象研究。独断论和批判论的本原的原初矛盾已经在两个单个体系中分别开显，如果下行深入到单个的体系中，我们的研究结果也会得到确证。

斯多亚主义和伊壁鸠鲁主义是两种最矛盾的道德体系，无论谁对它们进行过思考，都不难发现两者的终极目标是一致的。斯多亚主义者努力使自己**独立**于客体的力量之外，他和把自己投入世界的怀抱的伊壁鸠鲁主义者一样努力追求**永福**。前者使自己独立于感性需求的方式是**不**去满足任何感官需求，后者的方式则是满足**所有**感官需求。

前者试图通过**形而上学**，通过**抽象**全部感性来追寻终结目标（绝对永福），后者则**身体性地**（physisch），通过完全**满足**感性来追寻这个目标。但伊壁鸠鲁主义者成了形而上学家，因为他通过不断满足个别需求来达到永福的任务是**无限的**。斯多亚主义者成了物理学家，因为他对所有感性的抽象只能在**时间**中逐渐实现。前者希望通过进步达到终极目标，后者则希望通过回溯达到终极目标。但二者都是为了同一个终极目标而努力，即绝对永福和完全充分的满足。

唯心论和实在论是两种最矛盾的理论体系，无论谁对它们进行过思考，都不难发现，它们都只能发生在接近绝对者的过程中。在绝对者之中，它们必须结合为一，从而停止作为相互矛盾的体系而存在。人们常说：**上帝直观自在之物**。如果想要合乎理性地理解这句

I, 330

话的话，那么它无非是说，上帝之中有最完满的实在论。但是完满的实在论——**恰恰因为**它是完满的**实在论**——必然会成为**唯心论**。因为，出现完满的实在论，就意味着客体不再是客体，不再是与主体相互对立设定的东西（诸现象），简而言之，这就意味着表象和被表象的诸对象，或者说主体和客体，是绝对同一的。上帝之中的实在论无非就是最完满的唯心论，上帝在前者中直观自在之物，在后者中直观它自己和它自己的实在性。

我们在主观和客观的意义上区分唯心论和实在论。客观实在论是主观唯心论，客观唯心论是主观实在论。这个区分必然会消失，只要主体和客体的冲突消失，只要我不把那我**实在地**设定到**客体**中的东西仅仅**观念地**设定到**我自己**之中，不把那我**实在地**设定到我自己之中的东西仅仅**观念地**设定到**客体**之中，简言之，只要客体和主体是同一的。①

无论谁对自由和必然性进行过思考，都会发现，这些本原在绝对者中必然**结合为一**。**自由**，是因为绝对者出于无条件的自主力量而行动；**必然**，是因为绝对者只按照其存在的法则、其本质的内在必然性而行动。在绝对者中不再存在能够偏离法则的意志，但也不存在不是由它自己通过自己的行动赋予自己的法则，不存在独立于它的

---

① **客观实在论**（主观唯心论）在**实践**方面指向**幸福**，**主观实在论**（客观唯心论）在**实践**方面指向**道德性**。只要客观唯心论的体系（自在之物的体系）还有效，幸福和道德性就只能**综合地**结合为一。一旦唯心论和实在论不再是相互矛盾的本原，那么道德性和幸福也就不再是相互矛盾的本原。如果客体对我来说不再是客体，那么我的努力就仅仅**与我自己**（我的本质的绝对同一性），不与我自己之外的任何东西相关联。

行动而具备实在性的法则。绝对自由和绝对必然是同一的。①

这一点自始至终可以从以下事实中得到证实：只要人们上升到绝对者，所有相互冲突的本原都会统一起来，所有相互矛盾的体系都会转变为同一，但这也让您的问题变得更加紧迫：如果批判论和独断论的终极目标（也是所有哲学活动的终极目标）是一致的，那么什么是批判论相比独断论来说自身独有的东西呢？

但是，亲爱的朋友，您的问题的答案不就在这一结果中吗？从这一结果不就自然而然地得出，批判论把自己与独断论区别开来的方式，就在于其不必与独断论一起**达致**终极目标？独断论和批判论只能在接近终极目标的过程中作为相互矛盾的体系来主张自己，这就是为什么批判论只能把终极目标视为一个**无限**的任务的对象。**一旦它认为终极目标**（在一个客体中）**实现了或**（在任何个别的时间点上）**可以被实现，它自己就必然成为独断论。**

如果它把绝对者设想为**实现了的**（实存着的），那么绝对者就由此转变为**客观的**。它成了**知识**的客体，由此不再是**自由**的客体。有限

---

① 有些人之所以认为斯宾诺莎的学说该受到谴责，是因为他预设了，斯宾诺莎将上帝看作一个没有自由的本质。对于这些人，我们应当不嫌赘余地指出，斯宾诺莎恰恰将绝对的必然性和绝对的自由看作**同一的**。《伦理学》第一部分，定义七："凡是仅仅由自身本性的**必然性**而存在，其行为仅仅由它自身决定的东西叫作**自由**。"[Ea res *libera* dicitur, quae ex sola suae naturae *necessitate* existit, et a se sola ad agendum determinatur]（中译文参见[荷兰]斯宾诺莎：《伦理学》，贺麟译，商务印书馆，1997年，第4页。——译者注）《伦理学》第一部分，命题十七："神只是按照它的本性的法则而行动，由此推出，只有神才是自由因。"[Deus ex solis suae *naturae* legibus agit, unde sequitur, solum Deum esse causam liberam]（谢林在此所引用的《伦理学》文本与目前通行的版本有出入，谢林写下的引文近似于命题十七和命题十七绎理二首句的结合，中译文根据谢林引文的出入之处有所调整，参见[荷兰]斯宾诺莎：《伦理学》，贺麟译，商务印书馆，1997年，第19—20页。——译者注）

的主体只能毁灭**作为**主体的自己，通过自我毁灭转变为与客体相同一。哲学由此被抛入狂热思想的全部恐惧之中。

如果它把终极目标设想为**可实现**的，那么，尽管绝对者对它来说不是**知识**的客体，可只要他把绝对者设定为可实现的，那么他至少就给想象力①这一能力留出了自由的空间。想象力这一能力总是走在现实性前面，这个能力介于进行认识活动的和进行实现活动的能力中间，出现在**认识活动业已停止**，而**实现活动**尚未开始的地方。为了让绝对者呈现为可实现的，想象力总是不可避免地将其表象为已实现的，从而陷入了与显而易见的神秘主义相一致的狂热思想之中。

批判论与独断论的不同之处不在于**目标**，它们追随着同一个最高目标。其不同之处在于二者**接近**和**实现**目标的方式，在于这一目标的实践性公设的**精神**。正是因此，哲学才会追问我们的使命的终极**目标**，以便根据这个目标，来回答那些更为切近的、关乎我们的**使命**的问题。唯有通过在实践哲学中**内在地**运用绝对者本原来认识我们的**使命**，我们才有权限前进到绝对者。甚至，在终极目标问题上，独断论也是通过其**实践目**的来将自己区分于盲目的伪独断论的。区分在于，独断论将绝对者仅仅看作我们的使命的构成性本原，而伪独

---

① 想象力作为理论能力与实践能力之间进行联结的连接纽带，与**理论**理性有相似之处，这在于它**依赖于对客体**的认识，它与**实践**理性也有相似之处，这在于它**创造自己的客体**。想象力**主动地创造**一个客体的方式，是将自身置于对这一客体的完全依赖——完全的**被动性**——之中。想象力通过被动性，来填补其创造物所缺乏的那种客观性，它以自发性的行动朝向那个客体的理念，自由地陷入了这种被动性。因此，想象力可被解释为一种通过完全的自主活动（Selbsttätigkeit）让自身陷入完全的被动性的能力。

我们希望，时间，作为一切进展的母亲，也能够孕育**康德**在其极力阐明了这一奇妙能力的不朽著作中播下的种子，令其发展直至全部科学的完成。

断论将其看作我们的**知识**的构成性本原。

那么,两大体系在实践公设的**精神**方面何以区分?我的朋友,这是我由以出发的,也是我现在要回到的问题。独断论(这是我们整个研究的结果)和批判论一样,都不能通过理论知识,将绝对者当作客体。因为绝对客体不能容许它旁边有任何主体,而理论哲学的基础正是主体和客体之间的冲突。对这两个体系而言,由于绝对者不可能是**知识**的对象,它们只能将绝对者作为**行动**的对象,或者说,只能**要求**实现绝对者的**行动**。①在这个必然的行动中,**两个体系将结合为一**。

因此,独断论根本无法通过这种行动**本身**将自己与批判论区别开来,而只能通过行动的**精神**,这就是说,区别在于,独断论要求**将绝对者作为客体来实现**。然而,如果不扬弃与之对立的主观的因果

I, 334

---

① 如果作者正确理解了批判论的解释者,那么他们——至少是他们中的大多数——理解上帝实存的实践公设时想到的不是实践地实现上帝的理念这一要求,而是为了道德的进步(为了实践**目的**)而在理论上假定并客观地预设上帝(因为**信仰、信念**等显然都是理论能力的行动)。此时上帝就不是我们的实现行动(Realisieren)的**直接的**对象,而是**间接的**对象,且同时又是理论理性的对象(即便他们从表面上看仿佛不想这么做)。同一批哲学家还主张上帝实存的公设与不朽性的公设这**两大**实践公设是完全可类比的。然而,不朽性显然必须是我们的实现行动的直接对象。我们通过我们无限的道德进展来实现不朽性。因此我们必须承认,神性的理念也是我们的实现行动的**直接**对象,我们只有通过道德进步的无限性(而不仅仅是我们对它的[理论]信仰)才能实现神性的理念**本身**。否则,我们对于上帝的信仰就会比我们对于不朽性的信仰更确定。这听起来很荒谬,但却是一个真实的和显而易见的后果!因为对于不朽性的信仰只有通过我们的(**经验性**)的无限进步才能产生。我们有多进步,信仰自身就有多无限。而我们对于上帝的信仰却仿佛必须**先天地、独断地**产生,仿佛即便它不是我们进步的**对象**,不是通过我们向着无限者不断进展的进步本身渐进地实现出来的对象,信仰也始终如一。当然,我必须请求我的大多数读者原谅我如此频繁地回到同一对象,但为了另外一些读者,我必须试着从各个方面想办法,如果在某一方面没有成功,那么在另一方面可能会成功。

I, 334

性,我就无法**实现**客观的因果性。如果不把被动性设定到我之中,我就无法将主动性(Aktivität)设定到客体之中。我分给客体的东西,就是我因此从我自己身上拿走的东西,反之亦然。这些都是简单的命题,可以在哲学中得到最严谨的证明,甚至,每个人都可以用最普通的(道德)经验来证明它们。

如果我把绝对者预先设定为知识的**客体**,那么它就独立于**我的**因果性而独立存在,这就是说,我的实存依赖于它的因果性。我的因果性是通过它的因果性而被毁灭的。在它的力量面前,我应躲藏于何处?如果我应当实现一个客体的绝对主动性,那么,我就只有将**绝对被动性**设定到我自身之中,才能让此成为可能:此时,所有狂热思想的恐怖向我袭来。

我在独断论中的**使命**,在于毁灭我之中全部的自由因果性。不是自主行动,而是让绝对因果性在我之中行动,不断加紧对我的自由的限制,以期不断放宽客观世界的限制。简言之,我在独断论中的使命,是最无限制的被动性。如果说,通过要求主体——在绝对客体面前——不再是**主体**,即不再是与客体相互对立设定的东西,独断论消解了主体与客体之间的理论冲突,那么反之,批判论通过实践性的要求解决了理论哲学的冲突,这种要求绝对者对我来说不再是**客体**。而只有通过无限的努力**自主地**(in mir selbst)将绝对者实现出来,亦即,只有通过**无限制的主动性**,我才能满足这个要求。所有主观的因果性都会扬弃与之针锋相对的客观因果性。我通过自律(Autonomie)规定自身,从而通过他律(Heteronomie)规定客体。当我设定主动性到我之中,我就把被动性设定到客体之中。**越是主观,就越少客观**!

倘若我把一切**设定**到**主体**之中,那么我就恰恰由此**否定**了**客体**中的一切。在我之中的绝对因果性**为我**扬弃了所有的客观因果性(就其**作为客观的**而言)。当我放宽**我的**世界的限制,我就加紧了对客观世界的限制。假若我的世界不再有限制,那么所有如此这般的客观因果性都因为我①而毁灭了。此时,我就会是绝对的。但是,批判论哪怕只是把这个终极目标设想为**可实现的**(还不是**已实现的**),它都会陷入狂热思想。因此,它只是**实践性地、为了**确定道德本质的**使命**来运用这个理念。如果批判论止步**于此**,那么,它自然就与独断论永远泾渭分明。

我在批判论中的**使命**,在于**努力追求不变的自我性**(Selbstheit),**无条件的自由,无限制的活动**。

**去存在!** 这是批判论的最高要求。②

## 第十封信

您说得对,还有一种情况:**知道**有一种客观的力量令我们的自由在毁灭边缘岌岌可危,并怀着心中坚固而确定的信念与之**抗争**,竭尽全部自由而倒下。我的朋友,您的话还有另一层正确之处:因为即使这种可能性会在理性之光面前消散,但它仍然必须为了艺术——作为艺术中最高的东西——而被保留下来。

人们常问,希腊理性如何能够承受悲剧中的矛盾:一个灾厄般

---

① 通过我的因果性(据第一版)。
② 如果要使与独断论的要求形成的对比更加明显,那就是这样:**不是你努力接近神性,而是神性趋于无限地接近你**(第一版附释)。

地注定成为罪人的有朽之人,自主与灾厄**抗争**,却在命运的安排下犯下招致恐怖惩罚的罪行!造成这种矛盾的**根据**,亦即那使这种矛盾变得可以忍受的东西,藏在比人们的寻索所及的范围更幽深之处:它在于人的自由与客观世界的力量之间的斗争,如果这种力量是一种强力(Übermacht),一种天命(Factum)的话,那么有朽之人在这场斗争中**注定**要失败。然而,他不会**不经斗争**而失败,为此,他必定因其失败而受到**惩罚**。犯罪之人只是败给了命运的强力,却为此受到了**惩罚**,这便是对于人类自由的承认,是自由应享的**颂扬**。希腊悲剧通过让英雄与命运的强力作**斗争**,来颂扬人的自由:但是,为了不越过艺术的限制,希腊悲剧必须让英雄**失败**,为了弥补这种艺术造成的对人的自由的折辱,希腊悲剧又不得不让他为**命运**招致的罪行而**受罪**。只要他还是**自由的**,他就会坚持与灾厄的力量抗衡,而当他失败之际,他就不再是自由的。在失败中,他控诉命运让他失去了自由。自由,或是灭亡,希腊悲剧无法协调此二者。只有一个被**剥夺**了自由的本质,才能败给命运。甘愿为**不可避免**的罪行担负罪罚,通过失去自由来证明自己的自由,灭亡于自由意志的宣言之中,这是一种**伟大的**思想。

I, 337

在这里,与在其他各个方面一样,希腊的艺术是**准则**(Regel):没有哪个民族比希腊人更忠实于人性的特征。

只要人类停留在自然界中,他就是自然界的**主宰**,并且是在主宰一词的真正意义上,就像他可以是他自己的**主宰**一样。他为客体世界赋予了规定好的限制,客体世界不能超越这个限制。人支配了客体,是因为人将客体表象给自己,是因为人给客体以形式与持存。他不必恐惧它,因为他自己已经为它设定了限制。但是,一旦他取消了这些限制,一旦对象不再**可表象**,也就是说,一旦他游荡到表象的界限之外,他就会发现自己迷失了方向。客观世界的恐惧席卷了他。他已经取消了对它的限制,又如何能战胜它呢?他无力再为无限制的客体赋予形式,客体游弋在无规定之中,他应在何处束缚住它,在何处把捉它,在何处为它的强力设定界限?

只要希腊艺术停留在自然界的限制之内,又有哪个民族能比他们更近于自然界呢?但是,一旦希腊艺术离开了那个限制,又有哪个民族会陷入更深的恐惧!①不可见的力量太过崇高,无法被谄媚收买,它的英雄们太过高贵,不可能通过卑鄙而得救。这里仅存的便是斗争和灭亡。

但是,这样的斗争也只是为了悲剧艺术的目的才可以设想:它不可能成为一种行动的体系,原因就在于这种体系的前提是提坦族的存在,但如果没有这种前提,它无疑会导致人类最大的朽坏。如果我们的族裔的宿命,就是要被来自一个不可见的世界的恐惧所折磨,那么,更容易的恐怕是在那个世界的强力面前胆怯,在最微末的自由想法面前颤抖,而非战斗着倒下。这样的话,现世的恐怖将在事实上比未来的恐怖更能折磨我们。乞求在超感性世界中实存的人,在现世却成了纠缠人的鬼怪,总对自己和他人恼怒不休。他要通过主宰这个世界,来补偿他在那个世界中受到的折辱。当他从那个世界的

---

① 希腊诸神尚且停留在自然界之中。其力量是**不可见的**、是不可为人类自由所触及的。人类的机智常常战胜诸神的身体性力量。甚至,他们的英雄的勇敢也常常令奥林匹斯诸神感到恐惧。但是,希腊人那里真正的**超自然东西**始于**天命**,始于其无法为任何自然力量触及的不可见的力量,在这种力量面前,即便不死的诸神无能为力。在超自然的领域中越是恐惧,就越是自然。一个民族越是甜蜜地梦想着超感性的世界,它就越鄙薄,越非自然。

永福中醒来，他就回到这个世界，使之成为地狱。当他在那个世界的怀抱中被哄睡，在这个世界中当一个道德的**孩童**，这就算是足够幸运的了。

哲学的最高关切，是通过那个独断论持之以恒地为其拥护者而敞开的抉择，将理性从沉睡中唤醒。因为如果不能再通过这种手段唤醒理性，那么人们至少可以肯定，自己已经尽了**最大的努力**。当人们寻求给予其知识的终极根据以解释，唤醒理性的尝试也会更为简单，因为那个抉择正是一切哲学理性中最单纯、最可把握、最原初的反题："理性必须要么放弃一个客观的理知世界（intelligible Welt），要么放弃主观的人格性，要么放弃绝对客体，要么放弃绝对主体（意志自由）。"一旦这个反题被确定地建立起来，那么理性的关切也会要求我们格外小心，确保道德懒惰的智术（die Sophistereien der moralischen Trägheit）不会给它披上新的、蒙骗人的面纱。我们有义务揭穿所有一切错觉，并表明，若是试图让理性容忍这一错觉，那么就只有通过一个新的错觉。这个错觉将让理性陷入持续的无知，遮蔽那个终极的深渊：那个在终极的宏大问题（存在或是非存在？）迫近之际，独断论将无可避免地坠入的深渊。

因此——这正是我们共同研究的成果——独断论**在理论上**是无可驳斥的，因为它自己离开了理论的领域，以**实践性地**完成它的体系。在实践上，它是**可驳斥的**，只要有人**自主实现**出一个与它截然相对立的体系。但是，对于那些能够**实践性地**自主实现独断论的人而言，独断论在实践上就不可驳斥了。这些人能够容忍诸如此类的想法：致力于自己的毁灭、扬弃自身之中全部自由的因果性、成为一个无限客体的样式，并最终（道德地）消亡于这一无限性之中。

对于我们这个时代来说，最重要的，是不再掩盖这个独断论的结果，不再让其因为谄媚之词和理性缘于怠惰而产生的错觉，而受到遮盖：我们应尽一切可能，明确、公开、毫不掩饰地阐明它。这是人类获得拯救的最后希望，在长期背负了迷信的种种枷锁之后，人类终于可以**在自己身上**找到他在客观世界中寻找的东西，结束在陌生世界无边际的游荡，回返到他自身的世界：从自我的失落，回返到自我性，从理性的狂热思想，回返到意志之自由。

那些单个的错觉早已自行倾覆。这个时代似乎只是在等待着所有这些错觉的那个终极根据的消失。单个的错误已被摧毁，唯一亟待拂去的，是一切错误所依附的最后一个基点。人们仿佛都在等待着揭晓的一刻。而就在这个时候，另一些人插足了进来，在人类自由即将完成其终极事业的时刻，炮制出新的错觉，让那个大胆的决断在付诸实施之前，就先行凋零。武器从手中掉落，大胆的理性摧毁了关于客观世界本身的错觉，却因自己的孱弱而发出孩子般的鸣咽。

你们这些相信理性本身的人，为什么要向理性抱怨，抱怨它不能为毁灭自己而努力，抱怨它不能实现那个一经实现，就会摧毁你们自己辛苦建立起来的一切的理念？如果是那些总是想要分裂理性，以抱怨理性为关切的人这样做，我不会惊讶。但是，却是你们做了这件事，把理性颂扬为我们之中的神性能力的你们！最高的理性显然只给受限制的有限理性留下了绝对的被动性，你们又要如何坚持用**你们的**理性去对抗**最高的**理性呢？或者说，如果你预设了客观上帝的理念，你怎么能谈论理性**出于自身**而创造自身的**法则**呢？因为，只有一个**绝对**自由的本质才能拥有自律。你们妄想通过仅仅**实践性地**

预设这个理念来拯救自己，但这是徒劳的。恰恰因为你们只是**实践性地**预设它，我们就更可以确定，它会威胁你们的道德实存，令其走向灭亡。你们抱怨理性对于自在之物、对于超感性世界的客体没有知识。你们是否不曾甚至只是隐约朦胧地怀疑过，不是你们的理性软弱无力，而是你们内在的绝对自由使得任何**客观**力量都无法进入理智世界；不是因为你们的知识受限制，而是因为你们的自由不受任何限制，认识活动的客体才处在了纯然现象的限制之中？

朋友，请原谅我在给**您**的信中对那些与**您的**精神格格不入的陌生人对话。让我们回到您自己在信的结尾向我们敞开的前景。

I, 341　　如果我们能够确信，我们已经深入至一切哲学所能达致的终极的重大问题，我们将感到欣慰。当我们的精神从思辨的境界回归到对自然界的享受和探索，不必担心得不到满足，在不断复现的不安躁动中落回那种不自然的状态，我们的思想会感到更加自由。我们的思辨一路上升而达到的那些理念，不再是那种只会让我们精神疲乏的空谈的对象，而成了我们的**生活**的法则。它自身转变为生活和实际存在，成为**经验**的对象，从而永远地将我们从通过思辨来先天地确定它的实在性的艰苦事业中解放出来。

我们无须抱怨，而是应当感到欣喜，为了我们终于走到了分离时不可避免的十字路口，为了我们发现了我们精神的秘密。借助这个秘密，正义者将**自发地**（von selbst）获得**自由**，而不义者将**自发地**在正义面前震颤。他在自己身上没有找到这种正义，为此他不得不将正义转交于另一个世界，转交到一个主司惩罚的法官手中。从此以后，他再也不能以神秘主义作为自己的藏身之所，以在众目睽睽之下隐藏他的原理。把可以普遍传达的原理隐藏起来，这是一种对于人类的罪行。但自然界本身也为这种可传达性设定了限制。它为**配得的人**保留了一门哲学,一门**出于自身**而变得**隐秘**(esoterisch)的哲学,因为它**无法习得**(gelernt)、无法复制、无法矫饰,秘密的敌人和谍探没有办法复述它。这门哲学是诸自由精神之同盟的象征,一个他们借以辨认出彼此的象征,一个无需隐藏的象征,因为这个象征只有他们能够理解,对于其他人而言,它将是一个永恒的谜。

# 论知识学的唯心论阐释

I, 344

写于1796年至1797年间
（1809年第二版）

F. W. J. Schelling, *Abhandlungen zur Erläuterung des Idealismus der Wissenschaftslehre*, in ders. *Sämtliche Werke*, Band I, S. 343-452. Stuttgart und Augsburg, 1856-1861.

**编者说明：** 原作者将这些文章以上述形式收录在《哲学著作集》 I, 345
（1809年版）第一卷中，并在序言中这样说道：

> 与《关于独断论与批判论的书信》（即《关于独断论与批判论的哲学书信》——译者注）相比，在《论知识学的唯心论阐释》中更明确凸显的是更积极观点的萌芽，这些文章无可争议地极大地促进了对这一体系的普遍理解，尤其是在其中的第三篇论文中。

这些文章于1797年首次发表于《哲学杂志》，标题为《新近哲学文献综述》（*Allgemeine Uebersicht der neuesten philosophischen Literatur*）。在这些文章之前，该年度第一期还刊登了一篇导言，但在收录到《哲学著作集》时被省略了，不过为了完整起见，还是转载如下，但附在文章后面的几则非常简短的广告和消息除外，这些广告和消息涉及个别无关紧要和早已被人遗忘的文献出版信息。

## 导　言

笔者受托撰写这篇文章，可以非常简要地解释一下这篇文章的目的。

笔者只为那些渴望真理胜过渴望一切东西的人写作，对他们来说，从对手口中得到的真理和从自己口中得到的一样有价值，他们在进行各种研究时，无论研究的大小、重要与否，都不考虑他们的个体，一旦证明是他们错了，他们总是第一个谴责自己。笔者不关心那些心胸狭窄的小人物，他们把自己的研究当作一门被放弃的课程，或是当作一份日常工作，他们从中得到的只是赞美或养料。随着人类知识的每一次扩展，他们既不害怕新发现的真理容易附带的谬误，也不害怕他们迄今为止安心厕居于其间的舒适安逸——与他们本性相符的限制——会受到破坏。试图用甜言蜜语来贿赂这些人，或者用坦率的真理来改善他们，都是同样不明智的做法；前者是因为不值得付出努力，后者是因为对他们来说，**真理**本身就是谎言，因为**光明**本身在他们心中已变得黯淡，**正直的东西**本身就像他们的灵魂一样被颠倒了。他们的谬误也不能给批评带来什么好处（如果他们真的能犯错，那该多幸运呀！）。如果批评有时试图刻画他们的**感官**和**精神**，那么这已经做得够多了——因为这正是他们的不足之处。

我们的时代已经向前推进到这样的地步：尽管旧的迷信仍然受到同时代大部分人的尊重，但任何新的重大谬误都不可能长久地获得力量和声望。理性本身已经郑重地放弃了对**超自然**领域（古老的假象之地）的**探索**。然而，在自然和人性领域，也就是我们的研究还能在其中成功推进的唯一领域，我们拥有自然和人类精神本身——这两者在其法则中同样都是永恒不变的，拥有最可靠的守护者，来抵御一切尚在萌芽中、可能会蒙蔽我们的知性或压制我们心中的自由的谬误。

但是，我们现在必须更加小心，不要让占据支配地位的**不纯粹**的意念（表现为对一切颠倒和混乱的事物的纯粹兴趣），或者我们**精神**的**片面引导**（眼前从来没有人类整体，而总是只有些许断片）阻止人类精神的进步或戕害它的力量；前者是因为，概念的混乱和真理的滥用对科学进步的危害远远超过最令人发指的错误；后者是因为，人类力量的中心——核心——只会**位于**人类的**一切**力量汇聚的地方。

笔者很愿意将错就错，将这些现象部分解释为是由某些研究的不诚实所导致的，部分解释为是由迄今大多数哲学探究的片面性所导致的： I, 347

如今在哲学的**世界**（但凡这个说法还没有已然成为反讽，我们就还继续使用这个令人骄傲的表述）里，一种与真理完全不同的旨趣正变得越来越明显；

每年都有大量的哲学作品问世，但其中却很少能让人看到原初的精神力量，或让人看到除了鹦鹉学舌、冗长乏味的分析已经说过千百遍的东西，以及对一些抽象概念乐此不疲的儿戏——某些作者的整个哲学能力似乎都局限于此——之外的其他什么东西；

撇开那些庸人不谈，人们往往出于天真而把他们想得太好（这种天真实际上常常达到了不可置信的程度），他们的哲学活力已经被单纯的体力劳动消耗殆尽，却希望这种麻木不仁能够普遍蔓延，只要他们能够维持的只是真正的平庸；而且，对于杰出人才来说，要么，在人才不会被埋没的地方，这些庸人就会尝试把他拉下马，要么，在人才无法出头的地方，这些庸人就会把他当作危险分子紧紧盯牢；

同样是这门科学，本应为不可胜数的混乱设定目标和界限，但现在却被滥用，不仅编造错误，而且歪曲真理本身，不仅搞乱个别研究，而且还将整个科学和**整个**时代的**整个观点**搞得统统错位——

最终，做了我们那些正直的先辈们坚决拒绝做的事——甚至把不合理的东西变成合理的，或者为了让前者更容易得逞，把合理的东西变成不合理的。

**本文**向一切如下样子的人们，大声而庄严地宣战。向一切这样的臭老九宣战，他们倡导这些宗旨，自己并没有碌碌无为（因为没有人可以否认这一点）；但他们却希望把平庸（对于他们而言一直是**金科玉律**）抬到宝座上，并让其牢牢坐稳；——向那些为了自己或他人的偏见而编造新的混淆，以便继续自欺欺人的人们宣战，——向那些因为滥用他们的语言而让哲学变得可笑又可鄙的人们，或者那些迄今为止还在用他们又臭又长的"鸿篇巨制"来阻挡更好的作品面世的人们宣战（当然，更好的作品不会像蘑菇一样从地里面冒出来），——最后，向那些本应在公众的宽容下悔改①（因为公众的愤怒还没有做到这点），然而仍不改其旧恶②的人们宣战：——向一切属于这种臭老九行会与阶层的人宣战。然而，对于那些怀着淳朴之心，深信科学仍未有所进展并不是他们的过错的人，本文则承诺给予真诚的指导，并尽一切可能引导他们认识自我。因此，本文将把最新哲学著作的**细节**完全留给评论，因为评论属于本刊物的计划，旨在提供科学本身真正有所收获的著作的摘录。相比之下，本文本身将关注的则是去刻画在哲学本身以及其他与之有亲缘关系的诸门科

---

① 《彼得后书》3:9，"主所应许的尚未成就，有人以为他是耽延，其实不是耽延，乃是宽容你们，不愿有一人沉沦，乃愿人人都悔改。"——译者注

② 《哥林多后书》12:21，"且怕我来的时候，我的神叫我在你们面前惭愧，又因许多人从前犯罪，行污秽、奸淫、邪荡的事不肯悔改，我就忧愁。"——译者注

学①中占据主导地位的**精神**。

然而，由于每件事情只有在其背景下才能被理解和领悟，为了更准确地描述哲学的现状和其中的主流精神，我们必须先**对整个康德时代做一个简短的历史回顾**；下一篇也将立即以此为开端。

对这项工作的**导言**就到此为止，现在进入正题！笔者用剩下的篇幅介绍了上届书展上出现的几部哲学著作，特别是通过其中一部作品来描述在**宗教哲学**中目前占据支配地位的精神。他选择了一门**个别的**科学，因为他不知道有什么新著作涉及整个科学。不过，他一直在提醒我们，一部作品的作者**个人**在这里是完全无关紧要的，以免被选中作为例子的人得出他的个性特别重要的结论。唯一的问题是，他的写作对于作者的目的来说是不是一个合适的例子。如果是，那就不存在谁写的问题了。

那些著作中的其中一部涉及无神论：

> 《论无神论的书信》，卡尔·海因里希·海登赖希②编，莱比锡，1796年。

——作者首先竭力想要展示出来的其实是一种**特殊的**无神论。

I, 349

---

① 我在此首先提到了神学和法学，但也特指自然科学和医学，因为它们是自然科学的一部分。当康德分子们如今对外界发生的事情一无所知，还在对**自在之物**皓首穷经的时候，真正具有哲学精神的人正在这门科学中——无声无息地——有所发现，很快就会有健全的哲学紧随其后，只有对科学充满兴趣的头脑才有可能把这些发现完整地整理出来，以便让康德分子们的整个悲惨时代立刻被人遗忘。

② 卡尔·海因里希·海登赖希（Karl Heinrich Heydenreich, 1764—1801），作家、哲学家，1789年至1798年任教于莱比锡大学，其学说深受斯宾诺莎与康德的影响。——译者注

他无视关于康德宗教哲学的危险性的喧嚣，确实显示出一种高贵的胆识，甚至在该书第87页，他直言不讳地告诉一位曾听过他的讲座并曾听他讲授过"太过自由"的原理的"可敬的人"，听众根本无法想象，他（作者）在这一点上的想法有多自由。他自己也声称，**道德无神论**（因为这里讨论的就是道德无神论）的**推想**是不可能比他**这本书**已达到的地方走得**更远**的；而在最后，他真的担心人们会对这本书产生极大的**反感**，但作者自己也认为，这实际上是不可能发生的。因为作者与一位无神论者有书信往来，这位无神论者知道，海登赖希先生通过康德批判获得了对宗教最**生动**、最坚定的信念。然而，遗憾的是，这位无神论者的坦言——他本人对自己的**顽固不化**感到**震惊**，而他在**自己**身上却找不到原因——并没有引起我们对作者所承诺的心理现象的极大期待。在第一封信中，我们也没有真正了解到任何东西，只知道这位无神论者在研究他不甚了了的物理，他在大自然中找到了完全的满足，最后以完全的自足与对上帝和不朽的顺从而告终。

既然作者曾经决心把道德无神论**在其彻底的崇高性**中展示出来，而我们则会非常惊讶地发现，他竟然忽略了更为崇高的无神论，也就是唯一一种从批判论的道德本原中——只要是在以惯常的片面角度设想这些本原——所必然产生的无神论，而如果我们知道，大多数康德分子（无论他们在其他方面是多么讲究一致性）都因其天性中的特殊运气而永远免于这种一致性，我们就会忽略这种相信不朽却否认上帝的无神论。众所周知，这些"懂哥"，正如他们自己所说的那样，试图用一种道德**要求**来抵御无神论，尽管这种要求被认为是**建立**在**全部**人类的本性之上的，但它的**效力**需要一种特殊的道德**倾向**，而这种倾向并不是每个人都有的。因此，即使是最伟大的东西在他们的处理下也变得渺小，因为他们把崇高的人性**对自身的要求**转变成了个体的**欲望**，而道德**薄弱**的人应该**唤起**自己的这种欲望。他们根本不知道，我们身上的一切，只要不是由我们的本性造就的，都是**渺小的**；道德的崇高本身，只要还没有成为我们的必然性，就会在人类的手中变得渺小。难怪他们的**道德观**会形成如此奇怪的对比！一方面，是**人性理念**那**坚定的**必然性；另一方面，则是与之相伴的绝望、善变的**人的形象**，他如何在道德上斤斤计较、思考、怀疑、害怕不做正确的事——最后，当他做了正确的事之后，却不能经常告诉自己，这一次理性战胜了他。他们忘记了，或者说他们不知道，根本不存在道德**这回事**，只有在道德中才蕴含着人性的**尊严**，这种尊严使人性超越了单纯的现象。同样的反差也出现在他们关于宗教的所言所写中。他们听说神的理念是崇高的，却不知道在他们的手中神的理念已经不再是崇高的了。因此，他们徒劳地试图**让**一些根本不崇高的东西变得崇高。因此，他们的作品给人留下了不好的审美印象。也许读者们并不总是能像在目前的这本书中那样清楚地注意到这一点。不断努力向上抬升，又不断向后沉沦！最后的帮助手段还是——爱的需求；这是一个低级的概念，与**上帝**的崇高理念截然相反。上帝的需求；这是一种怎样的想法！即使一开始可以使用这种表达，但有必要永远重复同样的表达吗？——建议可怜的无神论者在敢于怀疑上帝之前，首先要**唤起**自己**对信仰的需求**。有谁不曾想到，神学家除了恳求上帝把无神论从无神论者身上夺走之外，不知道还有什么其他的拯救方法？——无神论者也不会因此而安心。他承认："他的精神需求中并不包括对上帝的信仰；因此，

I, 351

一个命题是不真实的,因为没有它,理性就会自相矛盾"(但在一个实践的公设中难道还有命题的事吗?到底是谁会受到这种非哲学的反对意见的影响啊!),"正是因为这样,人类才把自身与自己分裂,才想把幸福与道德统一起来";——最后,全书中最大胆的想法是:"上帝本身,如果他真的存在的话,一定会想要无神论。"——从这些反对意见中,我们已经可以看出接下来可能会发生什么。据称,信仰的根据不是一个三段论(我们终于走到这一步了!);正如第112页所说,它是一个理论命题,**原初地奠基于人心中**,但无法证明其本身,没有它,道德理性就会自相矛盾。好了!更不用说那些康德分子的退行论(Involutionstheorie)和进化论(Evolutionstheorie)了!实践理性的公设潜藏于人类精神之中,就像**嵌套**(eingeschachtelt)①其中一样——只要道德需求静止不动(只要我们还不是**足够道德的**),它就会静止不动;而一旦道德需求活跃起来,它就会作为一个完备的**命题**出现,而现在它所欠缺的只是一个像海登赖希一样的作家把它写在纸上!——但与接下来的内容相比,这一切都微不足道!据说康德曾把不朽表象为**没有时间的无限绵延**。无神论者承认,他不可能这样想。但海登赖希说,这并不能证明那样是不可能的!——在康德的一个弟子断言"不可思之物尽管不可思,但并非不可能"之后,康德就得去证明,"可思之物本身由于其单纯的可思

---

① 谢林在此使用的"嵌套"一词来自康德,呼应了前文中关于康德的"退行论"与"进化论"的说法。康德在《判断力批判》中将"嵌套"(Einschachtelung)与"退行"(Involution)等同,指个体按合目的性原则被从上一级个体中"离析"(educere)出来,而非"生产"(producere)出来。参见[德]康德:《判断力批判》,邓晓芒译,杨祖陶校,人民出版社,2002年,第277—278页。——译者注

性,仍然是不可能的"。今后还有什么异端邪说不能仅凭这一句话就打倒呢?——这还不够!海登赖希还想知道,**没有时间**的绵延是如何可能的。他还想告诉我们,没有空间的移动、没有空气的呼吸等等是如何可能的。不是时间本身的形式,而是某些(作者在此不置可否)与时间**类似的东西**将构成其未来存在的形式!时间不过是与躯体同时赋予我们的一种形式,只要我们还在这具躯体中行走,谁能在尘世赋予我们时间的形式,谁就能在我们抛弃这具躯体后赋予我们新的形式!因此同样地,就像以人的形式来思考上帝的人犯了神人同形同性论(Anthropomorphismus)的错误一样,以**动物**存在的形式(比如时间形式)来思考人类的未来存在的人也犯了**人兽同形同性论**(Zoomorphismus)的错误!——可以看出,作者想要标新立异。——然而,就像康德的神人同形同性论一样,人兽同形同性论自然而然地要么是独断式的,要么是**象征式的**。换言之,谁要是相信我们在另一个生命中会像我们现在在时间中存在一样存在,谁就是一个**独断的人兽同形同性论者**;但凡相信我们未来的存在形式只是差不多类似于时间的那类人,都是"启蒙哲人"和**批判体系**的"**知己**"!——可怜的拉瓦特尔①在他的《展望永恒》(*Aussichten in die Ewigkeit*)一书中计算着天堂里的灵魂彼此移动的速度有多快,因而成了一个粗糙的人兽同形同性论者。拉瓦特尔先生只是让我们失去了躯体的惯性,而海登赖希先生却让我们失去了时间本身!也许作者或另外哪位康德分子会向我们展示一种"**天球**算术"[Arithmetica

---

① 约翰·卡斯帕·拉瓦特尔(Johann Caspar Lavater, 1741—1801),瑞士启蒙运动时期的改革宗牧师、哲学家和作家,以其对面相学与神秘学的研究而著称。

coelestis]，它以我们未来的直观形式为基础，差不多就像"地球算术"[Arithmetica terrestris]以我们现在的直观形式为基础一样。这样一来，我们对象征式人兽同形同性论的所有疑虑都将迎刃而解！①

## I.

几位关心康德哲学命运的哲学作家向公众介绍了他们认为阻碍康德哲学广泛传播和进一步发展的原因。我觉得没有必要重复他们的观点，但我要指出一个原因，在我看来，这个原因是康德哲学迄今为止被如此误解，以至于低级红已经几乎像高级黑了的主要根据。

究其原因，是因为康德哲学被认为是一种哲学，只有[专业的，据第一版——原注]学院哲学家才能理解和领会它，因为它仅仅具有思辨的关切。这种看法很大程度上是由于反康派一再言之凿凿地声称康德（他们同时也想驳倒康德）是在用一种几乎完全不可理解的语言写作。他们没有考虑过，除了**文字的语言**之外，还有**精神的语言**，而前者仅仅是后者的承载者，反康派那些言之凿凿的断言所反对的不是那种**哲学**，反而清楚地，也许是更清楚地证明了他们所反对的是他们的**哲学天分**。然而，我们必须在这里做出区分。这些哲学家中，有些顶着哲学家名号的人早已远离了思辨研究，而把全部精力都放在了**世俗生活**上，而现在，由于一个不合时宜的巧合，他们把对一切不与生活直接相关的研究的厌恶都带到了对这种哲学的评判中

---

① 这里谢林显然都在讽刺挖苦。——译者注

来（以往的一切思辨活动都可以很轻易地引发他们的厌恶）。还有一些人并不反对命名法（Nomenklatur）、术语，或整个体系精神，而只是反对**这些**命名法（Nomenklatur）等东西；他们大多长期习惯于莱布尼茨的讲话，莱布尼茨在给朋友或达官显贵的信中支离破碎地传达了他的哲学本原，还总是非常尊重流行的观点，也正因为如此，才不像科学报告那样清晰扼要，更有甚者已经完全僵死在沃尔夫派的学院派语言和方法中。最后还有一批人，在康德给他的哲学所作的入门指南为人所知以前，由于一些注水货色全无力量的虚假哲学，或是由于理中客金句王的鸡汤大全，已经不是对某一个特定的体系，而是对**全部哲学**都失去了一切意义与兴趣。

I, 349

另一方面，自以为是的康德分子们的傲慢腔调也同样助长了这种偏见，他们希望自己为康德的著作所付出的年复一年、日复一日的努力能够得到回报，至少也要被褒奖为庄严的**康德教祭司**，对他们来说，维护只有他们才能掌握的晦涩难懂的语言才是最重要的。然而，我们对某些好心人可能太苛刻了。最终建立在坚实基础上的科学的装饰品——外在的[最确定的，据第一版——原注]特征是而且仍然是一套**特定的**术语；——只是，既然健全的哲学不应属于某个**学派**，而应当属于**人类**，那么哲学在每一种人类语言中都必须是可理解的。在新式化学的诞生地法国，最伟大的化学家们聚集在一起，为了就术语问题达成一致。在德国，一些人，其中不乏名家，在翻译新化学时追求卓越。对于一门永远局限于学院范围内的科学来说，这样做可能是非常值得称赞的，甚至是必要的；——但对于哲学来说，这样的一致意见是否也是可取的，则是另一个问题了。

I, 350

I, 351

可以肯定的是，某些康德主义者的口吻似乎是在说：所有其他

I, 352

的精神文化,所有丰富的现实知识,对于理解他们的哲学都是完全无用的①;然而,即便是第一个问题(回答这个问题构成了这门哲学的全部使命),也需要一种并非每个人都能先天地接受的文化,才能引起人们的兴趣并被理解。我们应该认为,只有在经验探究中足够频繁地感到仅靠经验探究是多么不能满足精神的人,只有在经验探究中足够频繁地感到最有趣的问题是如何指向更高级的本原的人,只有在经验探究中足够频繁地感到在没有理念引导的情况下(我们甚至经常不能清楚地意识到这些理念)是如何缓慢而不确定地前进的人,——只有通过多方面的经验学会区分人类认识的假象与现实、空洞与真实,只有一个这样的人——他已经厌倦并放弃了多次徒劳无功的探索,因为这种探索对人类精神所能达到的境界一无所知——只有一个这样的人,才会满怀兴趣,清楚地意识到自己提出的问题的意义:"我们的表象中实在的东西到底是什么?"即使有人不同意这个前提,至少也一定会同意,用感性与知性提出这个问题的人,一定融合了两种罕见的品质:一方面是原初的实在性倾向;另一方面是让自己超越现实的能力,前者是因为如果没有这种倾向,**这样的**问题就很容易陷入观念性的思辨之中,后者是因为如果没有这种能力,被个别客体冲昏头脑的感性就**根本**无法接受任何实在性。

我们还应该进一步考虑到,那些把哲学的全部力量都局限在分析僵死的和抽象的概念的人们,是根本不会对这个问题有什么兴趣

---

① 当然,一块"白板"[tabula rasa]是最容易让人在自己身上写写画画的;但它也只能是某种**被**阅读,而不能**阅读**自己的东西(第一版附释)。

的。对这种人来说,就不存在什么实在的东西。这样的人对自己或外界的一切都感觉不到也认不出来——完全只是靠着概念活着,玩着概念游戏——他的直观能力早已被记忆、僵死的思辨与堕落的社会所扼杀——对他而言,他自己的实存本身无非是一种**虚弱的思想**——这样的人又怎么能谈论实在性(就像盲人谈论颜色)呢?或者说,如果他都没有理解问题,他又怎么会想要理解答案呢?对野蛮人来说,五颜六色的羽毛和涂脂抹粉的躯体就是最美的东西,你们不妨去问问他们,什么是美的艺术,或者给他们上一堂这方面的课——他们会对你们大吃一惊,或者像猴子一样对你龇牙咧嘴。①——

I, 354

此外,许多人也毫不掩饰,他们就不可能去理解哲学的那个首要问题。②如果我们问:"我们所有的认识究竟来自何处?"——那么我们还并不想知道如何将已有的表象和概念分解为各个组成部分;但问题是,我们**起初**是如何**达到**这些表象和概念的?因为我们现在完全可以很自然地从一个概念中再次发展出那些我们先前——根本不是完全**任意地**,而是按照**必然的**方式——已经在概念中设想过的东西。因此,我们在面对那个问题时所引入的第一个东西,是一些范例,而这些范例**应当**要解释清楚,我们的整个哲学都源于对

---

① 请参见那本臭名昭著的游记的第十一卷。(此处谢林所指不明。——译者注)
② 在第一版中,这句话前面还有以下内容:"这个问题关乎**有教养的人**的骄傲,他要求自己掌握他的全部知识。他也许可以对自己掩藏起这种骄傲,但不可能在别人面前掩藏得了,因为这个问题本身对他人来说一定已经意味着'我厌恶庸众并远离之'[Odi profanum vulgus et arceo.](语出贺拉斯《颂歌》(*Odes*)第三卷第一句话。——译者注)。这个问题的尊严也必须体现在回答中;因为通过回答,我们才能认清一个人,并了解他是否能够回答这个问题。"

已形成概念的分析,然而实际上这些例子只不过讲清楚了,我们可以**任意地**分析那些之前我们按**必然的**方式已经联系在一起的东西。因为,如果我们在思想中将客体与其属性分割开,仍然会剩下一个未被规定的逻辑事物,因此我们相信这个客体在现实中同样也可能是一个自为地独立于其属性而持存着的存在。因为,比如说,质料的概念就是通过想象力**原初地**从对立力量的综合中产生出来的,因此我们继而相信,能够从质料的某个——我也不知道是哪个——单纯的逻辑概念中(这个概念根本就是不可能的)——根据矛盾律——去**以分析的方式**推导出质料的基础力量,不一而足。整个学院派关于分析判断与综合判断之间区分的争论都立足于如此这般的错觉之上。

I, 355　　康德则从这里开始:我们的认识中的**首要**的东西就是**直观**。由此马上便引出了如下命题:直观是认识的**最低**层次。但直观是人类精神中的最高级的东西,是我们其他所有认识乃至其价值和实在性的源泉。康德进一步说,那个必须先行于直观的东西,就是我们感性的感发(Affektion)。至于这种感发究竟从何而来,康德完全没有给出答案。他故意留下了一些东西,再后来这些东西成为了理性最终极–最高级的[①]问题。但康德哲学的追随者和反对者都小心翼翼地删去了康德显然是故意留下的那些东西。由于康德后来谈到了**自在之物**,所以那一定是自在之物对我们产生了影响。然而,只要我们再**多读**上几页就能发现,根据康德的哲学,一切对我们来说是客体、物以及对象的东西,都只有在直观的原初综合中才能成为客体、物

---

① 绝然不可分割的(第一版附释)。

以及对象。因而，康德将一切直观的条件称为时间和空间，并表明它们根本不是什么独立于我们的现实事物，而是直观的原初形式。当然，我们现在能理解这些，就像不久前《文汇报》上一位评论家非常愚蠢地说到的那样，仿佛我们已经把这些形式完备妥善地**交给**了直观活动备用。然而又有谁会这么理解呢？当康德谈及直观中想象力的综合时，这种综合必定是内心的**行动**，因而作为那种综合的形式，空间与时间则必定是**内心的行动方式**。当然，任何客体都不会从时间和空间中产生。但**一般来说**，时间和空间指的是直观状态下内心的行动方式。因此，这一论断是一份提示，如果运用得当，它就能最全面地揭示直观的本质本身（其**质料性本质**），并从而揭示人类精神的整个体系。

那么，让我们再来看看，用大白话来说，空间和时间对客体有何贡献。空间赋予客体广延，即层面。①然而，广延或层面的概念并不一定包括**限定**的概念。因此，既然**客体**表示的是一个受限的层面，那么这个**界限**就必须来自别处。是**时间**首先赋予空间以界限、限制和轮廓。这就是为什么空间有三个维度。因为它原初是无限的，所以它根本就没有方向，或者反过来说，它有着所有可能的方向，而在这些方向成为**有限的**、**被规定的**（受时间限定的）方向之前，我们是无法区分这些方向的。反过来说，时间原初只不过是**界限和限制**，它是对一切广延的绝对否定，是一个数学上的点。只有空间才赋予时间以广延；因此，时间原初地只能在直线的图形下被表象出来，并且

---

① 这里的"层面"（Sphäre）并不是几何学意义上的平面，而是有一定范围的曲面，近代天文学中所说的"天球"[sphaera caelestis]就是这个词。参见[德]谢林：《全部哲学尤其是自然哲学的体系》，庄振华译，北京大学出版社，2023年，第192页注释。——译者注

只有唯一一个可能的维度。因而可以推论出，没有时间的空间和没有空间的时间都是不可表象的。一切空间最原初的尺度是匀速运动的物体通过它所需要的时间，反之，时间最原初的尺度是如此这般的物体（比如太阳）在时间中所通过的空间。因而时间和空间是一切直观的必要条件。没有时间，客体就没有形式，没有空间，客体就没有广延。空间是原初绝对无规定的（柏拉图的"**无定**"[ἄπειρον]）；而时间则是那个赋予万物以规定和轮廓的东西（柏拉图的"**规定**"[πέρας]）。没有时间的空间就是没有界限的层面，没有空间的时间则是没有层面的界限。因此，规定、界限、边界是原初**否定性的东西**。而层面、广延等则是原初**肯定性的**。因而，由于空间和时间是直观的条件，所以可以得出，全部直观都只有通过两种彼此绝对对立的活动才是可能的。然而，空间和时间只是单纯**形式性的**；它们是内心原初的行动方式，是在其普遍性中被理解的。

I, 357  　　不过，它们还是可以作为一个本原发挥作用，根据这个本原，内心的原初行动方式中**质料性的一面**也会在直观中得到规定。根据这个本原，两种原初地并且就其**本性**而言彼此对立的活动必须在直观中被统一起来——彼此交汇、交互规定与交互限制。其中一种活动将按**肯定性的**方式存在，而另一种则按**否定性的**方式存在。那么，后一种活动除了是那种康德所指出的**从外部**作用于我们的活动之外，还会是什么呢？而前一种活动显然就是康德所假定的那种在直观的综合中起作用的活动，即原初的**精神性**活动。

　　因此，我们可以清楚地看到：客体并不是什么从外部作为一个如此这般的客体而被给予我们的东西，而仅仅是原初的精神性自我活动的产物，这种活动从彼此对立的活动中创造并产生出了第三种

"统一体"(柏拉图所说的"**共体**"[κοινόν])。①因此,康德正确地把那种在直观中行动的精神性自我活动归结于**想象力**,因为只有这种能同时具备被动性和主动性的能力才能把否定性的活动与肯定性的活动结合起来,并把它们呈现为一种统一的产物。为此,他还把那种行动称作直观中的想象力的原初的、先验的综合——偏偏只有在这个表达上,康德分子们是不会像任何其他人那样去传达他们祖师爷真正的精神的。②

如果我们理解了这个表达,那么折磨了我们的哲学家们如此之久的幻觉——我指的是自在之物——那些据说应当存在于现实物之外、原初地对我们产生影响、为我们的表象提供材料等等的物,就像雾和黑夜在光和太阳面前一样烟消云散了。我们会看到,任何自在之物都不是现实性的,除非有一种精神认识到它,它才存在。在莱布尼茨的哲学中,自在之物是完全不同的东西。莱布尼茨不知道任何实际存在,除非它被一种如此这般地**认识到自己**的东西,或者说被一种精神**所认识到**。后者对他来说只是一种现象。但是,他并没有把那些不应当仅仅是现象的东西当作一个僵死的、无自我的客体。因此,他赋予他的单子以表象力,让它们成为宇宙的镜像,成为认识着的、表象着的,并因而是不**"可认识"**且不**"可表象"**的

I, 358

---

① 柏拉图的术语"τὸ κοινόν"的本义是"共同的东西",意指一个包含了形式与质料的整体。谢林在1794年的《蒂迈欧评注》中将这个概念及其德译"das Gemeinschaftliche"等同于"灵魂""表象能力"或"包含了多的一"(Vielheit in der Einheit),意指一个整体性的本原。在此将这一概念意译为"统一体",以说明这一概念与前述其他概念的紧密联系。另可参照倪逸偲:《先验自我的二重化:莱茵霍尔德哲学视域下的早期谢林表象能力学说研究(1794)》,《哲学研究》2023年第5期。——译者注
② 毫无疑问,这是出于非常特殊的原因(第一版附释)。

存在。——不朽的精神啊，你的学说到我们这里变成了什么样子！那些最古老、最神圣的传统又变成了什么样子？——"文武之道，今夜尽矣！"[doctrina, per tot manus tradita, tandem in *vappam* desiit!]——我们的"脑残粉"们（Halbköpfe）被"启蒙"得如此到位，以至于根本赋予不了自在之物以任何表象。至于莱布尼茨——哦，他在尘埃中静静地发霉腐烂呢，那些脑残粉们曾从**康德**那里听说了莱布尼茨的主张；然而他们已经变得如此机智，以至于没法自己去读读莱布尼茨！——当我们听到废物们在最伟大的人的骨灰上欢庆胜利时，我们难道还能保持冷静吗？伟人们早已安息，否则他们的一个字就可以灭了那些废物们！

或者说，如果对现实世界的信念——我们的生活和行动的要素——不是产生于直接的确定性，而是产生于——我也不知道是现实之物的什么鬼影憧憧的形象，这些形象甚至是想象力所无法触及的，而只有死气沉沉、全无想象的思辨能触及到——如果**我们**（起先如此丰富和强大）**的本性**就这样从根本上败坏和退化了呢？——而精神本性的本质正在于此，在它的自我意识中存在着一种原初的冲突，由之而在直观中产生了一个外在于它的现实世界（一种无中生有的创造）。因此，除非精神认识到世界，否则世界就是不存在的；反之，如果没有外在于精神的世界，精神也是不存在的。——我来进一步谈谈。

康德说，我认识到一个在我之外的客体，但这还不足以构成单纯的直观。这当然是没问题的。因为既然这个东西是由想象力以综合的方式生产出来的，它就不可能同时被内心直观为**客体**，即那些独立于内心而应归属于现实性和自我的实际存在的东西。在康德看来，只有在那种创造性的能力结束之后，**知性**才必须进入，知性是一种迎合的能力，它只能理解、**把握**和领会他人所产生出来的东西。

但一种如此这般的能力又能做什么呢？——现在，既然直观已经消失，实在性也随之消失，它就只能**模仿**，只能**重复**客体最初存在于其中的直观的那个原初行动：为此，它需要想象力。但实在的东西只存在于直观之中。因此，想象力就其当下的功能而言，不能根据它的**质料**去重复那个行动方式。否则直观就会再次出现，我们就又兜回了老地方。因此，想象力只能重复这种行动方式的**形式性的方面**。这些方面——正如我们所知——在于时间和空间。因此，想象力仅仅把在全部时间与空间中游走着的对象的轮廓描绘了出来。康德把这种轮廓称为图型，并声称只有图型才是概念与直观的中介。但在这里，正如通常的情况一样，康德对本身并不具有实在性的东西表现得过于宽宏大量。在**思辨**中，我们可以把图型和概念分开，但在**本性**（我们的认识）中，它们从来都不是分开的。没有通过想象力而感性化的概念不过是没有含义的语词，没有意义的声音。①而现在只有当内心能够把对象和轮廓、实在的东西和形式的东西相对照，把一个和另一个联结起来，进行比较，并把它们捏合在一起时，直观才会有意识地产生出来，内心中也才会产生坚定不移的信念，那些在内心之外、独立于内心的东西才是现实的。

---

① 《申命记》4:12，"耶和华从火焰中对你们说话，你们只听见声音，却没有看见形象。"——译者注

于是，康德说，客观认识的亮点只在于直观与概念的交汇。尽管如此，至今仍有人指责他"把知性与感性天人永隔"。我们惊讶地发现，在哲学家中这样的事屡见不鲜，在他们的哲学中，**一切**都是分裂。但这是可以解释的。有一种天赋，可以把从未分离过的东西分离开来，把自然界中处处合一的东西在思想中分离开来。这对于哲学思考来说是不可或缺的天赋，但除此之外，如果不把这种天赋与（把分离出来的东西重新统一起来的）**哲学**天赋结合起来，那就极为不幸了；因为只有把这两种天赋结合起来，才能成为哲学家。许多人在获得前者的同时却被剥夺了后者。因此，如果说有人为了思辨而要分离现实中从未分离过的东西，那么每个人都能**理解**他想要干什么。但是，当涉及**结合**，涉及将他们分离的东西重新统一起来时，他们的天赋就荡然无存了，所以——才会有这样的判断。

康德发现了几乎所有这样不幸的评判者。他必须把人类的认识和概念分解为各个组成部分，这就是他的**目的**；他把这个任务留给了他的后人，让他们一眼就能把握住我们本性中令人惊奇的伟大整体，它是如何由这些部分组成的，它是如何一直存在并将永远存在的，他要为这部作品注入灵魂和生命，从而把它作为人类力量所能完成的最了不起的事情传给后人。人类精神的第一要义和最高境界是世界的完满①，世界在人类精神面前敞开，遵循着人类精神处处遇到的法则；人类精神可以（哲思着）回归自身，也可以（观察着）研究自然。康德主张，这些法则是人类知性的诸原初**形式**，或者说，我们精神的原初行动方式。只有通过我们精神的这些行动方式，无限的世

---

① 整个世界的财富（第一版）。

界才会存在并持续存在下去,因为世界无非正是我们的创造精神本身的无限生产与再生。

康德的弟子则不是这样!——对他们来说,世界和整个现实性都是些原初地就异在于我们的精神的东西,除了它作用于我们的精神这一**偶然的**关系之外,与我们的精神没有任何关系。尽管如此,他们还是在用法则来统治一个对他们来说仅仅是**如此这般地偶然**存在的世界,而他们不知道法则是如何和从何而来的?——这些法则是被铭刻在他们的知性中的。他们作为自然界的最高立法者,是充分意识到世界是由自在之物构成的,却把这些概念和这些知性法则转移到这些自在之物上,完全不受约束且随心所欲地运用它们,而这个世界,这个永恒和必然的自然界,难道就会服从他们的思辨判断吗?——这难道就是康德所教授的东西?——我们又该把这个体系叫作什么呢?它不是唯心论;每一个始终如一的唯心论者都会为它感到羞耻。它也不应该是,也确实不是独断论。——那它到底是什么呢?——从来没有比它更丢人现眼、更荒诞不经的体系了。自然从来都是不同于它的法则的东西。它只存在于这种它的不容改变的行动方式之中,或者毋宁说,它本身无非就是这唯一一种永恒的行动方式。但是,由于人们能够思考自然的——我不知道是哪一种——思辨之物,并赋予它一种独立于它的法则之外的实存,人们就把这些法则视为是由世界之外的精神植入世界之中的。或者说,根据最新的体系,人们把如此这般的法则视为这样的东西,是我们的知性把它们当作与自然截然不同的东西并转嫁给了自然。休谟,这位怀疑论者,就曾主张过人们现在让康德去主张的那些东西。但休谟真诚地承认过,我们的一切自然科学都是错觉,一切自

I, 361

然法则都不过是想象力的癖好。这倒是个前后一致的判断。①——诚然,康德坚持认为,自然法则是我们精神的行动方式,甚至我们的直观也是在这些法则之下才成为可能的;但他又补充说,自然与这些法则没有什么不同,它本身只是无限的精神向前进展着的行动,在这种行动中,精神达到了自我意识,并通过这种行动,精神赋予这种自我意识以广延、延续、连续性和必然性。所有这些误解的产生,正如现在已经清楚明了的那样,都是因为我们又从思辨的角度出发,把新体系当成了一种思辨的体系。健全的知性从来没有把表象和自在之物分开,更没有把两者对立起来。在直观与概念、对象与表象的交汇中,始终存在着人类所固有的意识,以及与之相伴的对现实世界的坚定而不可征服的信念。唯心论起初(康德曾想把唯心论永远从人们的头脑中驱逐出去)曾把客体与直观、对象与表象分离开来。在这个意义上,唯心论者是孤独的,是被遗弃在世界中央的,周围到处都是幽灵。②对他来说,不存在任何**直接的东西**,而精神与客体在其中交汇的直观本身对他来说不过是一种僵死的思想。正因为如此,他永远也不会跃出他那绝望的体系。因为如果他将他的体系挪动到现实事物直接当下呈现在我们面前的视角中,他那迎合的能力(前文所说的知性——译者注)就会立即重现,在他眼前将现实性本身转化为假象。对他来说,一切存在的东西都是通过推论和"究虚理"(Vernünftelei)找到的——而不是原初地就存在的。一旦承认了概念与直观、表象与现实性之间

---

① 第一版:具备一致性的哲学。——难道康德就只是在当休谟的复读机,把本来前后一致的自己变得前后不一致吗?(第一版附释)
② 思辨的幽灵(第一版)。

的那种分离,我们的表象就是**假象**;如此一来,它们是自在之物的**复制品**的说法①就再也站不住脚了。但是,如果我们的表象同时既是**表象**又是**自在之物**(健全的知性从未做过其他假设,迄今也没有做过其他假设),那么人类就会从误入歧途的思辨的无限畸变中回到与自身合一的健全本性的坦途上来。那么现在,唯心论者就**学会了**从理论上把自在之物看作**实然存在**,从实践上将其看作**应然存在**——这一结果虽然与许多究虚理的思辨以及所有诡辩体系背道而驰,但对健全的知性来说却显得如此熟悉,以至于他不禁要问,为什么一定要消耗这么多的哲学技艺,才能最终使之重见天日。②

## II.

我曾不止一次听到有人问这样一个问题:"像**所谓的**批判哲学家的那些如此愚蠢的体系,怎么可能不仅进入人的头脑,甚至在其中安营扎寨呢?"由于我在上一节中没有回答这个问题,所以我决定现在再补充几句。因为我坚信,任何一个只要不是完全失去理性的人,都不会在思辨之物的问题上有什么主张,这东西在人性本身中

---

① 康德否认表象是自在之物的复制品。但他却把实在性赋予了表象。所以——这是必然的结果——根本不可能存在什么自在之物,对我们的表象来说,也不可能存在什么**在其之外的原初事物**。否则两者就不可能协调一致。

② 在第一版中仍有如下结论句:"康德理论哲学的目的是确保我们知识的实在性。他是如何以极致的清晰与模糊同时做到这一点的,我认为更值得一说,然而越来越少的人能做到这点,或者说即使能做到还愿意做到的人越来越少。我已经说了我认为**最合适**的话。下次再谈康德的**实践哲学**。"

就没有任何存在的根据。如果不能揭示思辨谬误的根源，那我们就一定会彻底放弃保护自己或他人免受其害，我们的探究就只能是最盲目的碰运气，对人类理性的普遍怀疑甚至会让我们无法与自己保持一致，更不用说与他人达成一致了。——因此，在驳斥不正确的观点时，首先要做的是使这种观点尽可能**合乎理性**，究其根源而言尽可能**通俗易懂**，但也不能因此就开始大加表彰坚持这种观点的个别人物。

I, 364　　我们在这里谈论的哲学主要原理可以用几个词来表述：我们的认识**形式**来自我们**自身**，而认识的**质料**则是**外界**给予我们的。

只提出这种**对比**就已经很有好处了。因为，尽管在我们的知识本身中，形式和质料两者都是紧密统一在一起的，但很显然，哲学为了能够**解释**这种统一而**假定地**取消了这种统一；同样明显的是，从最古老的时代开始，所有的哲学体系都已经把形式和质料视为我们知识的两个极端。

我们很快发现，**质料**是我们一切**解释**的终极基底。因此，我们不再去探究质料本身的本源。但是，除此之外，我们还注意到了一些东西，这些东西不再能从质料本身中得到解释，而我们却感到有必要对其进行解释（例如，现象有规律地前后相继，个别的物之中存在合目的性，外部世界的整个体系由按照手段与目的展开的普遍联系所连接）。但是，这些规定又与物本身紧密相连，以至于人们既不能离开这些规定去设想物，也不能离开物去设想这些规定。因此，如果我们想把前者首先从某个更高级的存在（如世界的缔造者）的知性中转移到**后者**上去，那么我们就还是不明白，这两者之间是如何产生这种任何思辨的艺术都无法解除的不可分割的联系的。因此，我们允许物与它们的规定同时从神性的**创造性**能力中产生；然而，人们可以理解具有创造性能力的存在如何将外在之物呈现给**自身**，但却不能理解它如何将这些外在之物呈现给**其他**存在，或者换句话说：即使我们理解了**我们之外**的世界的本源，我们也还是不能理解，这个世界的表象是如何**进入我们内部**的。

因此，最后的尝试不是要去解释外在之物是如何独立于我们而产生的（因为我们对此一无所知，因为外在之物本身就是对外在事情的一切解释的终极基底），**而是**必须要去解释**我们心中**是如何产生对外部之物的表象的？

首先，必须对问题做出界定。显而易见，不仅必须要解释在我们心中形成关于外在之物的表象的**可能性**，而且必须要解释这种表象的**必然性**。此外，不仅要说明我们是如何意识到一种表象的，而且还要说明我们为什么会因此必须要把它与外部对象联结起来。那么，只有当我们的认识与对象相一致时，我们才会认为我们的认识是**具备实在性的**（真理的旧定义：它是对象与认识活动的绝对一致。这个定义早就可以得出这样的推论：对象本身无非就是我们必然的认识活动）。那么，在思辨中，我们确实能够把两者分开，但在我们的知识本身中，两者却是绝对交汇的，而普通知性之所以会相信有一个外部世界，原因就在于知性没法做到把表象中的对象**从**表象**中**区分出来。

那么，问题就在于：解释对象与表象、存在与认识活动之间的绝对一致性。然而很明显，只要我们把作为外在于我们的物的对象与表象**对立起来**（而我们之所以这么做是因为我们提出了那样的问

I, 365

题），两者之间就根本不可能有**直接的**对应关系。因此，人们试图用概念来调解对象和表象，将前者视为**因**，后者视为**果**。然而，通过所有这些尝试，我们还是从来没有达到过我们本来想要的东西，即对象和表象的同一性；而这是我们必须预设的，也是普通知性在其一切判断中所一直预设的。

那么，问题是，这种对象与表象的同一性究竟是否可能呢？我们很容易发现，只有在**唯一一种**情况下才有可能，那就是有一种直观**自身**的存在，也就是说，它既是表象者又是被表象者，既是直观者又是被直观者。因此，我们**在自己身上**找到了表象与对象的绝对同一性的唯一例子。完全直接地认识和理解自身，并由之而认识和理解一切其他事物的东西，就是我们心中的"自我"。对于所有其他客体，我则必须要追问，这些客体的**存在**是如何以我的**表象**为中介的？但**我**起初并不像质料一样，是为我之外的一个认识主体而存在的，**我是为我自己而存在的**；在我身上是主体与客体、认识活动与存在的绝对同一性。既然"我"只能**通过"我自己"**来认识"我"，那么，还去要求"自我"除了"自我意识"这个谓词之外还要有其他谓词就是荒谬的了。精神的本质恰恰在于，它除了自身之外没有其他谓词。

因此，只有在精神的自我直观中才存在着表象与对象的同一性。因此，为了能够阐明我们**整个**知识的实在性所依据的那种表象与对象的绝对一致性，就必须要**证明**，因为精神直观着**全部**客体，所以精神仅仅直观着**自身**。如果能够证明这一点，那么我们知识的实在性就有了保证。

问题是，如何才能做到这一点呢？

首先，我们必须站在这样的立场上，即我们中的主体和客体、直观者和被直观者是**同一**的。而这只能通过一种自由的行动才能发生。

进而言之：精神就意味着自我，它只是**它自己的客体**。①精神对**自己而言**应当是客体，但因为它**起初**不是客体，而是绝对**主体**，所以对它而言，**一切**（包括它本身）都是**客体**。因此，客体也只能是**僵死的**、静止的、**本身没有任何行动能力**的东西，只是行动的**对象**。然而，精神只有**在其行动中**才能被把握（正因如此，不能把握精神的人就被说成是没有精神的哲学家）；因此，精神只存在于**转变**之中，或者说，它本身无非就是一种**永恒的转变**（由此，我们可以预先理解我们的知识从僵死的质料到一种活生生的自然理念的**不断进展**）。因此，精神对其自身而言并不应就**是**客体，而应**成为**客体。——正因为如此，一切哲学都从事实和行动开始，也正因为如此，精神并不是从一开始就（自在地）是客体。它只有通过自身，通过它自己的行动才**成为客体**。

所以，那些（从一开始）就是客体的东西**如此这般**地也必然是一种**有限**的东西。因此，因为精神并不从一开始就是客体，所以它不可能从一开始就因其本性而是有限的。那么它是无限的吗？但是，它之所以是**精神**，仅仅在于它**对自身而言**是客体，换言之，在于它转变成

I, 367

---

① 有些憨憨的人，如果对于迄今为止的讨论不知道还有什么可反对的，至少会抓住**精神**这个词说事；康德分子们（当他们评判这些对他们的哲学的批评意见时）会就此大发雷霆，或者拿它下面深藏的东西说事，比如这些批评意见以独断论的姿态，把精神说成是**自在之物**等等。为此，我曾多次重申，精神在我看来指的是**自为**存在的，而不是为了异己存在而存在的，因此，精神**从一开始**就根本不是**客体**，更不用说是**自在**的客体了。

了**有限的**。因此，精神既没有转变成没有有限的无限，也不能转变成（对自身而言）没有无限的有限。因此，它根本就不是这两者中的任何一个，既不是无限的，也不是有限的，在精神之中是**无限性和有限性最原初的统一**（精神特性的新规定）。

从无限之物到有限之物——没有**过渡**！这是最古老哲学的命题。先前的哲学家试图至少通过图形（Bilder）来遮蔽这种过渡，因此就有了"流溢说"（Emanationslehre），这是从最古老的世界流传下来的东西。因此，根据那些迄今为止的本原，斯宾诺莎主义是不可避免的。

只有到了后来的时代，无精神的体系才试图在无限性和有限性之间找到中间环节。但两者之间不可能有"前"有"后"；"前后"只会发生在**有限**事物之间。有限事物（因此也是有限表象）的实际存在无法用因果概念来解释。只有洞察了这一命题，一切哲学才得以开端；因为没有它，我们甚至没有必要进行哲学思考——没有它，我们的一切知识都只是单纯的经验（Empirie），是从因到果的渐进。然而，有限性和无限性只有在一种精神本性的**存在**中才能**原初地统一起来**。

在这种无限性与有限性的绝对**同时性**中，蕴含着一种**个体**本性（自我性）的本质。因此，从自我意识的可能性中可以推得，精神完全由之而"是其所是"。不过，这一点也可以用间接的方式来证明。因为，要么如果我们原初就是无限的，我们就不明白有限表象和有限表象的前后相继是如何在我们之中产生的；要么如果我们原初就是有限的，我们就无法解释，无限性的理念是如何与能从有限事物中抽离出来的能力同时出现在我们身上的。

进而言之：精神是一切仅仅**通过自身**而存在的东西，是一切仅仅通过它自己的**行动**而存在的东西。因此，必然存在着与精神原初对立的**行动**，或者说，如果我们仅仅从形式上看，存在着对立的行动方式，其中一种是原初**无限**的，另一种是原初**有限**的。但两者只有在它们的交互联结中才能彼此区分开来。

也正如此。那两种活动是在我之中原初统一的；但我只有把两者结合在同一种行动中才能知道这一点。这个行动叫作**直观**，我相信我在上一节已经解释了它的本质。单凭直观本身，意识还不存在，但没有直观，则不可能有意识。只有在意识中，我才能区分那两种活动：一种是**肯定性**的，另一种是**否定性**的；一种**充满**了一个层面，另一种**限定**了一个层面。前者被表象为**外向**活动，后者被表象为**内向**活动。一切**存在**的东西（在"存在"这个词最本来的意义上）只通过**朝向自身的方向**而存在（这在僵死的客体——这种客体并不存在，而只是**实际存在**——中通过吸引力表现出来，而在世界体系中通过世界体[Weltkörper]的向心倾向表现出来）。因此，精神只通过它**朝向自身的方向**而**自为地实际存在**，这是因为，精神在其活动中限制自身，或者说，精神本身无非就是这种活动和这种限制，两者被设想为**同时**发生的。

因为精神**限制了自身**，所以它同时既是**活动**的又是**受动**的，又因为没有那个行动就不会有关于我们本性的意识，所以这种**活动**与**受动**的绝对统一必定是**个体**本性的特征。

受动不过是**否定性**的活动。绝对被动的存在就是彻底的虚无（一种"**缺失的无**"[nihil privativum]）。不知不觉中，我们的研究已将我们引向了哲学中最棘手的问题。在我们中，没有**受动**，表象就是不可能的，但同样，没有**活动**，表象也是不可能的。所有哲学家都意识到了这一点。现在看来，我们的**存在**和**本质**都是以这种活动和受动的原初统一为基础的，而因此**全部**表象活动都从属于我们的存在与本质，而且，正如接下来还要表明的，对特定的物的体系的表象活动也属于我们的存在与本质。而由于**一切**有限事物都只能通过对立的活动而被理解，这些活动原初只是在一种精神中被统一起来的，因此自然而然地，一切外在的实际存在都只能从精神本性中涌现与产生出来。

直观主动地把活动与受动合并起来。这是我上一节的已知前提。因此，直观的对象无非就是在其活动与受动中的精神**本身**。而因为精神直观着自身，所以它无法同时将自己与自己本身区分开来。因此，对象与表象的绝对同一性存在于直观之中（因此，正如下面马上就要指出的，人们相信实在性只存在于直观之中；这是因为目前精神还不能区分什么是实在的，什么不是实在的）。

但我们知道，我们能够区分对象和表象，因为我们是从这种区分开始的（没有这种区分，就没有必要进行哲学思考）。为了区分对象和表象，我们必须跳出直观。

跳出直观，取决于我们在多大程度上能从直观的产物中抽离出来（这种抽离的能力之所以可以理解，完全只是因为我们原初地就是自由的，换言之，是独立于客体的。进而言之，由于这种能力只有在与客体相对立的情况下，即在实践中才能发挥出来，因此很显然，就表象的**强度**而言，不同主体之间可能是存在区别的——这也说明，理论哲学和实践哲学从一开始就根本不是分离的；因为我们如果没有**自由**地行动，就根本无法抽离，而我们如果不抽离，就无法自由行动。这一点很快就会讲得更清楚）。

因此，如果不去自由行动，即不在直观中去**自由**地重复（精神的）原初行动方式，我们就不能从直观的**产物**中抽离出来；反之，如果不同时**从直观的产物中抽离出来**，我们就不能自由地重复这种行动方式。因此，如果我们不把**行动的产物**同自由的行动**对立起来**（换言之，不承认行动的产物是独立于我们的行动的，也不给它以**独立存在的地位**），我们就不能从行动的产物中抽离出来；反过来说，如果我们不同时自由行动（即不从行动的产物中抽离出来），我们就不能把行动的产物同我们的行动对立起来。现在，只有通过我们的抽离活动，我们行动的产物才成为**客体**。

只有通过我的自由行动，只要有一个客体与之相对立，**意识**就会在我心中产生。客体现在实际存在着，对我来说，它的根源在过去，在我现在的意识之外，它实际存在着，**不需要我的帮助**（因此，从意识的立场出发去解释客体的根源是不可能的）。如果不把客体与我自己对立起来，我就无法在抽离中自由行动，换言之，我感觉不到对客体的依赖。但是客体原初只存在于直观之中，与直观根本没有差别。因此，如果我没有感到自己由于直观而被强制，我就不能自由地**抽离**，而反之，如果我没有同时**自由**地抽离，我也就不能感到自己由于直观而被强制。

I, 371

但是，除非从直观中抽离，否则我都不会**意识**到直观。因此，如果我没有由于直观而感到**被强制**，我就不可能意识到直观。反过来说，如果不对（直观的）客体进行抽离，换言之，如果没有同时感到自己是自由的，我就不能感到自己是由于直观而被强制的。因此，只有当我感到自己是由于客体而被强制的，我才能**意识**到我的自由。——没有关于自由的意识就没有关于客体的意识，没有关于客体的意识就没有关于自由的意识。

通过**自由**地重复精神在直观中的原初行动方式，换言之，因为我抽离，**概念**才产生。但我不能抽离而不同时用意识进行直观，反之亦然；**因此，我们只有在与直观的对立中才意识到概念，只有在与概念的对立中才意识到直观**。

然而，正因为如此，因为我们只有在与自由行动的产物（客体）的对立中才会意识到直观中自由的行动方式。所以在我们看来它就像是**某种从对象中被抽离出来的东西**（经验论的立场），尽管对象本身无非就是这种行动方式的产物。但是，由于我们**自由**地重复这种行动方式（例如，由于我们自由地在空间中绘制形状，由于想象力可以**自由**地勾勒出对象的大致轮廓），因而在我们看来，这种行动方式只是某种从我们的精神中产生出来的东西，我们只是把它**转移**到外在于我们的物之上（形式哲学的观点）。

I, 372

但双方（经验论者和形式论者）都只是在与其精神的自由行动方式的对立中才意识到**客体**。因此，双方也都同意，**客体是某种独立于这种行动方式的东西**，尽管**客体本身**无非就是这种被规定的行动方式。

简而言之：因为我们只有在与直观的对立中才会意识到概念，只有在与概念的对立中才会意识到直观，所以在我们看来，概念依附于直观，而直观独立于概念，尽管两者原初（在意识之前）是**同一个东西**。

对于我们由之而感到**自由**的行动，我们称之为**观念性的**；对于我们由之而感到被强制的行动，我们称之为**实在性的**。因此，概念在我们看来是**观念性的**，直观在我们看来是**实在性的**；但两者只是互为因果的关系；因为我们既**意识**不到没有直观的概念，也**意识**不到没有概念的直观。

因此，立足于单纯意识立场的人，必然认为我们的知识**部分**是观念性的，**部分**是实在性的；由此会产生一个莫名其妙的体系，它永远无法解释观念性东西是如何转变成实在性的，或者实在性东西是如何转变成观念性的。——而站在更高明的立场的人就会发现，**在原初意义上**观念性和实在性是没有区别的，因此，我们的知识不是**部分**地，而是**完完全全**地**同时**既是观念性的，又是实在性的。

在原初意义上，精神的**行动方式**和**这种行动方式的产物**是同一个东西。然而，如果不把**这两者**彼此对立起来，我们就既无法意识到行动方式也无法意识到其产物。行动方式从其产物中抽离出来，是**纯粹形式性的**；产物从它赖以产生的行动方式中抽离出来，是**纯粹质料性的**。

因此，只从（作为一种事实的）意识出发的人会建立起一个荒谬的体系，根据这个体系，我们的知识一部分是由无内容的形式，另一部分是由无形式的物以神奇的方式所共同设定的。——简言之，一个如此这般的体系将得出我们在上文（第363页）所说的命题，即最新哲学的首要命题：

"我们的认识**形式**来自**我们自己**，而**质料**则由外界给予我们。"

我们知道，在原初意义上形式与质料是一体的，只有在两者通过同一个同一的、不可分割的行动而产生之后，我们才能将两者区分开来，因此我们只知道唯一一种选项：要么质料与形式两者都必须**从外部被给予我们**，要么质料与形式两者都必须首先**从我们中**生成和涌现出来。

如果我们假定是前者，那么质料就是**自在的**原初现实性的东西。但是，质料之为质料，只在于它是（一个直观或者一个行动的）客体。如果它是某种**自在于自身**的东西，那么它**对自身而言**也必须是某种东西；但它不是这样的，因为只有在它被它之外的存在者直观的情况下，它才会是自在的。

但是，如果质料是某种**自在的**东西，尽管这样说都是荒谬的，更不用说这样想了，那么我们甚至都根本无法知道它**自在地**是什么。要知道这一点，我们就必须是质料本身。但这样一来，如果我们必然知道这个存在，那我们就是"我们"，而不是"质料"。所以，只要我们**预设了**质料，即假定它是**先行于**我们认识的东西，那么我们就根本不会明白我们在谈论什么。因此，与其盲目地抓取无法理解的概念，不如问一问，那么我们原初地就理解的，而且是**能够**理解的东西到底是什么？

然而，我们**原初地**就理解的只有**我们自己**而已，因为只存在两个一致的体系，一个是以质料为精神的本原，另一个是以精神为质料的本原，那么对于想要理解我们自己的我们来说，只剩下一种主张：不是精神从质料中产生，而是**质料由精神孕育**；从这个命题出发，我们可以非常容易地过渡到实践哲学，也就是我们现在所要推进的。

在原版中此处还有以下内容：

## 驳形式主义哲学家们

"我所从事的是否是一件值得的劳作?"[Facturusne operae pretium sim?]①先生们,如果我们要请您睁眼看看您的哲学,这是我们必须扪心自问的问题。但既然我们达不成一致,那还请您听我就提一个建议。如果您除了批判之外还有心情把这篇文章读完,那么您就会看到,**您的**哲学对我们来说实在是很好理解的。**我们**可以向每一个人讲清楚这种哲学的**根源**;因此您只能承认,谁想要驳倒别人,就必须向对方揭示出其错误的根源。迄今为止,您已经表现出要驳倒我们的善意,然而很遗憾,您的**肉体**(对更好的哲学的**仇恨**)是**恶意满满的**,然而您的**精神**(伤害更好的哲学的能力)却是**疲软不堪的**。但有一件事是您可以做的。请您再试一试,**从根源上理解**一下这种被您憎恨的哲学;找一找这种哲学的错误的根源,这样才能证明您比**我们**站在更高明的立场上。迄今为止,您只是讶异于这种哲学,而它对您来说是不可理喻的,是来自另一个世界的东西,是在您所有教材大纲中都找不到名字的幽灵。请您鼓起勇气走近这个玩意吧。请您仔细看看,到底哪些可怕的谬误是要归结于这玩意的。从现在起,我们将很高兴同您一道上学去,而您迄今为止只对空座位上的人讲过的那些**课**,我们将洗耳恭听。如果您还不接受这个建议,那么我们将有权公开地在全世界面前表达对您的失望。*

---

① 谢林在此引用的是李维《自建城以来》(*Ab Urbe Condita Libri*,或通称《罗马史》)前言的第一句话,此处参照了王焕生先生的中译文,参见[古罗马]提图斯·李维:《自建城以来》(第一至十卷选段),王焕生译,中国政法大学出版社,2009年,第3页。——译者注。

\* 在第一期（导论）的说明中，编辑先生们提醒道："如果作者指责**哲学作家**不诚实，他们是不会同意这一指控的。"然而，我已经很注意不去谈论**哲学作家**的不诚实；第52页（347页）只谈论到**某些研究**的不诚实。这区别可就大了。**一份研究**可能是非常不诚实的（可能明显受到个人仇恨、刚愎自用以及自私自利的影响），而**作者**却没有意识到。我知道，这次不是这么回事，而且如果他遭到了别有用心的不公正对待，那么他在某些方面也就不那么可恶了。关于某些**研究**与**评论**等不公正的指控并非我独有；同一期中的几篇文章（例如关于知识学的命运的文章）都表达了同样的观点。一些作家自己也承认这一点，因为他们**明确**[explicite]或**含蓄**[implicite]地表示，自己既不想倾听也不想理解，尽管众所周知，这种"不情愿"（Nichtwollen）（就像寓言中的狐狸①）只是"无能"（Nichtkönnen）的结果。

## III.

### 引言

由于听到了一些关于这篇论文前几节的评论，我认为有必要提醒诸位，我从未想过要重复康德的论述，也从未想过要知道康德在他的哲学中**实际上**意愿着什么。我只想知道，如果康德的哲学是自身融贯的，那么他——**依我之见**——**必须**意愿什么。

现在我将转向**实践哲学**。本节只是为了实现从理论哲学到实践哲学的**过渡**。我预先假定读者与康德一样，期望"有朝一日能够一直达到对**整个**纯粹的理性能力（无论是理论的还是实践理性能力）的统一性的洞识，并从一个原则中引申出**一切**来；这是人类理性不可避免的需要，人类理性唯有在其知识的一种完备的系统中才能得到

---

① 谢林在此说的应当是《伊索寓言》中的故事《狐狸与葡萄》。——译者注

完全的满意"①。

### 理论哲学和实践哲学的联系——从自然向自由的过渡

有人说,理论哲学应该证明人类知识的实在性。但是,我们的认识的全部实在性的基础首先在于,在认识之中至少要有一些东西,它们不是在灵魂中通过概念或推理而直接呈现出来的。因为我们通过概念而思维或通过推理而产生的东西,也是作为我们思维和推理的产物而被我们意识到的。然而,所有的思维和推理已然以一种现实性为前提,而这种现实性既不是我们杜撰出来的,也不是我们推断出来的。在承认这一现实性时,我们并没有关于自由的意识,我们不得不承认它,就像我们承认我们自己时一样。没有人能从我们之中把这一现实性剥离出来,除非同时剥离出**我们自己**。

现在问题来了:某种外在的、与灵魂截然不同的东西怎么可能与我们的内在如此直接地相联系,与我们的**自我**这般彼此缠绕着生长在一起,以至于如果不拔掉它们共同的根(我们对于我们自己的意识),我们就无法将二者分开?

为了找到问题的答案,必须明确地思维这个问题,并且在它的要求的严格性方面绝不松懈。

因为所有试图回答这些问题的失败尝试都有一个共同的缺点,那就是它们试图用概念来解释先于所有概念的东西;它们的精神全都无力摆脱推证式(diskursiv)的思维,无法提升到在其之中的直接

I, 376

---

① 这里使用了李秋零先生的中译文,参见[德]康德:《康德著作全集第3卷:纯粹理性批判(第2版)》,李秋零译,中国人民大学出版社,2007年,第97页。重点(黑体)为谢林所加。——译者注

性东西。

　　我认为，任何人都不会轻易否认，我们知识的所有可靠性都依赖于直观的**直接性**。最富精神的哲学家们把对外部事物的认识说成是发生在我们身上的启示。他们并不是想以此来解释什么，而是以此暗示，我们在根本上不可能用可理解的概念来中介对象与表象之间的联系。他们把我们对于外部事物的信念称为信仰（Glauben）。这要么是因为，灵魂最为直接地接触了其所信仰的东西；要么是因为——一言以蔽之——那种信念是一种真正盲目的确定性，并不以推理（从原因到作用）或任何证明为基础。我们亦无从看出，任何仅由推理生产出来的假定，如何能够像对于外部世界的信仰那样，进入灵魂，成为"作为"（Thun）和生活的支配性本原。

　　我们的认识之中的直接性东西（恰恰因此，它也是最无法消除的东西）从何而来。对于这一问题，只有两类可能的答案。

I, 377　　要么我们说，我们的直观仅仅是**被动的**，而直观的这种被动性实际上产生了一种必然性，它令我们以这种方式而非其他方式来表象外部事物。表象无非是外部影响的产物，或者更准确地说，是在我们与对象之间所发生的关联的结果。

　　在此处，我们并不是要一一列举出所有针对这一意见可能的以及已经存在的反驳。因此，我只说这么多：

　　**第一**，这整个假设（因为它无法是比单纯的假设更多的东西）什么都无法解释。因为它最多只能让对我们的接受性的印象变得可把握，却无法让这一事实变得可把握：我们直观现实的**对象**。没有人会否认，我们不仅仅**感受**外部对象，而且拥有对其的**直观**。若是按照这一假设，我们就只能停留在印象当中。因为，如果有人说，印象仅仅关联于(作为其原因的)外部对象,并由此产生了对于后者的表象,那么此时他没有考虑到的是,我们在直观状态下对于这样的行动、对于这种我们对于我们自己的出离、对于这种对立设定和关联是没有意识的。他也没有考虑到,我们关于**对象**(它必定是某种与印象不同的东西)之在场的确定性无法以如此不牢靠的推理为根据。总而言之,直观至少必须作为一个**自由的行动**被思维,即便这是一个通过印象而导致的自由的行动。

**第二**,可以确定的是,原因从来不会与作用**同时**出现。在二者之间有时间的流动。因此,如果这个假定是正确的,那么一定会有一个时间,在这个时间里,自在之物会对我们**产生作用**,而在另一个时间里,我们会**意识到**这种作用。前者完全在我们**之外**,后者则在我们**之内**。这样,我们就不得不假定有两个彼此迥异的时间序列,它们相互独立、彼此分离地流动着。这是荒谬的。

**第三**,可以确定的是,作用和其原因并不同一。但现在,我们很容易就能唤起每个人对此的意识:直观状态中,对象与表象是否不存在绝对的同一性;他在行为中是否并非表现得仿佛对象本身就在直观中在场;他是否除了该将其看作一种**自由**的行动,就无法意识到二者的区别。这种对于对象和表象之间的原初同一性的信仰是我们的理论知性和实践知性的**根源**。反过来,我们也可以在历史上证明,所有怀疑论最初的源泉都是这样的一种观点,即在我们**之外**还有一个原初的对象,其所造成的作用即是表象。因为无论灵魂在面对被给予的对象时是完全受动的,还是部分活动着,可以确定的是,印象和对象是不同的,并且,印象已经通过灵魂的接受性被改变。因此,作用于我们的对象必须与我们所直观的对象完全不同。然而,尽管如此，健全知性仍然坚定地信仰，被表象的对象同时便是自在的对象。而学院哲学家本人一旦进入现实生活，也会马上遗忘现象与自在之物的全部区别。①

最后，在原因与其作用之间，不仅有时间的连续性，也有空间的连续性。然而，在对象与表象之间，这两者都是不可思维的。因为，好比物体和物体在空间中交汇，精神和客体交汇的共同媒介是什么呢？对这个问题的每一种解释在其起源上都是**超越的**，这意味着，它从一个世界跳入另一个世界，以解释只有在其中一个世界才可能出现的现象。除非，我们取消精神与物质之间的区别。我们要在例如古人所说的模仿[simulacris]或是亚里士多德主义者所说的那种通过我们的感官——如同通过敞开的窗户一样——进入灵魂的意向形式[formis intentionalibus]那里寻找我们的避难所吗？或者说，灵魂就像一面圆柱形的凹面镜，将扭曲的图形反射成规则的形象？但这是对谁而言的呢？是对于一双在其之外的眼睛。因此，我们最好承认对这一表象的起源一无所知，而不是坚持一种只会导致最荒谬的类比的假设。我担心我的读者们已经对此感到厌倦了，因此，我继续提出一个完全相反的理论。简而言之，它是这样的：

在我们的认识之中，没有什么是直接性的东西（正因为如此，没有什么是确定的），除非表象既是原本又是摹本，除非我们的知识原

---

① 康德认为，先验唯心论是经验实在论，这是说，我们主张，被表象的对象同时是现实的对象。与之针锋相对地，如果认为先验实在论是经验实在论，那就是说，我们必须主张，现实的对象是与我们表象的对象完全不同的对象。然而，普通知性完全**倾向于**经验实在论，对于经验唯心论，普通知性几乎只诉诸最轻的武器，即讥笑和讽刺。然而，这些武器却是反对僵化的独断论者最合理的武器。

初地**同时**在观念和实在中存在。对象无非是我们自身本己的综合，精神在其之中直观到的无非是属于它自己的产物。**直观完全是活动的，正因如此，直观才是生产性的和直接性的。**

问题在于，应如何思维这样一种直接的、绝对活动的直观呢？不难发现以下几点：

对于**物质**，亦即外向直观的客体，我们或许可以进行无限的分析，无限地在机械或化学上分割它，但我们永远无法穿透物体的**表面**。只有物质的内在**力量**才是坚不可摧的，这种力量通过其无法穿透性向我们的感觉宣示着自己。但是，这种力只是一种**外向**的力，只是一种与外部的阻碍（Anstoß）发生对立作用的力。也就是说，它不是一种**回返自身**的力。只有回返自身的力才能为自身创造**内核**（das Innere）。因此，物质没有**内核**。但是，表象着的本质有对于**内部世界**的直观。这只有通过一种**为自身赋予它的层面**的活动，或者简言之，一种回返自身的活动，才是可能的。但是，所有回返自身的活动都因此同时走向**外部**。没有层面是不受限定的，同样的，没有被限定的空间，也就限定的空间。

I, 380

灵魂的那个让其能够拥有直接认识（即自我直观）的性质是它内向和外向的**倾向**的**二重性**（Duplizität）。

这两种倾向在灵魂中相互**贯穿**，并由此产生了一个产物，它可以说是**灵魂本身的实在建构**。现在，这个产物就在灵魂**之中**，与其不相区分，对灵魂而言，它是直接在场的。在**这里**，实际上最终包含着一切的直接性东西，并因此包含着我们的认识中的一切确定的东西。

因此，原初地来看，一切直观都是纯粹的**内向**直观。这一个推论必然地来自于我们唯独从灵魂的本性中知道的和可能知道的东西。

如果有人问，精神的本质在于什么，我们的回答是：在于那种去直观自身的倾向。我们的解释无法超出这一活动的范围。在它之中，包含着观念性东西和实在性东西在我们的知识之中的综合。唯有通过这个综合，精神才能认识它自身。并且，它的知识只有一个界限，那就是**它自身**。

但问题是：**内感**是如何转变成**外感**的？

答案如下：

通过朝向自我直观（Selbstanschauung）的倾向，精神限定它自身。但是，这一倾向是**无限的**，它倾向无限地再生着自己（只有在无限的自我再生中，精神才是绵延的。我们很快会看到，没有这一前提，我们的整个精神体系都是无法解释的）。因此，精神必然追求通过它相互矛盾的活动来直观它自身。要做到这一点，它就必须让这些相互矛盾的活动通过一个共同的产物而得到呈现，或者换句话说，它必须令这些活动变得**持续**（permanent）。因此，从意识的立场来看，这些活动显现为**静止着的**（ruhende）活动。这是指，它们显现为并非**自**主活动的，而是单纯与外在的阻碍**相抵抗**的力。**质料**，无非就是**在自身活动的平衡中被直观到的精神**。

I, 381

那个共同的产物必然是**有限的**。只有在生产行动中，精神才意识到它的**有限性**。因为他在生产行动中是全然自由的。它的生产行动受到限制的根据并不在它**现在的**行动当中。在**这个**行动中，它并不限制**他自**己。它**发现**自己受限制。或者换个同样的说法，它**感觉到**（fühlt）自己受限制。

现在，客体中作为它的自由行动之产物的那部分，对它而言显现为客体的**层面**，而在生产行动中限制它的那部分，对它而言显现为客体的**界限**。

这个生产行动的界限同时是**内感和外感的界限**。精神将其生产行动的层面直观为一个**空间中的量度**（Größe），将其生产行动的边界直观为一个**时间中的量度**。它在**自己之中**发现后者，或者换句话说，它**感受**到它。它将前者**直观**为**外在于它自己**，直观为它的自由的、原初地无所限制的活动层面。

在这里，**空间**和**时间**首次作为直观的不同形式相互分离，外感与内感的分离也随之发生。**外感无非是受限定的内感**。

**被直观到的东西，在空间**中有着量度；而**被感受到的东西，在时间**中有着量度。那些只在时间中有着量度的东西，我们称其为**质**。没有人还会相信，颜色、味道和气味是空间中的东西。因此，早先我们将其看作**第二性质**[qualitates secundarias]，也就是说，这种性质的根据仅仅在于我们的感受方式。客体的质因此无非是原初被感受的东西，也就是自由生产活动的界限。每个个别的客体，都只有通过它的**质**才是这一个**特定**的客体。只有作为关于**特定**客体的认识，认识才是**实在的**。因此，对于外在于我们的实在性的全部信仰最终是通过**原初感受**得到维系的，原初感受是实在性最初的和最深的根据。

在直观行动中，精神**发现**它自己受限制。因此，对它来说，它的生产活动的界限显现为**偶然**的（显现为它的行动的纯然的偶性）。而它的生产活动的层面对它来说却显现为它的行动的**本质性东西**，显现为一个必然性的东西（实体性的东西）。在这个层面中，它唯一直观到的，就是它自己的行动方式。

在直观中，精神**终结**了彼此对立的活动的原初冲突。因为它将二者在一个共同的产物中呈现出来。精神仿佛**静止**在直观之中，而感受将精神牢牢绑缚在客体之上。

现在,精神或许将永远不会出离于这个最初的直观,它将一成不变地滞留在最原初的感受之中,在精神之中将会是一个永恒的停滞状态,没有从表象到表象的进展,没有丰富性,没有外向直观的杂多性——除非精神的原初活动是一个对**无限者**的倾向,并且不断再生它自身,以朝着无限不断前进。我们必须主张,凭借那个原初的活动,精神连续地追求去将无限的东西实现出来,凭借那个对立的活动,精神得以在这个追求中直观它自己。因此,我们将把灵魂思维为一个活动,一个持续追求着从无限的东西中创造出有限的东西的活动。仿佛有一个无限性集中在这个活动之中,迫使它不得不将它呈现到自身之外。对此唯一的解释,便是精神通过持续的追求,想要对自身而言变得**有限**,换言之,想要意识到它本身。

所有的精神的行动都是为了**在有限者中呈现无限者**。所有这些行动的目标都是**自我意识**。这些行动的历史无非是**自我意识**的**历史**（Geschichte des Selbstbewuβtseyns）。

每一个**灵魂的行动**也是一个特定的**灵魂状态**。人类精神的历史,正是精神在逐渐达成对于自己的直观,达成**纯粹的**自我意识的历程中,所经历的那些不同**状态**的历史。

但是,在灵魂之中,没有任何状态或任何行动是不为灵魂所**直观**的。因为灵魂对于直观它自己的追求是无限的,只有通过这一追求的无限性,灵魂才会不断再生它自己,以朝着无限不断前进。

I, 383　　灵魂所直观的东西,始终是它**本己的、自身发展着的本性**。但是,它的本性无非是那个在诸特定的客体之间不断呈现的冲突。由此,灵魂在它本己的产物中展现出它逐渐达成自我意识的历程（对于普通人的眼睛而言，这一历程不易察觉，对于哲学家而言，这却是分明和明确的）。外在世界敞开于我们面前，以让我们在其中重新寻回我们精神的历史。

我们不会像先前一样静止在哲学中，而是会伴随着精神奔向它的一切努力的目标，达到自我意识。我们将追随着精神从表象走向表象，从产物走向产物，直到精神开始从一切产物中出离自身（sich losreißen），将自己紧握在精神的纯粹行动里，完全将**自身**直观为处于绝对的活动中的精神。

这一发现对于我们当下的目标而言是非常重要的。我们正在寻找理论哲学向实践哲学的过渡。现在，**一切**哲学的本原正是自我意识。通过自我意识，我们可以描述精神的整个范围，因为精神在它的全部行动中追求着自我意识。在这些行动的连续序列中，我们也将以可靠的方式找到一个将理论哲学与实践哲学相互分开和相互联系的行动。

由于这唯一一个行动**统握**了令我们的哲学得到划分的那两个世界，我们可以预先知道，它就是人类精神的最高行动。预设了这一点，我们就可以沿着我们已经踏上的道路前进。

\* \* \*

我们离开直观和感受状态下的精神。如果它的活动不应在最初的直观中消灭，那么它就必须**复现**它自己。灵魂所表现出来的，首先是一种从当下的印象中挣脱出来的追求。

I, 384

通过这个追求，对它而言，**时间**就作为一个延展了的量度（尽管仅仅朝向一个方向）**产生**了。当下的客体进入一个过去的瞬间，因此，我们在最初的意识中**发现**它是一个偶然的、无需我们的协助而在场的东西。我们的全部实际存在依赖于我们的活动,但这种活动表现为持续的生产。因此,在我们之中存在着一个关于维持表象之连续性的**必然**追求,此即,一个**永恒的生产活动**。灵魂脱离当下的东西的同时,也必然走向未来的东西。因此,在我们的表象之中存在一个维系着我们本己的实际存在的顺延(Succession)。在灵魂中,表象从来不是**停驻的**,而是连续的和流动的,因为表象无非就是灵魂的活动。每一个表象(每一个灵魂的必然活动)都自动创造一个新的表象。灵魂仿佛在每个个别的瞬间都追求着呈现无限的东西,但由于它无法做到这一点,所以它必然出离于每一个当下,以便至少在**时间中延续地**呈现无限的东西。灵魂无止息地创造着关于宇宙的表象,尽管它无法在个别的瞬间中将其呈现出来。不过,如果灵魂不是在每个瞬间有对其受限制状态的感觉,并且(这是与之相互联系的)必然地追求着对它的克服,它就无法做到这一点。正是基于这个原因,灵魂本身目前无非是一个表象的流动。因为只有在原因到作用的连续过渡中,它才能持续。精神此时不再感觉自己被囚困在一个个别的客体当中,而是感觉自己被囚困在一个前后相继的现象的必然序列当中。

每一个原因都跟随着一个作用,每一个作用又都会成为一个原因。我们的表象的顺延因而是**无穷尽**(endlos)的。当下之片刻是未来之片刻的可靠保障:孕育着未来的当下[praesens gravidum futuro]。此中所展露的是灵魂的一个原初活动,这个活动唯独追求着**维系它自己**。由此我们可得,灵魂**在自身之中**承载着它的持续和它的实存的确定性,它是一个无法压抑的、朝向无限地复现着自身的活动。

当精神追求从当下的东西中挣脱出来,它将在这个行动中并且通过这个行动而成为一个**过去的东西**。然而，过去的东西只有在**概念**中，才是当下的。灵魂的生产性的活动是无限的，它无止息地追求着**现实的东西**，因此在它之中有一个不间断的从**概念**到**直观**、从直观到概念、从过去的东西到当下的东西、从当下的东西到未来的东西的进程。当灵魂从表象进展到表象，时间（开始时它只是一个纯然的**点**）就获得了广延，空间（开始时它是无限制的）却通过活动而得到限定。一个同时**限定空间和延展时间**的活动将外在地显现为**运动**。运动（作为时间和空间的共同东西）正是表象之内部顺延的外部对应。由于内感必然要成为一个外感，那么灵魂就必然将其表象的顺延在自身之外直观为**运动**。不过，运动必然是**特定的**。这就是说，运动的物体穿过的是一个特定的空间。而空间只有通过时间才能成为特定的空间（时间是空间最为原初的量度）。**运动**的原初图型是**线**，此即，一个**流动的点**。

如果外在地直观表象的纯然顺延，**机械运动**的概念就被给定了。

但是灵魂不应仅仅是这样一个顺延，它还应该在这个顺延中直观**它自身**，并且（因为它仅仅直观它的活动）在这个顺延中将**它自身**直观为**活动的**。而它在这一顺延中之所以是活动的，就在于它进行生产，并且通过这个无限的生产行动维持表象的顺延。因此，它应该直观在其**生产行动**中、在**原因和作用之间自主地过渡着**的它自身。但是，如果它不在一个客体中呈现自己的话，它就根本不直观自身。因此，它把自身直观为一个包含着生产性的力的客体。

只要灵魂**生产它本己的**表象，它就**交替地**是它自己的**原因和作用**。因此，它将会把自己直观为一个**交替地是它自己的原因和作用的客体**，或者说——二者是相等同的——它将会把自己直观为一个**自**

I, 386

身组织着的有机自然（sich selbst organisierende Natur）。①

这里不是详细展开组织（Organisation）概念的地方。不过，我们必须在这里指出以下几点：

如果说人类精神是一个**自我组织着的有机自然**，那么就没有什么东西能以**机械的方式从外部**进入它之中。一切在它之中的东西，都是根据一个内在的本原**由内而外**地构形的。因此，一切在它之中的东西都追求着体系，亦即，追求着绝对的合目的性。

但是一切绝对合目的的东西，都是**在自身之内整全和完满的**。它在自身之中承载着它的实际存在的**起源和最终目的**。而这正是精神的原初特征。它通过它自身被规定为有限性，它建构它自身，朝向无限地生产它自身，由此，它是它本己的实际存在的开端和终点。

在合目的性的东西中，形式和质料、概念和直观相互**贯穿**。这恰恰是精神的特征。在精神中，观念的东西和实在的东西是绝对地结合在一起的。因此在每个组织中都包含着某种**象征性的东西**，每一株植物都可以说是灵魂繁复的笔迹（der verschlungene Zug der Seele）。

由于在我们的精神之中有着对于自我组织的无限追求，所以在外部世界中，必定同样可以揭示出一个普遍的对于组织的倾向。现实也确实如此。世界体系就是一种组织。它是由一个共同的中心出发而构形的。化学物质的力已经处在纯然的机械性东西的边界之外。即便是从共同介质中分化出来的原始物质也是以合乎规则的形象出现的。自然中普遍的构形冲动（Bildungstrieb）最终扩散于一种

---

① 德语"sich selbst organisierende Natur"字面上的意思指"自身组织着的自然"，所指的就是所谓的有机自然（organische Natur）。为了明确表达出后一项意思，此处将其译作"自身组织着的有机自然"。——译者注

无限性当中，即便是最警觉的眼睛也无法测度它。

自然不断地、固定地走向组织的过程分明地展露了一种富有活力的冲动，这种冲动就像与原始质料搏斗一样，时而胜利，时而屈服，时而以更自由的形式，时而以更受限制的形式冲破原始质料的束缚。这就是自然的普遍**精神**，它令原始质料逐渐地向着自己而构形。从几乎看不出任何组织痕迹的苔藓之网，到似乎已经摆脱了质料束缚的精细**形态**，都受到一种相同的冲动的支配，它追求按照同一个合目的的理想而运作，追求趋于无限地表达同一个原型，此即，**我们精神的纯粹形式**。

如果没有**生产性的力**，任何组织都是不可思维的。我想知道，如果我们假定这种力量是**一种自在之物**，那么它是如何进入物质的。我们再也没有根据在提出主张时畏首畏尾了。日复一日**出现**在我们眼前的事情是毋庸置疑的。在外在于我们的物中的是生产性的力。但是一种这样的力仅仅是**精神**的力。物不可能是**自在之物**。它不可能**通过自身**而拥有现实性。它只能是**精神的创造物、精神的产物**。

组织的层级序列，以及从无生命的自然到有生命的自然的过渡，都分明地展露出一种生产性的力。这种力只能**逐渐地**发展为完全的自由。精神应当在它的表象的顺延中直观它**自身**。要做到这一点，它就必须**固定**那个顺延。这也就是说，将顺延在**静止**中呈现出来。因此，一切有机的东西都仿佛是被从原因和作用的序列中取了出来。每一组织都是一个**结合为一**的世界（按照莱布尼茨的说法：一个关于世界的**混乱**的表象）。这是一个在每一株植物中都得到了表达的**永恒**的原型。因为，无论我们如何回溯，我们都会发现，它只从自身中产生出来，又回返到自身之中。只有表达它的物质是易逝的，组织的**形式**(它的**概念**本身)却不可摧毁。

I, 388　　当精神固定住表象的顺延时,它尽管直观了在它的生产性能力中的它自己,却并未直观在生产**活动**中的它自己。表象的内在顺延的外部对应是**运动**。精神应该在表象的顺延中将它自己直观为**活动的**。但表象的顺延是通过**一个内在活动的本原**得以维系的。如果精神应当在表象的顺延中将它自己直观为活动的,那么它就必须将自身直观为一个在自身之中有着**运动的内在本原**的**客体**。一个这般的本质是**活生生的**(lebendig)。

　　自然中必然有**生命**。正如存在着组织的层级序列,同样存在着生命的层级序列。精神只有逐渐地接近它自己。它必须**从外部**,即作为**有组织**、**有活力的物质**来显现在自己面前。因为只有**生命**才是精神性存在的可见的类比。正如精神仅仅在表象的连续性中持续,有生命的东西也只在它的内在运动的连续性中持续。如果在我们之中不是存在着一个不间断的表象与表象之间的过渡,那么精神的活动就会消灭。如果不是身体中的一种机能不断介入另一种机能,一种机能不断复制另一种机能,各种力量的平衡不断重新建立,又不断被

I, 389　　打破,生命就会停止。①人类之中的一切都承载着自由的特征。他无疑是一个从死寂的自然的监护中被释放出来的存在,陷入了它自己

---

① 任何了解关于动物生命的源泉和本原的最新研究情况的人,都不可能对此类消息感到陌生:一切都还没有定论,要**从头开始**对这个问题进行全新的研究。最阻碍这些研究进展的是**生命力**这一流行概念。它是一个真正的神秘的质[qualitas occulta]。上面建立的生命**概念**很容易地就可以运用于生命**现象**。举例来说,如果证实两种带电物质来自空气,那么很容易想到,根据实现这种分离的**方式**的不同和实现这种分离的**物体性质**的不同,也会产生**不同**的正物质和负物质(仍然类似于带电物质),它们(这可能是由呼吸产生的)可以通过不断的冲突维持**生命**。

的（内部相互冲突的）力量的危险之中。他持续的全部过程，就是一个不断重现、不断更新的**危险**，他因自己的冲动而将自己置于危险之中，然后又将自己从中解救出来。

但是精神不应只是直观有生命的物质，而是要在有生命的物质中直观**它自身**。它本身唯独通过它的**内核**，通过它在表象中的活动来区分出自己。因此这具身体必须每时每刻都是其内在状态的忠实印记。精神的每一个表象都如同会在身体中描绘自己（外部客体通过光线在眼睛中描绘自己，运动通过空气介质在耳朵中反映自己，等等），身体必须外在地模仿和反映每一个内在运动。因此人类正是拥有面相学（Physiognomie）的唯一本质。动物越是接近人类，就越接近面相学，以此类推。①

但是，如果身体是灵魂的忠实印记，那么两者就会重合在一个直观之中，精神就会在物质中迷失，两者不可能有任何区别。然而，精神应当在其产物中仅仅直观它**自身**，也就是说，它应将**自身**与它的**产物区分开来**。问题在于，这是怎么可能的？

在它的身体中，精神仿佛将世界的各种元素**结合**并**集中**起来。如此，它便自己划定了它的生产行动的界限，因为它在一个最小的世界中直观到了它的可能行动的全部层面，它贯穿了这个世界，并通过

I, 390

---

① 粗暴的实在论为自己保有最初的和最简单的经验。只有通过光对我们的眼睛的接触，我们才得以观看，诸如此类。但是光本身是什么呢？它又复是一个客体！眼睛不是物的**镜子**又是什么呢？但镜子无法看到它**自己**，它反射，但却是为了一双外在于它的眼睛。身体是宇宙的镜子，这一点本身必须在哲学的体系中得到推导。唯心论本身导向一个这样的立场，这个立场认为以下命题为真：我们之中的一切表象是通过外在物的影响而产生的。那么，身体又属于哪个世界呢？它难道不属于客观世界，也就是说，不属于我们的必然表象的体系吗？

它的表象支配着这个世界的运动。但是，只有当它——独立于在身体中与它相对应的运动——意识到这个表象，它才能知道，这个身体是**它的**身体并受**它的**表象支配。问题是，精神是如何意识到如此这般的表象的？

我们已经跟随精神经历了它产生的整个层级序列。我们应该解释的是，它何以**直接意识到它自身**，以及，它何以直接地直观它自身。因为它是**纯粹的活动**，所以它只能直观处于活动中的它自己。如果要直观活动中的它自身，它就必须**行动**。这种原初的行动必然是**对自身做出**的行动，因为迄今为止，精神除了自身之外一无所有。通过这种对自身做出的行动，在它面前产生了一个产物的世界。但是它不应该只是直观这些产物，而是在这些产物中直观它**自身**——**它的活动**。这将是不可能的，除非它把令产物在它面前**产生**的**行动**与**产物本身**相互分开，或者说（这是一样的），把它在表象中的**活动**与表象**客体**相互分开。问题是，如何做到这一点？

* * *

如果我们所有的认识都只是**经验性的**，那么我们就永远无法出离于纯然的直观。然而，我们的知识**原初地**只是经验性的。因此，如果说我们把直观的**客体**与**它本身**以及**产物**和产生它的**行动**区分开来，那么这一定是精神的一个**更为后发**的行动。

没有这个行动，我们尽管会直观到**空间**中的全部对象，但是却只能**在我们之中**直观空间本身。既然意识是一种绝对的内核，它与外物之间的任何直接接触都是不可思维的，那么我们就不得不认为，我们原初地并不**在我们之外**，或者说，如有些人所教导的那样，**在上**

**帝之中**直观物，我们毋宁仅仅**在我们自身之中**直观物。如果是这样，那么内部世界和外部世界的分割似乎就是不可能的了。因此，外感将完全溶入内感。由于内核只有在与外在的东西的对立中才被区分出来，因此内部世界将不可避免地与外部世界一并消亡。内部世界只对**自由地**回返自身的活动敞开。我们的活动既然不会出离自身，就也不会自由地回返自身。它将完全闭锁于自身，如同迷失在自身之中。

我们可以借用灵魂在**睡眠**中的状态来解释这一主张。既然灵魂是一种连续的活动，我们就不能相信它在这种状态下会停止活动，即停止生产表象。但是，由于灵魂离开了身体，与外部空间的一切关系因此变得不可能，那么，灵魂在这种状态下只在**自身**内部观察一切，它不产生概念，也不做出判断，正因为如此，它也不对自己曾经有过的表象有所记忆，简而言之，灵魂似乎与身体同时进入了睡眠状态。

在睡眠和清醒之间的中间状态，灵魂的自然活动受到半睡半醒的想象力的干扰，由此便产生了**梦**，在梦中，灵魂尽管有意识地直观一切，但却极为混乱。在这种状态下，对象仿佛游弋在一个**中间世界**（Zwischenwelt）当中。灵魂虽然经常**判断**出自己是在做梦，但却无法校正自己的表象，因为它无法将自己完全从对象中出离出来。

因此，精神的一切活动都不可能在直观中消灭，否则我们甚至不会意识到这种直观。问题只是在于，在我们的内在经验中，这种活动是否有任何超出直观的产物。我们（根据上文）必须承认，在直观状态中，表象和对象是同一的。尽管如此，我们还是通过谈论这种分割而把两者分割开了。但由于它们在我们之中**必然**是结合在一起的，因此它们不可能**实在地**，而是只能**观念地**、在**思想**中被分割开。但问题是，在我们之中，这种**思想**是何以可能的。

I, 392

由此可见(恰好顺便回顾一下)，**思想**不可能是我们的原初活动，因为它首先是直观之后的活动，并且，为了解释它，我们还需要一个更高的本原，它源起于这个更高的本原(就像密涅瓦从朱庇特的头里跳出来一样)。没有精神的**原初能量**，就没有**思想的自由**；没有思想的自由，就没有对象与表象之间的区分；没有对象与表象之间的区分，就没有意识，也不会有哲学，因为哲学正是以那个区分为出发点的。

在我们之中有一种能力，这是一种在直观中**自由地**重复精神的行动，并将其中的必然性东西从偶然性东西中区分出来的能力。没有这个区分，我们的所有认识都将仅仅是**经验性**的。因此，正是先天**概念的能力**使我们脱离了盲目的直观状态。然而，这些概念本身不过是精神的原初**直观方式**。只有**当**我们进行把握活动，或者说，进行**抽象活动**的时候，它们才作为概念存在。也就是说，它们并不是与生俱来(angeboren)的(因为与生俱来的东西是无需我们的协助而存在的)。灵魂不可能是一个被植入了某些特定的理念的特殊的物，因为抽象掉了它的那些理念之后它就什么也不是了。并不是那些理念对它来说是与生俱来的，而是，**它**对于**它自身**来说是与生俱来的。但是，如果一个人不能通过精神的**活动**以及精神的行动来理解精神，只认识他从精神中**抽象**出来的东西，那么对他来说，精神达致意识

I, 393

的原初行动就只是一些纯然**形式的**、基于某些外在的阻碍才发展起来的禀赋。对他来说，精神本身显现为某种不容纳任何区分的静止的东西、一种原初的行动**能力**。然而，这样一种静止着的精神能力是一个真正的非物(Unding)，仅仅在哲学家的抽象当中才成为现实。

精神应在其纯粹的行动中意识到它自身。而概念只是被模仿的直观。因而，概念将与直观在一个意识之中相互重合。继而，仅凭概

念还不足以解释精神的纯粹自我意识。

即使是对于一直处于麻木昏沉当中的动物,我们也不能否认它们有概念和直观。但是,动物(以及接近动物的人)所缺乏的是自由地**进行区分和关联的意识**,简而言之,它们缺乏**判断**,判断是理性本质的特权。只有在判断中,以下两种行动方式才得以结合:自由地区分直观和概念、自由地关联起直观和概念。只有通过判断,直观的产物才成了一个由我们所**规定**的**客体**。只有当我们做出判断时,表象才会**脱离**灵魂,作为**客体**进入灵魂之外的层面。

但是判断本身并不是原初的东西。**首先**,问题在于,是什么让精神有可能**区分**对象和表象?自然通过一种隐藏在人类灵魂深处的艺术解决了这个问题。为了防止概念和对象在一个意识中相重合,想象力将概念扩展到了个体性的限制之外,使概念游弋在普遍性和个体性之间。由此,想象力通过展现客体产生所依据的**规则**的感性轮廓,以一种特有的图型法(Schematismus)将个体性和普遍性在同一个产物中相结合。**第二**,对象和表象的相互**关联**何以可能?生产性想象力拟定一个**图形**(Bild),由此以规定和限定概念。只有在图型和图形的交汇中,才产生了关于一个**个别**对象的意识。①

I, 394

哲学不可避免的一个弊端是,它必须将在人类精神本身当中只是唯一一个行动、唯一一个环节的东西打破,变成支离破碎的环节和行动。因此,对于那些无法通过先验想象力,将他们被迫分割开

---

① 康德在《纯粹理性批判》的图型法部分中对"图型"(Schema)与"图形"(Bild)做出了区分,是影响谢林此处论述的一个重要思想来源。参见[德]康德:《康德著作全集第3卷:纯粹理性批判(第2版)》,李秋零译,中国人民大学出版社,2004年,第128—134页。——译者注

的东西统一起来的人来说，哲学就变得不可理解了。因此，我们可以清楚地看到，如果没有一个关于对象的图形游弋在灵魂面前，引导灵魂的生产行动，那么灵魂就无法拟定对象的图型。如果不是同时依照一个在感性轮廓中得到呈现的规则（一个图型）进行操作，那么灵魂也无法生产图形。

由此可见，这一个行动序列（这些行动全部都是意识的条件）不是一个**前后相继的序列**，也就是说，不是一个预设另一个、一个生产另一个，而是它们全部共同地相互预设和相互生产。这里有一种行动的交替，这些行动总是持续地回到自身当中。**判断**实际上是所有理论行动从之出发、又回归其中的中心点。

现在，我们应该走出这个魔力的圆圈。但每一个与客体相关联的行动都会回到这个圆圈当中。离开这一个圆圈的唯一可能，是借助一个除了**精神本身**之外没有其他客体的行动。很显然，除非精神力图超出所有的客体，否则精神无法意识到它的行动本身。而在所有客体之外，精神将找到的，只有它自己。

对于那个让精神从客体中挣脱而出的行动，我们没有别的解释，只有将其解释为精神的**自我规定**。精神规定它**自身**去实行这一行动，当它规定它自己，它也就实行了这一行动。

I, 395　这是精神给予它自己的，超越一切有限的东西的**推动力**（Schwung）。它为自己毁灭了一切有限的东西，只有在这种**截然的肯定性东西**当中，它才会直观**它自身**。

精神的自我规定就是**意愿**（Wollen）。精神**有所意愿**，并且它是**自由的**。对于它**有所意愿**这一事实，我们无法更进一步地给出根据。正是因为这种行为本身截然地发生了，它才是一种**意愿**。

当精神通过行动为自己毁灭一切客观性东西，对它而言唯一留下的就是**它的意愿的纯粹形式**。从此刻起，这就是它行动的永恒的法则。

问题在于，精神如何直接意识到它自己的行动？回答是，通过把自己从客体中出离出来。而这只有通过它**截然**的行动才能实现。**截然的行动**正是**意愿**。因此，精神唯独在**意愿**中直接地意识到它的行动。一切**意愿**的行动正是**自我意识的最高条件**。

＊＊＊

这就是我们一开始所寻找的行动，也是将理论哲学与实践哲学结合为一的行动。

对于这一行动本身，我们无法更进一步地给出根据。因而精神之所以**存在**只是因为它**意愿**；而精神之所以认识自身，只是因为它**规定了自身**。我们无法超出这一行动，因此，它合法地是我们的**哲思的本原**。

精神是一个**原初的**意愿。这一意愿因此与精神**自身**一般地是**无限的**。但是，在这个意愿的行动当中已经包含了本原的二元论，这一二元论统辖了我们的全部知识。在这一行动中，划分我们的知识的两个世界获得了**分离**。

精神原初地规定它自己，就其本性而言，它同时是活动的与受动的。

它在对客观世界的直观中终结了这一作为和受动的原初冲突。     I, 396
但是，只有在这个(行动与受动的)冲突中，精神才得以持续。如果精神不能复现那个原初的冲突，那么这个冲突会带着精神的所有活动一起终结在直观之中。而如果要复现那个冲突，精神只能将自己从直观的产物中出离出来，而它要做到这一点，就只能由它规定**它自身**去这样做，也就是，再度变得既活动，又受动。

精神**有所意愿**。但是**意愿**只有在与现实的东西的对立之中才会产生。仅仅是因为精神在**现实的东西**当中感觉到自己受到囚困，它才会要求**观念的东西**。现实的东西与观念的东西同等地必然与永恒，而精神由于它本己的意愿而受到了客体的束缚。

反之，如果没有意愿的自由，在我们之中就只有**盲目的表象行动**，而且，在我们的表象行动中，我们不会有对于**我们自己**的意识。

既然在整个客观世界当中，没有什么**自在地**是现实的东西，那么我们要理解它何以持续，就只有诉诸精神的不间断的**意愿**。只有我们的意愿的自由，才是那个承载起我们整个表象体系的东西，而世界本身也完全存在于精神如此这般的舒张与收缩之中。①

因为一切时间都起源于精神的纯粹意愿与行动，所以人们也把握到世间万物的**"同时存在"**（Zugleichseyn）。宇宙的理念已经（以一种尚未展开的方式）内敛在精神最原初的行动中。只有通过一个无限的行动序列它才得到展开与呈现。只有那唯一一个行动是本质上综合的，所有其他的行动就其**与那个行动的关联**而言都是分析的。

---

① 莱辛在与雅可比的谈话中从莱布尼茨那里借用了持续创造的形象。（谢林此处指的是雅各比的《论斯宾诺莎的学说——致门德尔松先生的书信》中记载的莱辛与雅各比的谈话内容，原文如下："莱辛：您还记得莱布尼茨谈论上帝的一段话吗？他说，上帝处于永恒持续的舒张和收缩之中：这就是世界的创造和存在。"参见 F. H. Jacobi, *Über die Lehre des Spinoza in Briefen an den Herrn Moses Mendelssohn*, Hamburg: Felix Meiner, 2000, S. 29。——译者注）

在康德那里，人们一再追问理论哲学与实践哲学是**如何**联系在一起的。人们甚至怀疑，它们在**康德的**体系中根本上是否联系在一起。但是，如果人们坚持康德本人建立的作为实践哲学本原的**自主**（Autonomie）这一理念，那么人们就会很容易发现，这个理念正是他的体系中那个联系起理论和实践哲学的点。并且，在这个理念中，理论和实践哲学的原初综合实际上已经得到了表达。我希望能更清楚地说明这一点。

I, 397

整个实践哲学都要求以**先验自由**为本原。但《实践理性批判》中与之相关的主张是，如果自然法则本身，尤其是因果律，是**自在之物**的法则，而不是纯然现象的法则，那么先验自由将是不可思维的。这已经展露了理论哲学和实践哲学在这一体系中的一项必然联系。

此外，**康德**自己也主张，我们可以也必须一方面根据**因果律**在**心理学**上将人类的行动解释为必然的。但另一方面，我们并不会因此被迫放弃**自由**的理念，以及与之相伴的所有关于罪和功绩的概念。为什么？**谁**是此处的解释者？我自己。解释是**为谁**的？同样，是为了我自己。对于这个**自我**而言，它的行动尽管是自由的，但是却显现为一个原因和作用的必然联系的后果。这个自我究竟是什么呢？显然，它是一个给予它的行动**本身**以外在层面的本质、一个**显现于自身的**本质、一个**为了自身且通过自身而转变为经验性东西**的本质。它是这样一个本原：由于所有其他东西都是显现在它面前的，它**自身**并不是现象，或者说不处于现象的法则之下。显然，**康德**的主张，即自由的行动（经验性地）显现在我们面前，预设了一个更高的本原。在这个本原中，现实性和可能性、必然性和自由、实在性东西和观念性东西原初地（如同通过一个预定和谐一般）结合为一。

I, 398　　　因为，如果人类精神原初地就是自主的，那么它就是一个这样的本质：它不仅仅在自身之中承载着自己的存在和实在性的**根据**，也在自身之中承载着自己的存在和实在性的**界限**。对它来说，这个界限不可能由任何外在的东西来规定。它是一个自身封闭、自身完成的总体性。① 如果一个这样的本质应当直观到一个**外在的世界**，那么就必须根据它的本性，使仅仅是精神的**内在**行动的东西**在外部**显现出来，而且是必然地、按照必然的法则显现出来。**绝对的内在**行动中尤其包含那些令我们意识到自己是道德的本质的行动。要做到后者，我们就必须把那些行动与我们自己相**区分**，也就是说，在我们**之外**直观它们。

同样，如果这个自我封闭的本质要作用于外部世界，那么外部世界本身就必须属于它原初的活动的范围，感性的东西与超感性的东西不可能在**种类**上，而是仅仅在其受到的**限制**方面有所不同。

反过来，如果外在的世界（如康德在理论哲学中所证明的）仅仅是现象，那么，我们便无法把握，外物的无限的杂多与一个合规则性、合目的性的体系怎么可能起源于一个道德上空洞和僵死的、自身无目的和无规定的本质的表象力。②

因此，很显然，如果**康德**的理论哲学和实践哲学不是自同一个本原（人类精神的原初自主）而产生的，那么二者同样都会是无根据和不可把握的。

---

① 就像一个由无限者和有限者建构而成的自由的字母组合（Monogramm）（第一版附释）。
② 同样的，如果无法洞见，在我们之中的原初的实践性的东西，是对于我们来说的一切现实性东西的源泉，那么我们将无法把握**这一**唯心论。

\* \* \*

即使我们把所有对质料的关切都从这一研究中分离出来，仅仅一般地考察我们必须遵循的方法，我们也会得出同样的结论。

理论哲学要求解释表象的起源。但是它是从哪里获得这种解释的需要的呢？而且，这种解释本身作为一种行动，难道不是预设了我们已经使我们自身独立于我们的表象，亦即，它难道不是预设了，我们已经成了**实践的**吗？换句话说，理论哲学就其第一本原来说，已经预设了实践哲学。反过来，实践哲学也预设了理论哲学。对于大多数读者来说，或许已经无需对此做出证明，即使我在前面的文章中没有给出它。因此，理论哲学和实践哲学分别如何可能，这两个问题不可能**从其中某一方出发得到解决**，它们必须有一个**共同的**解决（如果这个问题最终能够得到解决的话）。

正因为如此，它既不能在理论哲学中找到，也不能在实践哲学中找到，因为这两者是相互排斥的。也就是说，这一解决要么根本不存在，要么只有在一种**更高级的**哲学中才能找到，而这种哲学将两者**统摄**起来，正因为如此，这种哲学必须从人类精神的**绝对状态**出发，在这种状态中，精神既不是理论性的，也不是实践性的，这种状态所提供的是通向理论和实践领域的共同的过渡。

但是，从一个无规定的**绝对**状态向一个特定的状态的过渡，是不可能通过某种**外在的**规定来实现的。因为在那个状态当中，精神对任何外部原因都是封闭的。因此，如果它要被**规定**（我们必须预先假定这一点），它只能**通过它自身而被规定**。因此，这种精神的**自我规定**必然是理论哲学和实践哲学的共同过渡。由此，我们又回到了

I, 399

我们的出发点。

＊＊＊

试图通过理论哲学来奠定理论哲学的做法在根本上是倒错的。只要我们仅仅关心的是建立一座哲学**大厦**（康德的目的显然也是如此），我们就可以满足于这样一个基础，就像当我们建造一座房子时，我们对它稳固地矗立在大地上感到满意一样。但是，当我们谈论一个**体系**时，问题就来了：大地以何者为基础，而大地以之为基础的东西又以什么为基础，如此往复，直至无限。

**体系**意味着是一个承载**它自身**的整体，它是自我封闭的，不预设在它的运动和联系之外的根据。当人们揭示了世界力量的总体平衡，世界这座大厦就成了**世界体系**。哲学现在也应当揭示一种精神力量的总体平衡，以便成为一个体系。但是，正如宇宙赖以存在的力量不能基于物质得到解释一样（因为力量是物质的前提，物质必须基于力量得到解释），我们的知识体系也不能**基于**我们的知识得到解释，它本身是以高于我们的知识和认识的本原为前提的。然而，唯有我们内在的**先验自由**或者说**意愿**的能力才能超越我们的所有认识。因为作为我们所有知识与作为的边界，它必然是唯一的**不可把握**和**不可消解的东西**——就其本性而言**最无根据的**（Grundloseste）、最无可证明的东西，恰恰因此，它也是我们的知识中最直接的和最明见的东西。

哲学通过揭示这一本原而经历的整场革命，归功于一个出色的思想：必须假定，对世界进行观察的立场，不在世界本身之中，而在世界之外。阿基米德的古老要求（当其应用于哲学时）由此得以实现。如果有人想把杠杆放在世界内部的某个固定点上，以图将其移到别的位置上，那么这将是徒劳无功的。这最多只能移动一些个别的物。阿基米德需要一个世界**之外**的固定点。想从**理论上**（即在世界本身之中）找到这个固定点，将是荒谬的。

但是，如果我们之内有一种**纯粹的意识**，它独立于外物，不被任何外部力量所压制，而是**承载**与**维系**着自身，那么这实际上就是"阿基米德所需要却没有找到的东西：一个稳固的点，理性可以把自己的杠杆支在上面，确切地说，既不把它支在今世，也不把它支在来世，而是把它仅仅支在其通过不可动摇的道德法则而表现为可靠基础的**内在自由理念**上"①，这个内在自由理念将两个世界在自身中结合为一，因此必然是二者的**本原**。

除了通过**行动**，我们无法意识到这种绝对自由。我们不可能进一步去把它推导出来。

自我意识的来源是**意愿**。然而，在**绝对意愿**中，精神会直接意识到它自身，或者说获得了一种**对于它自身的理智直观**（intellektuale Anschauung）。这种认识之所以被称为**直观**，是因为它是**无中介的**、**理智的**，因为它的对象是一种**活动**，这种活动远远超越了任何经验性的东西，并且是无法通过**概念**达到的。在概念中呈现的东西，是**静止的**。因此，只有关于客体的概念，只有关于**被限制的**、被**感性**直观到的东西的概念。运动的概念并非运动本身，没有直观，我们将无法知道什么是运动。**自由**只能被自由所认识，**活动**只能被活动所领会。如果在我们之中没有理智直观，那么我们就会永远被囚禁在我们的

I, 401

---

① 此处谢林引用了康德在《论哲学中一种新近升高的口吻》中的论述，强调（黑体）为谢林所加。中译文参见[德]康德：《康德著作全集第8卷：1781年之后的论文》，李秋零译，中国人民大学出版社，2010年，第145页。——译者注

客观表象当中。也就不会存在**先验思维**，不会存在先验想象力，不会存在哲学——无论是理论的，还是实践的。

只有那个在我们的纯粹活动中对于**我们自身**的不间断的直观，才是那使得统觉的**客观统一性**和一切统觉的相关项[Correlatum]，即**我思**，成为可能的东西。诚然，"我思"这一命题仅仅是**经验性**的，但是这一命题中的"**自我**"（das Ich）是一个**纯粹的理智表象**，因为它必然先行于全部经验性的思维。① 自我直观的不间断的活动，以及维持这种活动的先验自由，是使**我本身**不致在表象之流中消亡，使**我**（像张开无形的羽翼那样）从行动走向行动，从思想走向思想，

---

① 还是康德自己的话。奇怪的是，某些哲学作者总是无休止地向其他作者重复康德的话，仿佛他们还不成熟，或者仿佛他们甚至没有读过康德**反对**（在他的意义上的）理智直观的**可能性**的 100 个段落中的哪怕**一个**。这就好像他们害怕，在人们向他们证明他们不**理解**他们的**主人**和**大师**之后，他们连勤奋**阅读**和**背诵他**的言辞的名声也都会失去。然而，没有人想要怀疑这一点（谢林此处间接引用的康德文本来自《纯粹理性批判》辩证论中《论纯粹理性的谬误推理》部分的一处脚注，现将其全部摘录如下："如同已经说过的那样，'我思'是一个经验性的命题，在自身中包含着'我实存'的命题。但是，我不能说'凡思维者皆实存'；因为这样的话，思维的属性就会使一切具有这种属性的存在者都成为必然的存在者了。因此，我的实存也不能像笛卡尔所主张的那样，被视为从'我思'的命题中推论出来的[因为若不然，'凡思维者皆实存'这个大前提就必须走在前面]，而是与该命题同一的。它表述一种不确定的经验性直观，亦即知觉[因而它毕竟证明，已经有属于感性的感觉作为这个实存命题的基础]，但先行于应当通过范畴在时间方面规定知觉的客体的经验；而实存在这里并不是一个范畴，并不作为范畴与一个不确定的被给予的客体相关，而是仅仅与一个人们有其概念，并且人们想知道它是否还在这一概念之外被设定的客体相关。一个不确定的知觉在这里意味着某种实在的东西，它被给予，而且仅仅是为了一般的思维而被给予，因而不是作为显象，也不是作为事物自身[本体]，而是作为事实上实存的某物，并在'我思'的命题中被表示为这样一个某物。因为应当注意的是，当我把'我思'这个命题称为一个经验性命题的时候，由此并不是想说，'我'在这个命题中是经验性的表象；毋宁说，它是纯理智的，因为它属于一般的思维。然而，没有为思维提供材料的某种经验性表象，'我思'的行动就毕竟是不成立的，而经验性的东西只不过是纯粹理智能力的运用或者应用的条件罢了。" 中译文参见[德]康德：《康德著作全集第3卷：纯粹理性批判（第2版）》，李秋零译，中国人民大学出版社，2004年，第270—271页。——译者注）

从时间走向时间的唯一原因。①

所有的**狂热思想**都超越了理性的界限。我们主张，这些界限是精神为自身划定的，因为它给自身划定了层面，只在这个层面内直观自己，而在这个层面之外，它一无所有。如果有人想在**这个**令狂热思想永远成为不可能的东西中发现狂热思想，那将是荒谬可笑的。

当人们把这一哲学与其他哲学相互比较时，这一哲学大抵终究是更受保障的。在**这一**哲学的推动力之下，对于哲学中的第一定理的探究已走得非常深远。通过这种学说，所有先验思维的对立面——古老的独断论——一度被重新引入。独断论从一开始就把它的信徒置于一个必然的表象体系当中，从中不可能找到出路，也不可能向更高的世界（自由的世界）飞翔。先验哲学的本己的特性在于，它从一开始就为领会它的人打破了经验性知识的束缚，使他获得自由。一切客观性东西都因其本性而受到限制。即使是我们本己的作品，一旦脱离了灵魂，成为客观的东西，就会成为我们的障碍，而产生这个作品的那种创造性的感觉也会消失。

I, 403

先验哲学将一切客观事物都先看作**并非现成在场**的，因此先验哲学就其本性而言朝向着**那些生成流变着的**（das Werdende）、**活生生的东西**。因为它的首要本原是**发生学式的**（genetisch），精神与世界同时在其中形成与成长。它与**怀疑论**的共同点是**沉思**

---

① 根据费希特教授在《哲学杂志》第五卷第四期中所写，没有什么需要补充的了。实际上，整个研究都属于**感性论**（我还会回到这里）。因为这门科学只显示了通向整个哲学的入口，因为只有在这门科学中才能解释什么是哲学精神（没有哲学**精神**而进行哲学活动，就无异于在时间之外持存，或者想写诗而没有想象力。——第一版附释）。
（谢林此处所指的是费希特1797年的《知识学第二导论》[*Zweite Einleitung in die Wissenschaftslehre*]——译者注）

（Contemplation）和推理（Räsonnement）的**自由**，它与**独断论**的共同点是**主张的必然性**。我们将会察觉它对于其他诸门科学的作用，因为它不仅仅**唤醒**了人们的思想，还如同一道电击，扭转了思想的两极。

## IV

"他是一个唯心论者，他的体系是一个唯心论的体系。"有些人说道。他们认为，自己单凭这句话就已经一举击败了这个人和他的体系。亲爱的朋友们，如果你们知道，他**之所以**是一个唯心论者，只是因为他**同时恰恰因此**是一个最严格、最确凿的实在论者，你们就会有不同的看法了。那么，**你们的**实在论究竟是什么呢？它实际上位于何处？它在于，你们主张有某些在你们之外的东西导致了你们的表象，只不过你们不知道它是什么、它在哪以及如何导致了你们的表象。恕我直言，这是错误的。你们不是自主创造出这一主张的，你们从某个学派那里听来了这一主张，而不曾自主地理解它便开始人云亦云。你们的实在论比这个主张古老得多，它比那个仅仅从最表层掠过的对于你们表象的源泉的解释要远为深刻。

我向你们介绍这种**原初的**实在论。这一实在论所相信和希望的，无非是你们所表象的对象同时也是现实的对象。但这个命题正是最分明的、显而易见的唯心论。无论你们如何抵制，你们都**天生地**就是**唯心论者**。

你们学派的哲学家们对**这种**实在论一无所知，只是因为对他们来说，人类的本性已在徒劳的概念游戏中消失殆尽。**你们**应该感觉到自己配得上更好的哲学。让死人去埋葬他们的死人吧,但你们要保留你们的人类本性,没有任何哲学能从概念中挖掘出人类本性的深度。

如果人们能够预见到,盲目地相信一个人的**表达**会比相信他的哲学本身更有效果,那么人们就会遗憾于康德用了独断论的语言来阐述他的那门要从根本上摧毁所有独断论的哲学。

"我们不认识自在之物。"康德如是说。有人说,"我不认识某某先生",那么这意味着,"我确实知道某某先生就物性[rerum natura]而言实存,只是**我恰好不认识它**"。显然,那一表达**预设**了自在之物的实存。这就好比一个独断论者想用**他的**语言让某个第三方理解康德的论断。

尽管如此,一个不拘泥于文字表述,而是直奔实事的康德主义者,将不得不违背他的老师的文字表述,以表达出一个完全符合他的精神的主张,**即我们真的如物自在之所是一般地认识物**。也就是说,在被表象的对象和现实的对象之间根本没有区别。

有些人夸口说,他们的"主人"和"上师"希望人们从字面上理解他们。这些人并没有意识到,即使在这样一个人的文字表述中,也蕴含着远非他们所能理解的东西。①如果康德真的希望人们从他原本的文字表述出发理解他,那么没有人比贝内迪克特·施塔特勒②等反

---

① 他们没有意识到,莽撞的哲学也有权莽撞地说话,而他们所患的羞于启齿的毛病,只是因为精神狭小(第一版附释)。
② 贝内迪克特·施塔特勒(Benedikt Stattler, 1728—1797),天主教神学家、哲学家,康德哲学的著名反对者。——译者注

对者更加理解他。但其中首先要提的是某位舍费尔先生①，他于1792年出版了一份论文《论康德哲学中的不一致性和显而易见的矛盾：尤其是在<纯粹理性批判>中》(*Inconsequenzen und auffallende Widersprüche in der Kantischen Philosophie, besonders in der Kritik der reinen Vernunft*)。②

哲学中每一种大胆的表达都近乎独断论，因为它试图表象一些永远不可能成为表象**客体**的东西。它**象征**着它无法使之**感性化**的东西。如果有人把象征当作客体本身，那么就产生了一种听起来比（现代人表象中的）③古埃及人的宗教或印度人的神话更具冒险精神的哲学。

在康德**之前**，人们并不在康德所持有的**那种**意义上理解**自在之物**。它仅仅只是一种将读者从**经验论**的沉睡中唤醒的**触发**（Anstoß）。经验论自以为可以通过经验来解释经验，通过机械论来

---

① 威廉·弗里德里希·舍费尔（Wilhelm Friedrich Schäffer, 1750—1831），路德宗神学家。——译者注
② 第二版省略了以下内容：但精神和文字意味着什么？文字表述本身是死的且始终是死的。盲目的信徒们，你们也把一种**精神**带入了你们主人的文字中，只不过是**你们的那种精神**（或者说，非精神）。因此，既然你们看到，在进行哲学活动时，一个人无论如何想，都不得不[nolens volens]通过**自主**进行哲学思考才能取得进展，那么，就**说出来**，承认你们是这样做的。你们应该自由而坦率地对自己进行哲学思考，而不要用别人的文字表述来夸耀自己。

顺便说一句，这位先生和主人显然没有指望你们。否则，他将会追根究底地攻击你的哲学。这就是懒惰的理性，它总是渴望着自在之物和其他类似的白日梦。然而，说我们不认识自在之物（为此，你们主动向哲学表示诚挚的哀悼，并用认识官能的受限制状态来为自己推脱），并不是要消除这种欲望，而是要滋养和维持这种欲望。

因此，这里令人遗憾的毋宁是，就连这门哲学的字面意义对大多数人来说都显得太过大胆。
③ "现代人表象中的"为第二版附释。

解释机械论。

"感性东西的本原不可能又复存在于感性东西之中，它必须存在于超感性的东西之中。"**康德**是这样说的。正如在他以前的与和他同时的所有真正的哲学家中，没有人比**雅各比**更清楚和准确地说出过这句话。一切感性东西的特征正是在于此，它是**有条件的**，它的基础不**在它自身**当中。

康德用"**自在之物**"这个表达将这个一切感性东西的超感性的根据**象征化**（symbolisiren）了。这个表达正如**所有象征性的表达一样**，在自身中包含了一个**矛盾**。因为这个表达试图通过有条件者来呈现无条件者，试图将无限者变得有限。然而，这样一个矛盾的（荒谬的）表达却是让我们在根本上能够呈现**理念**的唯一表达。我们早已知道，那些**不懂审美的头脑**可以由这个词做出些什么。柏拉图在词语上费尽心思，想要表达出，**理念**包含一种**存在**，它远远超出一切**经验性的实际存在**。直到今天我们仍然可以听到这样的证明，即柏拉图的理念是一些**现实的实体**，正如康德的自在之物（参见普莱辛①的《底比斯门农神庙，或者揭开古代之谜的尝试》[*Memnonium oder Versuche zur Enthüllung der Geheimnisse des Alterthums*]）。

康德在与埃伯哈特先生②的论战论文中有一段与此相关的值得

---

① 弗里德里希·维克托·莱布雷希特·普莱辛（Friedrich Victor Lebrecht Plessing, 1749—1806），德国哲学家，以其强势的柏拉图主义立场闻名。——译者注

② 约翰·奥古斯特·埃伯哈特（Johann August Eberhard, 1739—1809），德国哲学家，康德哲学的强势批判者与莱布尼茨-沃尔夫哲学的捍卫者，写作了一系列文章论证康德哲学中正确的思想内容都可以在莱布尼茨处找到，这也构成了康德1790年发表《论一个据说一切新的纯粹理性批判都由于一个更早的批判而变得多余的发现》（*Über eine Entdeckung, nach der alle neue Kritik der reinen Vernunft durch eine ältere entbehrlich gemacht werden soll*）的动因。——译者注

注意的论述："我们必须（在对于表象的解释中）诉诸**自在之物**，这正是《批判》始终不渝的主张；只不过它并**不把感性表现的材料的这种理由又设定为作为感官对象的事物**，而是设定为作为其根据，而且我们对之不能有任何（自明地，这始终是指**理论的、定言的、与实际存在相关的**）认识的某种超感性的东西。它说的是：**作为自在之物的对象为经验性直观**（它们包含着根据其感性来规定表象能力的**理由**）**提供材料，但它们并不是经验性直观的材料。**"①

显然，自在之物在这里唯独表示表象的超感性根据的**理念**。自在之物只是包含了**感性地规定表象能力的根据**。没有这个规定行动，我们就不会对这个超感性根据产生意识。**在这个对我们自身的规定行动中才产生了两个世界的分离，即感性世界（实在的现象世界）和超感性世界（观念的自在之物的世界）。**

我很清楚，在**康德**的**理论**哲学中，这个用于建构所有表象的超感性的本原是完全无所规定的。在某些地方，他提出如下论战性的假设来反对唯物论，此即，**物质的理知的基体和思维的理知的基体或许是同一的**。

在舒尔茨先生②的《阐明》等书中，我记得曾读到过：规定我们表象的东西**可能与灵魂本身并无太大区别**。当然，在这里，一切都是

I, 407

---

① 谢林此处引用了康德1790年发表的《论一个据说一切新的纯粹理性批判都由于一个更早的批判而变得多余的发现》。谢林引述的康德文本与现在通行的科学院版略有不同，中译文根据谢林的引述以及上下文语境有所改动，参见[德]康德：《康德著作全集第8卷：1781年之后的论文》，李秋零译，中国人民大学出版社，2010年，第217页。——译者注

② 约翰·弗里德里希·舒尔茨（Johann Friedrich Schultz, 1739—1805），德国新教神学家、哲学家和数学家，此处谢林提及的是舒尔茨在1781年发表的《康德教授先生的<纯粹理性批判>阐明》（*Erläuterungen über des Herrn Professor Kant Kritik der reinen Vernunft*）。——译者注

不确定的、浮动的。

此外，在康德追求其理论哲学体系的过程中，那个只有通过**一切表象的原初内在本原**（他从没有尝试规定它）才能得到解释的东西并**没有得到解释**。我只举出一个例子。

他从知性（在逻辑运用中）的形式功能中推导出范畴，而知性的形式功能本身需要一个更高的推导，或者说，它们毋宁应该反过来，从范畴中被推导出来。在建立了范畴表之后，他继续说道："关于这个范畴表，可以做出一些**精细**的考察，**它们也许能够在所有理性知识的科学形式方面有显著的效果**。"① 而这是指，"每一组的范畴处处都是同一个数字，即三，这同样要求深思，因为通常来说，（根据矛盾律）对概念做出的划分都必然是二分法。此外还有，第三个范畴每处都是（**综合地**）出自该组第二个范畴与第一个范畴的结合"②。

每个人都洞见到，在这个范畴表中，精神的全部建构所依据的原初形式都直观地以数学的精确性得到了展现。但是，人类精神在根本上不得不**从对立的东西当中建构**出它直观和认识的一切。要洞见这一点的根据，我们就必须揭示出康德在其实践哲学中**确立**的，但在其理论哲学中只是处处**预设**的人类精神中的**原初二元论**。

此类思考并非一种哲学遐想，因为其基础有多深，其外延就有

I, 408

---

① 参见[德]康德：《康德著作全集第3卷：纯粹理性批判（第2版）》，李秋零译，中国人民大学出版社，2004年，第90页。——译者注
② 谢林引述的康德文本与现在通行的科学院版略有不同，中译文根据谢林的引述有所改动。参见[德]康德：《康德著作全集第3卷：纯粹理性批判（第2版）》，李秋零译，中国人民大学出版社，2004年，第91页。——译者注

多广。康德所说的两个范畴是同一根主干的主要分支,而这根主干在整个自然界中无限地**分散出枝节**。不仅物质和世界体系本身的可能性,而且自然界的全部机制和有机体都把我们引回这种本原的二重性。①

范畴表被无数次地复制、重印和再版,关于它,人们说尽了各种形式化的废话。但对于康德在宣称范畴表的建立将为全部科学带来功绩时所希望它带来的那种**实在的**运用,人们却少有理解。

回到正题。在康德的**理论**哲学中,一切表象的超感性本原仅仅得到了暗示。然而,在**实践**哲学中,**意志的自主**突然成为我们**行动**的本原,我们之中的**自由**成为我们唯一拥有确定性的超感性事物。

I, 409 那么,谜题就在这里迎刃而解了。莱茵霍尔德(他的论文《形而上学的当下局面》②引起了前文的讨论,该论文见于他的《杂著选集》[*Auswahl vermischter Schriften*]的第二部分)问道,费希特**首先**提出的那种先验唯心论,是在整体上与**康德**的先验唯心论相同,还是在"表象的本原仅仅是一个内在的(无法在与自我不同的**某物**中找到)本原"这一基本主张上偏离了康德。根据迄今所述的内容,我们对这个问题的回答是这样的:

两位哲学家一致地主张,我们表象的根据不在感性的东西,而

---

① 例如,也许还能证明,所有所谓奇妙的(尚未解释的)自然现象都源于固体物体与迄今为止大部分不为人知的流体之间的相互作用,这种流体充满了我们的行星系统,无疑也充满了整个太空;但我们对这种流体的**知识**是,它以最多样的形式出现,但只有当其**分离**(分为正物质和负物质)时才显现为**活动的**(第一版附释)。

② 谢林此处提及的是莱茵霍尔德于1797年发表的文章《论全部形而上学以及先验哲学的当下局面》(*Ueber den gegenwärtigen Zustand der Metaphysik und der transcendentalen Philosophie überhaupt*)。——译者注

在**超感性的东西**之中。在理论哲学中，康德必须将这种超感性的根据**象征化**，因此他才会谈论**给予**我们的表象以材料的**自在之物**本身。**费希特**之所以能够免除这种象征性的呈现，是因为他不像康德那样把理论哲学与实践哲学割裂开来。费希特**独一份**的功绩恰恰体现在这一点上。他把康德置于实践哲学之首的本原（**意志的自主**）**扩展为整个哲学**的本原，从而成为一种哲学的创始人，这种哲学可以名正言顺地称为一种更高的哲学，因为在其精神中，它**既不只是理论的，也不只是实践的**，而是**同时两者兼而有之**。

**莱茵霍尔德**本人（在前面引述的论文的前言中）解释道，他的目的不在于完整地呈现这种唯心论。他特别要强调的是，这种唯心论的本原位于**纯然的理论**哲学之外。他指出，"感性和知性只有在非我的关联中才是可思维的，非我绝非通过感性和知性被**设定**的东西，而是只是**被预设**的东西"①。这段话不应被误解。严格地说，知性和感性都不**预设客体**，因为客体的世界本身无非是我们的原初感性和我们的原初知性。知性不预设客体，客体也不预设（作为一种静止的能力的）知性。（在建构着的活动当中的）知性与客体是同一且不可分割的。莱茵霍尔德想要说的只是，感性和知性如果没有（通过它们而产生的）客体就是**不可思维**的，这一点可以通过其对立面而清楚地看出："然而，纯粹理性是**绝对的活动**。"② 我们可以既将理性

---

① 谢林在此引用的这段话出自莱茵霍尔德的《论全部形而上学以及先验哲学的当下局面》，参见 K. L. Reinhold, *Auswahl vermischter Schriften, Zweyter Theil*, hrsg. v. M. Bondeli u. S. Imhof, Basel: Schwabe, 2017, S. 127。——译者注

② 这句话同样出自莱茵霍尔德的《论全部形而上学以及先验哲学的当下局面》，参见 K. L. Reinhold, *Auswahl vermischter Schriften, Zweyter Theil*, hrsg. v. M. Bondeli u. S. Imhof, Basel: Schwabe, 2017, S. 127。——译者注

理解为理论理性，也可将其理解为实践理性，但前者并非**绝对的**活动，它本身仅仅是（通过实践理性而）提升了的想象力：因此，莱茵霍尔德在这里似乎把纯粹理性理解为**实践理性**。但问题是，这句话（"纯粹理性是**绝对的活动**"）如何与他随后关于**康德自由意志概念的评论**[①]相协调。根据这些评论，自由意志与纯粹（实践）理性是完全**不同**的。我不知道一种不同于意志的实践理性（**立法的理性**）何以是可思维的，毕竟意志本身就应该是**自我立法的**。但这是后话。无论如何，从下文可以清楚地看出，作者是站在唯心论的**实践**立场上，将**理论**立场放在了一边。

"自我将它自己与一个非我对立设定。通过这个绝对活动（自我通过这个绝对活动设定了它自己），非我本身就被设定了。表达这一点的命题建立起了原初的反题：**自我将它自己与一个非我对立设定**，或者说，通过自我，非我就**截然地**被设定了。"[②] 假定有人想从这段话中发展出关于先验唯心论的完整概念，他就必须这样理解

---

[①] 谢林此处所指的应为与《论全部形而上学以及先验哲学的当下局面》共同收录于莱茵霍尔德《杂著选集》中的另一份论文《关于伊曼努尔·康德在〈法权论的形而上学初始根据〉的导论中建立的自由意志概念的若干评论》(*Einige Bemerkungen über die in der Einleitung zu den metaphysischen Anfangsgründen der Rechtslehre von I. Kant aufgestellten Begriffe von der Freiheit des Willens*)。——译者注

[②] 此处谢林仍旧在引述莱茵霍尔德的《论全部形而上学以及先验哲学的当下局面》，即便他的引文并非完全逐字对应。莱茵霍尔德文本中与该引文相应的内容见于：K. L. Reinhold, *Auswahl vermischter Schriften, Zweyter Theil*, hrsg. v. M. Bondeli u. S. Imhof, Basel: Schwabe, 2017, S. 128。引文中包含的"自我""非我""对立设定"等概念显然源于费希特，如2017年出版莱茵霍尔德《杂著选集》的学者邦德利（Martin Bondeli）与伊姆霍夫（Silvan Imhof）所指出的，莱茵霍尔德此处在以自己的方式运用费希特在《全部知识学的基础》当中的思想。参见K. L. Reinhold, *Auswahl vermischter Schriften, Zweyter Theil*, hrsg. v. M. Bondeli u. S. Imhof, Basel: Schwabe, 2017, S. 252。——译者注

"自我将它自己与一个非我**截然地**对立设定"这一命题：自我在**理念中**将它自己与一个**非我**对立设定。但是，这对于解释我们的客观表象的**必然性**显然毫无益处。

因为那个**对立设定**的行动是一个**自由的**、**伴随着意识的**行动，它不是**原初的**行动，也就是说，也不是**必然的**行动。然而，自我将它自己与一个非我对立设定。当它这样做时，它便成了**实践的**。可是如果不预设非我，或者说不预设**它自身受到非我所限制**，那么自我就无法做到这一点，也就无法成为**实践的**。而被限制状态的感觉只有**通过**对立设定的行动才能产生，并且，唯有那种限制性是**原初的与实在的**，那种感觉才会产生。因此，如果要令自我成为实践的（这正是这里的主题），那么就必须做到以下两点：（1）自我在其表象中受到限制。[但是自我并非好像一个**客体**一般受到限制，仿佛在没有**它的协助**的情况下，它会由于一个外在的东西而受到一个特定的限制一般。自我之所以受到限制，毋宁在于**它感觉到自身是受限制的**（因为一般来说，自我无非就是它在自己之中直观或感觉到的东西）。只有当它**在观念上**将自己与限制**对立设定**，它才能**感觉到自己是受限制的**。因此，]（2）自我必须将自己与限制（非我）**对立设定**。然而，如果它不是**实在地**受到限制，那么它就无法做到这一点。

因此，我们在这里看到自己陷入了一个不可避免的循环，如果严格正确地理解这个循环，它将骤然启明我们精神的本性，出其不意地将我们提升到先验唯心论的最高立场。

"如果不是**实在地**受到限制，我们就无法**观念性**地行动，无法将我们自己与原初的限制**对立设定**，反过来，如果没有感觉到限制性,也就是说,没有在观念上将它与我们对立设定起来,我们就不是**实在地受到限制的**。"① 由此看来,那令我们(**被动地**)**受到限**制的行动和我们(**主动地**)通过将我们自己与限制**对立设定**来**限制****我们自己**的行动,是我们精神的同一个行动。**我们在同一个行动****当中同时是被动的与主动的**,同时是**受规定的与行规定的**。简言之,这同一个行动在自身中将**实在性**(必然性)与**观念性**(自由)结合为一。

就我所知②,这正是先验唯心论的**核心**。显然,精神的原初本性就在于行动与受动的那个原初同一性当中。由此,实际上产生了至今没有任何哲学能够解释的奇妙现象,即**感觉**这一现象(我们之中的**感性-精神性东西**)。那个与我们自己的交互作用实际上是我们的表象的内在本原,迄今为止,所有真正的哲学家都在寻求这一本原,尽管大多数是徒劳的。

这两种行动**绝对地**结合在一起,共同地构成了我们的整个精神活动的真正动力。现在,**莱茵霍尔德**只构想出了那些行动中的一种,而既然唯心论将这两种行动统握为一种,那么这两种行动只有相互

---

① 这一段文字并非对于莱茵霍尔德的《论全部形而上学以及先验哲学的当下局面》的引用,谢林并未对其来源做出说明。值得一提的是,该引文的思想内容毋宁让人联想到耶拿费希特的若干论述,在此举出《全部知识学的基础》第五节中的一段文本为例:"任何东西就其观念性来说,都是依存于自我的,然而就实在性来说,自我本身是依存性的。但是,对自我来说,没有任何东西是实在的而同时也是观念的。因此,在自我那里,观念根据和实在根据是同一个东西。上述自我与非我之间的交互作用同时也就是自我与其自身之间的相互关系。"中译文参见[德]费希特:《费希特文集》,梁志学主编,王玖兴译,商务印书馆,2014年,第698页。——译者注
② 每个人都可以说出自己确信知道的东西(第一版的附释)。

通过彼此才能获得意义和重要性。因此，不难把握的是，我们无法从他对这一体系的阐述中抽象出这一体系的完整概念。

"自我将自己设定为截然对立于非我的。"通过这个命题所表达出的仅仅是一个**观念性的**行动。但是，这个命题作为解释我们的表象的源泉的本原（作者也是以此意图建立它的），是完全不可理解的，只要它是以这种**片面的**形式提出的。因为我们无法把握，何以通过一个**单纯的观念的**对立设定会产生出**实在的表象**。

"自我将自己设定为截然对立于非我的。"这个命题从理论上来看是**完全错误的**。理论哲学的唯心论完全是反二元论的。它主张表象之中主体和客体的绝对同一性。当我们问一个唯心论者，什么是客体，他会回答，在我的有限的生产行动当中的自我本身。"自我将自己设定为截然对立于非我的。"**在理论上来看也是错的**。相反，在理论哲学中，自我的**感发**被预设为客体的**条件**。不过，表象无法从**纯然的感发**出发得到解释，而是必须诉诸**活动**与**受动**的**原初的**结合，此即，一个**自身**感发的（sich selbst affizierend）正在给出规定的自然。

前面的评论并不是为了那个以他的文章引发了这些评论的人，而是为了**其他人**，也就是那些迷信权威（特别是**这个权威**），而非诉诸理性的人。现在我们还在成日听到这样的声音，说什么知识学包含的不仅是最无节制的，事实上也是最荒谬的一种唯心论，它将取消我们的客观表象的全部**必然性**。如果说，那些对于这个体系的片面的阐述（这是指，单独地从实践的立场出发对其进行阐述），以及那些**在理论上**来理解如自"自我将自己设定为**截然**对立于非我的"这样的命题的做法，竟让一些无知者为了**这种**唯心论的理念而兴奋激

I, 413

动,那么揭示出那种片面性就会是有益的。这不是为了在**这些**解释面前捍卫知识学(在这方面,知识学自己做得最好),而只是为了让自己和其他志同道合的人不要再因为偶然在杂志上看到或者在谈话中听到这种判断,而无法抑制地感到不适。顺便说一句,现在是时候了,我们不应该因为这片土地上的弱者而一次又一次地回到哲学的字母表上来了,尤其是因为这门哲学的前路还很漫长,而且在它后面的那些公开的敌人也不值一提。

只有通过这种**理论东西与实践东西在我们当中的原初同一性**①,我们的感发才会变成思想,思想才会变成感发,实在的东西才会变成**观念的东西**,观念的东西才会变成**实在的东西**。在不把它作为我们整个哲学的本原的情况下,我们的确可以让学徒参考精神的**原初理论行动**,但却不能赋予这些行动除了**观念的**含义以外的任何其他含义。

我们可以像**唯一可能的立场学说**(die einzigmögliche Standpunktslehre)(这是莱茵霍尔德给哈勒的贝克先生②的学说起的名字)那样,恳求和劝告读者或听众**原初地进行表象**,把自己置于**原初表象行动的立场**上,如果为此有必要的话,甚至劝告他们把自己置于**另一个天体**当中,全新的客体将由此出现在我们面前,那将是一些我们对其没有概念的客体。我们可以无限地重复这件事,永恒地在

---

① 我必须提请读者注意前面与此处紧接着的段落,我这里的主张是在彼处基于本原而推导出来的。
② 雅各布·西格蒙德·贝克(Jakob Sigismund Beck, 1761—1840),德国哲学家,康德的追随者,谢林在下文中将讨论贝克1796年的作品《评判批判哲学的唯一可能的立场》(*Einzig möglicher Standpunkt, aus welchem die kritische Philosophie beurtheilt werden muß*)。——译者注

这个词语的圈子里转来转去，让所有的人都听得耳朵起了茧子，却无法确定是否有人理解了我们的话。因为，如果有人偶然把这些词语的意义联系起来，那只是因为他事先知道我们想说什么。那个**原初的表象活动**——原初的建构活动——不是纯然观念的，而是**实在的**和**原初必然的**。如果不向一个人揭示一切表象活动和建构活动的内在本原，我就无法让他明白这一点。然而，这个内在本原无非是**精神对于自身**的原初**行动**，即原初的自主。从**理论**的立场来看，它是一个**表象活动**，或者说（这是一样的），一个**有限之物的建构活动**；从实践的立场来看，它是一个**意愿**。

但是，我可以用一个**原理**来表达精神的原初自我规定。对于**与我对话的人**来说，这个原理必然是一个**公设**，这意味着，我必须要求他此时此刻把自己从一切**表象**和**意愿**的质料中抽象出来，以便**直观对自身进行绝对行动的他自身**。我之所以**有权**提出这个要求，是因为这**不仅仅**是一个**理论上**的要求。如果有人不能满足它，那么他至少应该能够满足它。因为**道德法则**要求他拥有一种行动方式，而这种行动方式对他（正如对于大多数人一样）产生意义的前提，是他必须对他**原初的精神性**有所意识。作为一个理念，道德法则向他展现了他应达到的**绝对**状态。如果他不曾（如果用柏拉图的语言来表达的话）在理智世界（在作为精神本质的他自己之中）中直观它的原初图形的话，他根本无法理解这种理念。

相反，单纯的理论上的要求并不会导向**必然性**。例如要求我们将自己置于原初表象行动的立场上，并为此将自己置于一个陌生的星球当中。因为如果有人**洞见**到其中包含着**必然性**，那么他早已主动实现了那个要求（原初地进行表象）。当这个要求被理解的时候，它已来得太迟,当它来得不是太迟时,它并不被理解。①因为即使有人太好说话,愿意强行进行那个精神操作,他也不知道该如何去做,而在尝试之后,他甚至可能会比之前更加不了解自己。

事情是这样的:如果正确得到理解的话,那么原初的表象行动是某种本身也要必须被推导出来的东西。像以下这类保证——"这并不取决于我们如何解释**客体**是什么,什么是**原初的**,以及**表象**自己意味着什么,'原初地进行表象活动意味着什么'这个问题根本没有答案,正确的答案是原初的表象活动本身。"②——这种保证是很好的,如果公设在自身中有数学般的明见性的话。

毫无疑问,立场学说的答复是:谁不能先天地理解我的要求,或者,谁没有洞见到这是一切哲学行动的首要条件,这个要求就根本不是为他而提出的,而谁宣布了这一点,就等于宣布了他不是也不可能成为哲学家。这种针对**无知之众**[ignavum pecus]的严格要求是非常合理的。③ 但是,立场学说至少不应该自诩能够"向每

---

① 贝克先生的哲学迄今为止的命运就是最明显的证明。令人欣慰的是,在立场学说出现之后,那些甚至连《纯粹理性批判》第一个句子都不理解的人是如何跑来断言,他们早就**以这种方式理解了康德**(而非其他任何方式)。但是,你们的全部本质是反对这种体系的,而且你们对康德名字的不自觉的尊敬太过盲目,以至于你们不会相信他拥有这样的一个体系,毕竟,这种体系在你听来一定就像是纯粹的胡说八道。从你们为了缓解心中的不安而**怯怯地提出的反对意见**中,就可以看出这一点。你们当中有一个人通常试图用有教养的微笑来掩饰自己的无知,惶惶不安地追问贝克先生(这是他第一次诚实地说出自己的心里话):如果有一道闪电从云层中落下,并且(上帝保佑我们!)击碎了**贝克先生,这也是他最初的表象活动的一部分吗?**

② 引文出自莱茵霍尔德《论全部形而上学以及先验哲学的当下局面》,参见K. L. Reinhold, *Auswahl vermischter Schriften, Zweyter Theil*, hrsg. v. M. Bondeli u. S. Imhof, Basel: Schwabe, 2017, S. 113.——译者注

③ 而真正哲学的经验性的试金石无疑是,**它对所有无精神的人来说都是完全不可理解的,无论他们有多少人**(第一版附释)。

个人表明，如果他的思维方式与立场学说不一致，那么他肯定对哲学问题一无所知，无论他自称是独断论者、怀疑论者还是批判论哲学家"①。只存在一种具有**强制力**的公设，也就是**数学**的公设。因为它同时可以在外向直观中得到呈现。**哲学**中的理论公设（因为这类公设要求一个仅仅对于内感而言可理解的建构）只能通过其与**道德**要求的亲缘性来获得强制力，因为道德要求是定言式的，即自身**具有强制力**的。②在"原初地进行表象活动"这一公设当中完全无法找到这种亲缘性。它并非一个**公设**，因为它并未包含可以普遍要求的东西。原初表象行动**根本**不是一个**公设**，而是哲学中的一项**任务**。

一个可以被置于哲学顶端的公设不仅必须是理论性的，还必须具有实践性的一面，它必须同时是**理论性的**和**实践性的**。从前面的论述中已经可以看出这一点。但是哲学的本原不应仅仅是理论上的公设这一点，还涉及一个特别的关切。

哲学**本身**不是一门像其他科学一样可以被人们**学习**的科学。它是**科学的精神**，如果你不想让学习变成单纯的**历史性的**知识，你就必须把这一精神带入学习中。哲学因此不仅仅是**工具**，而是文化与教育（Erziehung）的事业。它应当拥有某种与其他科学相**区别**的东西。这一区别就在于，在其之中，自由和自主活动远远比在其他科学中占据了更大的比重。人的哲学应同时成为衡量其文化的标准，反

I, 417

---

① 谢林此处引述了贝克的思想，与该思想对应的贝克本人的表述可见于：J. S. Beck, *Einzig möglicher Standpunkt, aus welchem die kritische Philosophie beurtheilt werden muß* (dritte Band von *Erläuternder Auszug*), Riga, 1796, S. 7。
② 因此，请读者参阅本论文的附录。

之亦然，哲学本身也应起到教育人的作用。如果哲学是一门需要一定程度的精神自由才能理解的科学，那么它就不可能是**每个人的东西**，也就是说，它不可能从一个理论上普遍的、先天有效的公设出发。在它的第一个公设中，一定已经包含了某种东西，将某些人永远排除在它之外。① 它不仅要抵制那些试图用死记硬背的学院术语来掩盖自己精神贫乏的闲散头脑，而且要努力尽快将**卷宗**封存起来，以便今后所有聪明的头脑都能尽快学习那些仍然与生活息息相关的科学。因此，它必须努力确保其**本身**（通过教育和教化[Bildung]）融入生活，今后不再需要被**教授**和**学习**。因此，它必须从这样一个本原出发，这个原则虽然**不是**普遍有效的，但**应当**是普遍有效的。为了使它甚至对无精神的人也有力量，它必须在其最初的本原中就已经包含了**实践的**关切（神圣之物）[sacri quid]。它必须从一个这样的公设开始，这个公设与一些在实践上具有普遍有效性的要求是同一的，或者说包含了这些要求的最初的根据。这些要求就是：将它本身意识为**精神性的**本质，在自身中消灭所有作为**本原**的**经验论**。

自古以来，哲学的圣火一直由纯洁的双手保存着。在古代世界最辉煌的城邦里，其最初的创始人，即最早的圣贤，都在寻求通过将真理隐藏于神秘之中，使其免受亵渎之人，即不配得真理之人的侵扰。随着时间的推移，文化的不断进步，个人的思想也在不断超越这些原始机构的限制。他们建立了哲学学院，不是把哲学托付给记忆，而是通过它来**教育**年轻人。在这些学院里，内传哲学和外传哲学之间

---

① 它在最初的本原方面就必须是不容忍的（第一版附释）。

的区别也盛行了很长时间。当希腊的智者们把哲学贬低为一种职业和谋利手段的同时，城邦也从昔日的高度沉沦下来，哲学在可鄙的说服技艺和以假象欺骗的技艺中消亡了。

但是，即便假设哲学不包含与人类相关的关切，假设哲学只是**一种智力的练习**（这肯定是哲学的一种，因为人们在进行了无数次失败的尝试之后，总会重新开始哲学思考），**科学的**关切仍然要求哲学的本原不应该仅仅是理论性的。

因为（一）人类精神本身的**理论性**行动只有在与**实践性**行动的对立中才会获得**实在的**意义。我们只有在与自由行动的任意性的对立中，才能意识到，精神的原初行动是**必然的**。但是正是因此，精神在它的表象行动中不仅仅是也不可能只是被动的。当精神思维这一被动性，也就是说，当它将自身**提升**到被动性之上，或者再换句话说，当它**自由地行动**，我们就会意识到这一点。现在，理论哲学的问题正在于此：在解释表象时将必然与自由、强制与自我活动、被动性与主动性结合为一。因为如果我们为了活动牺牲受动，或者为了受动而牺牲活动，那么我们就会在第一种情况下陷入独断论的唯心论，在后一种情况下陷入独断论的实在论（或者说经验论）。这两种体系同样都是错误的。那么，如果我们从一个仅仅是理论上的**行动**出发，就像**唯一可能的立场学说**那样，我们就不可能解释伴随着一切客观表象的必然性感觉，无论我们如何抗议，那些原初行动都会消解为仅仅是观念的行动。毕竟，立场学说可以提醒我们："在那里并不是在谈论一种原初的**表象**，因为表象已经**预设了**对象，我们通过表象（不是生产对象，而是在它业已被生产出来以后）来思维这个对象。这里所谈论的毋宁是作为一种**行动**（Actus）的**原初表象活动**本身，我们通过这个行动来生产对象本身。"所有这些提醒都无济于事，因为正是这一门立场学说在不久之后就发现自己不得不把原初表象活动说成是与**知性的运用**相同的，并宣称"原初表象活动包含在**范畴之中**"。

现在，每个读者都会很快做出如下论证：知性是**概念**的能力，但概念不是**原初的东西**，而仅仅是**对于原初的东西的抽象**。概念不是**必然的**行动，而仅仅是观念的行动。范畴并不是那种你尽管**意愿要表象它**，但你在为自身设定的限制内却不能表象它的**原初行动本身**。范畴不是**原初的表象活动**，而是对于**原初的表象活动的表象**。这样，你就在自己的论断中纠缠不清了，因为尽管你一开始告诫我们在解释表象的**起源**时要完全摒弃**推证式**的思维，但你自己却很快不得不在推证式表象中寻求避难所，并把原初的**表象活动与范畴中的知性运用**说成是同一的。我们现在非常理解你为什么要这样做，我们也不允许自己误解你真正的意思和观点。因为我们洞见到，从你的立场出发，你根本**不能把握原初的表象活动**。因此，这种自相矛盾的操作不是你的错，而是你的**立场**的错。

毫无疑问，立场学说会问这样一个人，如果他想让他人理解原初表象行动，除了通过**概念**，通过**对于原初表象活动的表象**，他还能如何去让**他人**有所把握呢？被问到的人会回答说，他完全放弃让任何人通过**概念**来理解原初表象行动，正因为如此，他不认为自己可以从原初表象行动的公设开始，而是劝说学徒先从**所有表象行动中抽象**出来，以便让他在表象活动方面进入完全的自由。现在我们主张，当人类精神抽象全部客观性的东西，在这一行动中他会同时拥有一个对于它**自身**的**直观**，我们将这一直观称为**理智**直观。因为它的对象仅仅是一个理智行动。我们同时主张这种直观是纯粹自我意识由以**产生**的行动，由此，人类精神本身无非就是这一**纯粹自我意识**。在这里，我们拥有了一个**直观**，它的客体是一个**原初的行动**。我们不需要通过**概念**才能**尝试唤醒**他人的这个直观，而是我们先天地**有权要求**他人做出这一直观。因为没有这个行动，这个人就完全无法理解**道德法则**，也就是在**每个人**之中、在其人性的纯然的质当中**截然地**和**无条件地**颁布的诫命。①

但是，如果现在的问题是用概念来表述原初的表象行动，并划分原初的知性运用，那么我们仍将远远领先于那些从作为公设的原初表象行动出发的人，因为我们的第一原理已经表达出了一切表象行动的内在本原。贝克先生说，"**意识的客观–综合统一体**是**全部知**

---

① 但是，人们可能会问，怎么会有这么多人断定这种直观的东西对他们来说是完全未知的，甚至是不可把握的呢？ 对于这个问题，**我们不需要回答**，而是需要让那些**提出这个问题**的人回答这个问题，以免他们自己也**被**这样提问。对于**我们**来说，那直观是完全清楚的，并且我们也不曾陷入狂热思想。因此，我们有责任追问**你们**：为什么对你们来说，那个直观（没有它，你们就无法将你们自己意识为道德和理智的本质）不曾提升到清楚的、昭明的意识当中。因为，当那个（原初地外在于一切意识的）行动**提升到意识**当中，我们称为纯粹**自我意识**的东西就生产了出来。但是，纯粹的自我意识并不是在任何人身上自行产生的，也不是通过从上而下的启迪产生的，这种自我意识的纯粹程度毋宁与我们的道德和理智文化（毕竟是**我们属己的作品**）程度是**平行演进**的。你必须承认这一点，就像**没有**这种自我意识，你就没有能力进行**纯粹的**（非经验性的）行动，也就是说，甚至没有能力进行你应该或意愿进行的先验**思维**。我也曾徒劳地在**康德**及其所有继承者那里寻找**自我意识**的解释。尽管如此，他的整个哲学对此不会有确切的回答，只要它不曾提供一个让我们之中的精神性东西（即康德所说的纯粹理性）与感性东西（经验性东西）交流的**中介**，如果我们的整个本质最终不应被消解为虚妄的概念，那么他可能最终必须得出一种**纯粹理智的**、高于一切表象行动和抽象行动的**直观**。

性运用的最高峰"。然而，这个意识的客观-综合统一体在他那里就如同从天上掉下来的一般。莱茵霍尔德说得很有道理："这是在批判哲学的**阐释者**中非常常见的一种错觉，但贝克先生对于范畴的阐述恐怕是其中最典型的一个例子。他们的读者本应通过他们而了解《批判》的意义，然而，他们错误地认为，他们的读者可以也必须在不熟悉《批判》的情况下就像他们那样理解他们从《批判》中**借来**的那些表达，如**综合统一体**、**客观统一体**、**范畴**，等等。而他们自己也只是通过《批判》和在自己的沉思①中的**运用**才熟悉这些表达方式。"②

立场学说强迫他的读者将**知性**这种第二位的、派生的、观念的能力思维为**原初**的。这无论如何都是一种过分的要求。我们诚然知道，知性无非是概念的能力，而概念无非是对于我们的原初**直观方式**的**抽象**。纯粹知性的划分（我们所说的范畴）所表达出的，无非就是精神在直观之中的原初和必然的行动方式，或者说，考虑到**客体**与此种行动方式完全没有区别，其所表达出的正是令一切客体得以**生成**和**产生**的原初**综合**。

但是，如果客体原初地无非是我们精神的一种特定行动方式

---

① 至少这一点在贝克先生那里一定是非常鲜明的。而且，从他贫乏的语言来看，他一定已经**熟悉**了词汇的真正含义。任何人只要有耐心跟随他，或者甚至只需用双眼观察所有他展示他的**唯一可能**的哲学的地方，就会记得他令人厌烦地不断重复这些表述，他从不知道如何解释这些表述，这些表述对他来说就像一些魔幻的公式（magische Formeln），他试图用它们永远地麻痹所有其他哲学。

② 引文出自莱茵霍尔德《论全部形而上学以及先验哲学的当下局面》，参见 K. L. Reinhold, *Auswahl vermischter Schriften, Zweyter Theil*, hrsg. v. M. Bondeli u. S. Imhof, Basel: Schwabe, 2017, S. 124。——译者注

（建构），那么我们诚然必须将这种行动方式与我们自己**对立设定**。因为若非如此，一个**客体**的表象就永远不会在我们之中产生。（立场学说本身认为，不存在关于**对象**的原初表象行动，而是纯然的原初表象行动。因为，如果我们拥有关于一个**客体**的表象，那么这个表象就已经是**概念**）只有当我们**抽象**那个**特定**的行动方式，我们才能做到这一点。这是**知性**的任务。通过这样做，对它来说，一个**概念**就产生了。这也就是指关于精神本身的行动方式的普遍表象。当精神将这个关于**一般**的直观中的精神操作的普遍表象与**当下**的直观中的**特定**操作对立设定，在它的意识中，**概念**就从诸**客体**中分割了出来，尽管二者是**原初地**统一的。从**意识**的立场来看，**知性**和**感性**是两种完全**不同的能力**，**直观**和**概念**是**两种完全不同的行动**。现在我们知道，二者**原初地**（在意识的**彼岸**）没有区别，因为意识是通过这个区别才产生的。但是立场学说无权去提及一个处于意识**彼岸**的行动。它尽管可以提出关于我们**原初地进行表象行动**的公设，但是这无异于是在要求我们应该在意识的彼岸用意识进行表象。这是荒谬的。因此，它只能要求我们**表象原初的表象行动**，即要求我们形成关于原初表象行动的概念。由此，整个体系最终僵死与无生命地——正如这个体系本身一般——仰赖于一个哲学完全无法令其得到把握的概念。

I, 423

因此，我们也必须完全同意**莱茵霍尔德**先生反对立场学说的观点，即立场学说使整个先验感性论和康德再三强调的先验感性与先验知性之间的区别完全消失了，它对于实在——我们的表象之中的感受——的解释是徒劳的。因为它只知道让观念的行动成为表象，而且必须明确宣称感受是原初**知性**的行动，然而，只有当我们违背

**知性**等词的全部语言用法，这个主张才会有意义。①

我们知道，如果我们从意识的立场来**反思**，精神的全部原初行动都似乎都只是**观念**的。但我们必须再次说明**其中**的根据。这尤其是因为，除了通过与实在性的东西的对立以外，我们无法通过别的方式思维观念性东西。观念性东西和实在性东西（表象和客体，概念和直观）只有在意识中才相互分开，在意识的彼岸，观念性和实在性的行动必定无所区分。

立场学说也是这样看的。例如说，在它看来，把**感受**作为区分先天东西和后天东西的符号，把**摆脱**了感受的概念叫作先天的，把与感受相联系的概念叫作经验性的，**这件事根本没有任何意义**。但是，立场学说只能提出**公设**，认为原初地来看，在先天的和后天的、观念的和实在的东西之间全无差别。它的这一共设（将自身置于原初的表象行动当中）的意义无非就是，我们应该表象精神的原初行动，在这种行动中先天的和后天的东西完全没有区别，或者说，在这种行动中，观念性东西和实在性东西（被把握的东西和被直观的东西）完全无法区别开来。但是，它所能做到的也就只是**公设**关于这样一个原初行动的表象。它未能说明，预设这样的原初行动是**必然的**以及何以是必然的。

不过，那个原初的建构活动无非是一种**综合**，立场学说自诩有这个优点（它根本没有超出原初的综合）。**当我们谈到哲学本原的确**

---

① 贝克先生只能取消**自在之物**，他不知道如何用别的东西来代替它。然而，我们的表象的实在性一定需要一个**超感性的**根据，否则康德为什么要用那个**对于**他的阐释者来说如此荒谬的表达来指称这个根据呢？贝克先生尽管可以**证明**自在之物的荒谬之处，却无法**解释**，一个理性的人如何让它获得意义。

立时，我们**不能**超出它（因为我们都十分清楚，在现实中、在表象行动本身中，我们永远也无法超出它的范围），事实上，想要超出它是**荒谬的**。但是，立场学说尽管主张了这一点，到了要证明它的时候，却语焉不详。

相反，它用**权威**的宽大盾牌来掩护自己，不幸的是，这位伟大哲学家的名字近十年来一直被滥用，据说这一学说就是根据他的**建议**（未免太敢想了吧！）产生的。

现在，除了用权威对付权威之外，别无他法。既然有人率先使用非哲学的武器，那么当他被同样的武器所打败时，他也就无权抱怨。

当然，立场学说的主张者似乎并不关心先验哲学的所有划分中出现**三分法**（Trichotomie）的根据。然而，康德却考虑到了这一点。康德（在《判断力批判》的导言中）说过，如果一个划分应该是**综合的**并且是从先天概念中引出来的，"那么这一划分就必须按照**全部综合统一**所要求的，而**必然**是三分法的，这就是：（1）条件，（2）一个有条件者，（3）从有条件者和它的条件的结合中产生的那个概念"①。现在，在原初的综合中，显然表达出了一个原初的统一体。原初综合的可能性预设了**条件**和**有条件者**。通过对于原初的知性形式（范畴表）的拟定，这一点得到了直观的呈现。因为在那里，如康德本人所注意到的一般，每一组范畴中的第三个范畴都源起于前两者的结合。

---

① 中译文参见[德]康德：《康德著作全集第5卷：实践理性批判/判断力批判》，李秋零译，中国人民大学出版社，2007年，第207页。——译者注

接下来要说的内容是明见的：没有条件者，条件就无法实在地得到表象。反之亦然，有条件者也不能没有条件。这就是说，二者只有在**一个第三者**中才能够被表象。而这个第三者源起于二者的**结合**。因此，关于**质**的范畴，我们既无法**绝对地**将其表象为实在性，也**无法绝对地**将其表象为否定性。[比如说，如果空间仅仅是为**排斥力**（repulsive Kraft，没有与之对立的力）所填充的，那么物质就会无限地延展（无异于微孔[Porus]）。也就是说，空间就会是**空的**。反之，如果吸引力（Attraktivkraft）是绝对的，那么一切质料都会在一个（数学的）点上结合为一（绝对的稠密[dicht]）。这就是说，空间再度会是**空的**。]因此，很显然，无论实在性还是否定性，只要被思维为绝对，都会将我们引向**虚无**。通过结合，二者才是**可表象的**。也就是说，我们只有将它们相结合，才能分割开它们，只有分割开它们，才能将它们相结合。

为什么**康德**挑选了**这样一个**范畴的秩序？为什么他在拟定范畴的时候不从每一组范畴的**第三个**范畴开始？为什么他要把——比如说——实在性和否定性放在第三个范畴的前面，即便二者都是因为第三个范畴才获得了自己的含义？回答是，因为第三个范畴不是某种只是在那里或者说与生俱来的空洞的先天形式，而是必须被**主动地**通过**行动而生产**出来。正是因此，在这个作为当中，实在性和否定性原初地绝对结合为一。康德令第三个范畴（综合）在我们眼前**产生出来**。贝克没有做到这一点，而是**截然地**设定了他的原初综合。由此，他的做法恰恰无异于那些主张天赋观念的哲学家。在我们的**全部原初表象活动（或者说建构活动）**中，绝对对立设定的东西结合为一。关于这一点，我们只能将其解释为我们的**作为**（Thun）**与行动中**

的原初二重性。因为**表象活动**、**建构活动**(诸如此类)表示了**一个行动**、**一个作为**。条件不能没有有条件者,有条件者不能没有条件,**二者**总是只有共同通过一个**第三者**才是可表象的。由于第三者始终是一个主动的建构行动,我们对其的解释便只能是:**在表象着的本质的行动方式当中,给出条件的行动(Bedingen)和被条件规定的行动(Bedingtwerden)是原初地结合在一起的。**

然而,如果我们要将我们的作为和行动的二重性、将我们的建构行动中对立设定者的必然的结合表象为**原初的**(根据迄今为止的研究,这是必然的),那么我们就必须预设**在我们之中,给出条件者**和**有条件者**、**规定者**和**被规定者**、**行动者**和**受动者**是绝对同一的。换句话说,根据我们精神的本性,我们不可能不同时作为行动的**客体**而**行动**,或者反过来说,我们不可能不同时作为行动的**主体**而**受动**。

I, 427

这种纯粹性东西与经验性东西在我们之中的原初同一性实际上是一切**先验唯心论**的本原。只有通过这个本原才能解释,为什么**原初地来看**,我们之中实在性东西与观念性东西,**感受**到的东西与**行动**所施加的东西,(从意识的立场来看)先天的东西与后天的东西之间,以及最后,在先验感性与先验知性,直观与概念之间,完全没有分别。

在我们的全部作为和行动中的原初二重性是一个**更高的**本原,**原初的**综合(在这种综合中,直观和概念,感性和知性之间不应有任何区别)是从这一本原中产生的,就像在知性运用中第三个范畴源起于前两个范畴一样。

同时,由此可以看出,原初的**表象活动**不可能成为**整个哲学的**

本原，因为它本身只是**原初行动**的**一个种类**、一种样式。在那个原初行动当中，**行动者**和**客体**是同一的。

因为当我们现在转向（二）**实践性东西**，那么，像原初的表象行动那样仅仅是**理论性**的本原，只会让实践哲学变得毫无基础。一种如此得到奠定的哲学，或者毋宁说未被奠定的哲学，会发现自己不得不像莱茵霍尔德所说的那样，假定它被——天知道这是哪来的——**给予**了一个无法从那个原理中创造出来**实践**哲学的客体。

因为假若综合是人类精神中的**最高级的东西**①，我们就无法把握，精神何以能够出离于这个综合。也就是说，它何以能够离开它的表象的必然联系与它的思维机制。但是，如果这种综合本身只不过是我们的精神**对它自己**的原初行动的产物，那么，我们就只有将人类的精神的**绝对自由**预先设定为一切哲学的**第一本原**，才能解释我们之中的理论性东西。事实上，只有预设精神**永远不会停止**成为它本己的客体，也就是说，精神朝向无限地拥有**绝对自由**②，并且可以从表象状态过渡到**自由行动**的状态，我们才能把握，为什么精神可以意识到它的表象以及表象给它带来的受限制状态，为什么它可以将这一表象又复作为它的客体，就像它在哲学中所做的那样。

然而，精神如果要自主地离开表象的状态，那么它就必须同时通过这一行动为自己取消表象行动的所有**质料**。由于精神不可能在

---

① 在康德那里，所有综合都是因为对立设定者的结合而**产生**。他的那些所谓的阐释者公设了综合，作为某种它无法进一步解释的东西。康德**以综合的方式**建立起了综合，而他的解释者**以分析的方式**建立起了综合。

② 如果我们不能出离于原初的综合，那么我们在哪里都只能将经验认识为**产物**，完全无从将其看作**行动**。简言之，哲学在普通意识面前将毫无长处。

没有行动的质料的情况下行动,所以那个行动自主地成了**意愿**,也就是说,它成了**自主规定**它的行动质料的行动。

现在,精神之本性的特征就在于,它通过**纯粹而自由**的行动同时规定了它行动的质料,或者说,它之中的纯粹性东西直接地规定了经验性东西。我们刚才已经证明:在精神的理论行动(表象活动)中,行动的质料(客体)同时通过行动而产生在精神面前。因此,精神之中的经验性东西是通过先验性东西而得到规定的。

现在,精神应当通过**意愿直接地**意识到**它自己**,也就是它的绝对活动。但是精神如果不是将它的绝对活动当作**客体**,它就无法意识到它的绝对活动。

因此,它的意愿的客体正是在它的**纯粹活动**之中的它**本身**。它应该意愿**它自身**。但只有在它之中的纯粹性东西转变为经验性的时候,它才**是**它自身。它的意愿的**质料**应当直接通过**形式**而得到规定,或者说,它的意愿的形式应该成为它的行动的质料,它之中的经验性东西应该通过纯粹性东西得到规定。**就此而言**,在它之中**不应**出现(道德的)双重性。这是定言命令或者说道德法则真实的、原本的意义。

然而,正如刚才展示过的,道德法则的**质料**便是我们之中的**纯粹东西**。精神只有**通过意愿**(亦即,精神**取消**所有**所予**的行动**质料**以**自主地规定**质料),才能意识到它的**纯粹行动**。由此,精神正是通过**意愿**,才意识到**道德法则的质料**,或者说,才意识到**道德法则所要求的东西**,就此而言,精神正是**意志的道德法则的源泉**。

一切意愿的**形式**在于,意志的质料是通过绝对行动而得到规定的,也就是说,意愿只有通过意愿以及从意愿中得到解释,如此以至于无限。就其纯然形式来看，意愿就是**纯粹意愿**。但是经验性东西应当通过纯粹性东西得到规定。因此道德法则所要求的意愿的客体，正是**纯粹意志**本身。

但是，意愿的客体应当永远只能从意愿中得到解释。如果我所意愿的仅仅是绝对的善，此即纯粹意志本身，那么纯粹意志**作为我的意志**的**质料**就永远只有**从意愿**中得到解释，换言之，它只有从一个将纯粹意志当作意志之客体的**积极的**行动中得到解释。

然而，我应当**意识到**这个积极的行动，因为**自我意识**是我们寻找的东西。要意识到一个积极的东西，就只能通过一个积极的与之对立设定的东西（它是相对于前者的**否定性东西**）。我们认为这一命题已在理论哲学中得到了证明。①

因此，如果我们不能意识到一个通过纯粹意志规定意愿的质料的行动，而不把这个行动积极地和实在地对立设定于一个对立的行动，也就是一个反过来让意志通过质料得到规定的行动（它完全**取消了纯粹**意志）。也就是说，我们无法思维一个积极的道德行动，而不把它对立设定于一个积极的非道德的行动。

这种对立必须是**实在**的，也就是说，两种行动必须在意识那里具有同等的**可能性**。只有通过意志的积极的行动才能解释，为什么其中一个或另一个会被**排除**在外。

对于那个实在地对立设定的、同等可能的行动的意识，正是将

---

① 在康德的论文《将负值概念引入世俗智慧的尝试》（*Versuch den Begriff der negativen Größen in die Weltweisheit einzuführen*）中包含了对于这一命题准确的以及贯穿人类本性之深度的评述。

意志转变为**任意**的东西①，由此，我们可以看到，我们的哲学令我们能够去调和两位著名的哲学家关于这一对象相互冲突的主张。

（一）在《实践理性批判》中，**康德**主张，意志和实践的、立法的**理性**是统一的。在哲学的法权论②中，他再度重复了这一主张。**莱茵霍尔德**主张，道德性和行动的归责能力（Zurechnungsfähigkeit）只有预设了一种既区别于**理性**之自主活动，也区别于**欲望**（Begierde）之追求的**自由意志**才是可思维的。

事情是这样的：**理性**原初地展现了**理念**的能力，由此，理性便只有**理论性**的含义。这么说来，**实践理性**似乎就是某种直接自相矛盾的东西。但是，在我们之中，**理念**的能力离不开**自由**。因此，如果我们不是**原初地**拥有自由的话，我们就无法通过我们的思想超越现实性东西。反之，如果我们不能够在没有客体之处自主为我们自己创造出客体，我们就无法意识到自由以及我们对于现实性的超越。然而，自由的客体是**无限**的。这一客体唯有在无限的进步中，也就是说，唯有以经验性的方式得到实现，并且，它**应该**以**经验性**的方式，（也就是说）在经验之中被实现。

现在，因为在这里，客体的**概念先行于客体**本身（不像在理论认识中，概念只有**与客体一起产生**），而且，因为我们反思为**客体**（无论是认识的客体或是实现活动的客体）的东西都必定是有限的，所

I, 431

---

① 如果**对我们的自由行动进行表象是可能的**，那么任意是**必然**的，就此而言，任意仅仅是意志的**现象**，不是**意志本身**。在这方面只属于意志的表象，而不属于意志本身。
② 谢林此处指的应该是康德《道德形而上学》的第一部分《法权论的形而上学初始根据》。——译者注

以这时，**想象力**将成为自由的援手，并创造出自由所要实现的**理念**，由此，这些理念可以无限延伸，因为倘若我们在某个时刻达致这些理念的**客体**，我们就必然不再是绝对地活动着的了。

那么，**为实践理性服务**的**想象力**就是**理念的能力**，也就是我们所说的**理论理性**。①如果不是我们的自由向理论理性敞开了无限性，理论理性就不可能生产理念，同样，如果不是**理念**（理性）无限地限定这个无限性，这个无限性也不可能成为自由的客体。

因此，我们之中的自由以理性（作为一种理念能力）为前提，反之亦然，我们之中的理性以自由为前提。

因此，没有理性的自由与没有自由的理性一样不可思维，所以后者（自由）也可以被称为**实践理性：理性**，因为它的**直接客体是理念**；**实践理性**，因为这些理念不是认识的对象，而是**行动**的对象。反过来说，理性作为一种理念的能力，虽然其功能仅仅是理论性的，但只要它的理念是通过自由而实现的客体，它就可以被称为**实践理性：理性**，因为它生产理念的功能只是理论性的；**实践理性**，因为理念②是必然行动的客体。

因此，**实践理性**与自由，即（康德所说的）**意志**，是同一的。一切法则都**源于这一**意义上的实践理性，而意志的原初自主是通过道德法则得到表达的。道德法则绝非一个先天地静止于我们之中的僵死的命题，也不是一个可以**理论地**产生的命题。只有当意志在我们之中

---

① 这就是狂热思想与理性的区别，前者是无节制的幻想，后者是处在道德公设的限制当中的想象力，前者生产出**妄想的怪物**，后者**生产出理念**（第一版附释）。
② 而不是要求妄想的怪物或虚妄的思辨（第一版附释）。

（经验性地）**表达**出道德法则时，它才是在我们之中的。它只表现在**作为**与**行动**当中，只因如此，我们才有了对它的**知识**。①它的**源泉**是意志。因为它呈现给我们的是一种状态，我们只有通过**意愿行动本身**才能意识到它。

现在，理论理性能够**领会**以及**用语言说出**那个起源于意志的、原初地仅仅表现于作为和行动中的法则，尽管它的功能是一个仅仅理论性的功能，类似于知性的功能，它在直观中抽象出精神的原初行动方式并在概念中表现它。正如我们可以用概念来阐述**原初表象活动**，但并不因此将概念当作原初表象行动本身，我们也可以用概念来领会**原初的**"应当"（Sollen）（这个应当的根据只能位于意志本身之中），而不因此将这个**被推导出来的**应当与那个**原初的**应当相混淆，或者说，不因此将令法则通达于我们的纯然**官能**与法则本身的**源泉**相混淆。

因此，**两者**（康德与莱茵霍尔德）都是对的；**意志给出了**法则（按照康德的说法），而**理性表达了**这些法则（按照莱茵霍尔德的说法）。但是，如果前者说，意志无非就是实践理性本身，反之也自然成理：实践理性（我们心中的立法者）就是意志本身；因为每个人都直接意识到一种通过法则命令我们的实践理性，但原初意志却不是这样，它的声音只有通过理性的媒介才能传达到我们身上。——反之，当莱茵霍尔德说："全部法则只是**从理性中产生**，道德法则

---

① 它不是在你们的记忆中或白纸黑字地写在你们的文档中（第一版附释）。

是**单纯的**理性对意志的要求"①，这从根本上说是错误的，是一种取消了意志的一切自主性的主张。因为**理性**（原初地只是一种理论性的能力）只有通过表达出一种更高级的意志的质料才能成为**实践**理性。理性本身没有任何内在的权威，也没有任何之于我们的道德强力；理性所宣布为法则的东西，只有在得到绝对意志的认可时才是有效的。因此，如果（按照莱茵霍尔德的说法）不存在绝对意志，理性以绝对意志的名义对我们说话，而一切法则实际上都是从绝对意志那里**产生**的，那么，由于理性给我们提供了法则，它就只是一种理论性的能力[如莱茵霍尔德在第383页所说的，（理性的）规范（Vorschrift）自在地就是单纯**理论性的**②]；因为从实践角度来说，理性不是**通过自己**，而是通过一种更高级的权威——理性以其名义言说——而存在的，因此，法则是一种**理论性的**能力，它不由意志规定，而反之以自身规定意志，并就此而言在我们心中留下了一切（只有在假象与语词意义上的）自主性。但莱茵霍尔德并不想这样。然而，他是如何不管不顾地被诱惑提出了这样的主张（一切法则都源

---

① 谢林在此引用的话出自莱茵霍尔德的《论全部形而上学以及先验哲学的当下局面》，莱茵霍尔德的原文如下："按照我关于**理性**和**意志**的概念，**全部法则**只从理性中产生，**道德法则**从理性与意志的**关系**中的理性中产生，意志不是**理性**，然而，**准则**从意志与理性的关系中的**意志**中产生。那种**法则**是单纯理性**对意志**的要求。"参见 K. L. Reinhold, *Auswahl vermischter Schriften, Zweyter Theil*, hrsg. v. M. Bondeli u. S. Imhof, Basel: Schwabe, 2017, S. 142。——译者注

② 谢林在此引用的话出自莱茵霍尔德的《论全部形而上学以及先验哲学的当下局面》，莱茵霍尔德的原文如下："理性的规范也适用于**单纯的欲求**（存在被理性调整过的欲求），但它们对欲求而言之所以只是**法则**，只在于欲望和非欲望转向了规范的一侧，并给予它们法则的**认可**。因此，这些规范自在地是单纯**理论性的**。"谢林原文中的"第383页"为德文初版页码。参见 K. L. Reinhold, *Auswahl vermischter Schriften, Zweyter Theil*, hrsg. v. M. Bondeli u. S. Imhof, Basel: Schwabe, 2017, S. 147。——译者注

于理性）的,下文将作详解。

（二）**康德**主张："**法则来自意志**（Willen），**准则来自任意**（Willkür）。后者在人那里是一种**自由**任意；仅仅与法则相关的**意志**，**既不能称之为自由的**，**也不能称之为不自由的**，因为它不是指向**行动**，而是直接指向为行动的准则立法的，**因而也是完全必然的**，**更不能受到任何强制**。但是，**任意的自由不能像有些人试图做过的那样**，**通过遵循或者违背法则的选择能力来界定**；虽然任意作为其现象（Phänomen）在经验中提供了一些常见的例子。——我们可以看到这一点，即人作为**感官存在**，**按照经验来看**，表现出一种不仅遵循法则，而且也违背法则做出选择的能力，但毕竟不能由此来界定他作为**可理知存在**的自由，因为**现象**（Erscheinungen）不能使任何**超感性的客体**（毕竟任意的自由就是这类东西）得以理解，而且自由永远不能被置于理性主体也能做出违背其立法理性的选择这一事实中，尽管经验足够经常地证实这种事曾经发生（但我们却无法理解发生这种事的可能性）。"①

**莱茵霍尔德**则相应地认为："人的任意是意志**所固有**的一种能力，不是法则从意志中产生，而是意志反过来从法则中产生出来，但这么说的**前提**是而且仅仅是，意志（按照康德的说法）把法则纳入它的准则。只有当法则**自在自为**地绝对不是意志的准则时，**也就是当法则不是从意志中产生时**，意志才能做到这一点。意志并不会因为没有

---

① 谢林在此引用的文段出自康德的《道德形而上学》（*Die Metaphysik der Sitten*），此处参照了张荣先生的中译文，参见[德]康德：《康德著作全集第6卷：纯粹理性界限内的宗教/道德形而上学》，李秋零、张荣译，中国人民大学出版社，2007年，第233—234页。译文有改动。——译者注

指向法则而就会停止作为意志而存在，而是通过这一事实来证明自己是意志。如果意志不是自由的，换言之，如果意志是既非**恶**也非**善**的，那么它就不是意志。"①

在这些东西中，人们很难想象会有这样如此矛盾的主张。因此，造成这种矛盾的原因可能就在于**客体**本身。当康德主张，自在的意志既不是自由的，也不是不自由的，因而既不是善的，也不是恶的；莱茵霍尔德就会针锋相对地说，**如此这般**的意志只能是**自由的**，而只有当它能够分辨善恶的时候，它才是意志：显然我们在此谈论的是两种截然不同的意志。问题在于，**客体**（意志）本身是否根本就不可能有这种二重化的外观。

如果A君说：如此这般的意志既不是自由的，也不是不自由的；而B君②则针锋相对地立足于日常意识，在日常意识中，任意（选择的**自由**）是作为一种意志所**固有的**能力而出现的，那么，显然前者之所以在谈论意志，**在于它根本不是意识的客体**；后者之所以在谈论意志，**在于它出现在意识中**。前者超越了日常意识的立场，后者则停留在日常意识的立场上。**前者**的优势在于能够从**本原**出发来向后者证明，只要意志**显现出来**，换言之，从意识的立场来看，意志就**必须**显现为自由任意，尽管这种能力在**绝对**意志（只有绝对意志才是立法的）中是根本无法设想的；后者别无选择，只能求助于日常实践性知

---

① 谢林在此引用的这两段话出自莱茵霍尔德的《论全部形而上学以及先验哲学的当下局面》(*Ueber den gegenwärtigen Zustand der Metaphysik und der transcendentalen Philosophie überhaupt*)，莱茵霍尔德的原文中还有这样一句话："意志自身既可以**指向法则**，也可以不指向法则；这取决于意志在多大程度上拥有**任意**，且在任意**中**并通过任意而是**自由的**。"参见 K. L. Reinhold, *Auswahl vermischter Schriften, Zweyter Theil*, hrsg. v. M. Bondeli u. S. Imhof, Basel: Schwabe, 2017, S. 142-143。——译者注
② 根据上下文，这里的"A君"指康德，而"B君"指莱茵霍尔德。——译者注

性的判断，而他自己却无法进一步解释这种判断；但后者也不知道该如何解释，他是如何主张一些似乎与日常意识相矛盾的东西的，因此也就无法在自己对那些在他看来如此荒谬的主张的驳斥中使自己放心。

这个例子很值得注意，因为它表明，即使是涉及最普遍利益的问题，即道德问题，也很难达成一致的判断，除非在一个共同的立场上达成一致。然而，这种立场不能是从属性的，而必须是最高级的。

因此，**意志一旦显现**，就必然显现为**任意**。B君只能证明到这一点，而A君也正是这样主张的。但现在，有限精神的特征就在于，它应该无限地**显现自身，成为自己的客体，对于自己而言转变成经验性的**。这种必然性（成为它自己的客体）是我们与**无限性**之间出现的唯一的东西。那么，那些**超出这种必然性之外**的东西，就是我们与无限者本身之间所共有的东西，而只要我们是经验性的，那些东西对我们来说就位于无限性之中。然而，我们的意志是一个事实，这一事实**在其本身而言**根本就不是**经验性的**。A君和B君两人都主张了这一点。因此，我们的意志对于我们而言位于无限性之中，它摆脱了一切经验性的解释；意愿永远只能由意愿来解释。

但意志还是**应当成为现象**；因为道德法则的任务是，**自我**应当在外部世界中无限地呈现自身；但如果自我没有在意愿中意识到自身，这一任务就无法完成。

然而，自我应当意识到它的意愿是一种**绝对的**意愿。这种意愿不可能是**否定性的**，换言之，它应该意识到，它**不是通过感性驱动力而被规定的**。如上所述，如果感性驱动力与作为纯粹意志的意志所命令的东西之间没有**肯定性的对立**，这些就都是不可能的。正因

I, 436

如此,因为发生了这种肯定性的对立,才有可能通过意识本身去驱动**绝对意志**。既然那种对立是肯定性的,那么两个对立面就必须相互抵消,因此结果就会是 = 0。既然我们意识到了行动的发生,但既不能在**道德法则**中(因为它发生在意识中),也不能在**感性驱动力**中(因为两者已经被设定为是**等同的**)寻找行动的根据,那么我们就无法从意识的立场出发来进一步解释行动何以产生,除非是**出自一种我们称之为"任意"的自由选择**。而这恰恰正是我们应该做到的;问题在于,如何去理解关于自由的**意识**(换言之,去建构这种意识)。我们通过"任意"这一概念来做到这一点,因此,"任意"可以被完全合理地解释为**意志的现象**。

I, 437

因此,既然作为任意的意志只是单纯的现象,那么,**只要意志没有显现**,任意就根本不能被赋予意志,或者说,甚至根本不能像B君所做的那样,把任意表象为意志的一种固有的能力,而A君主张如此这般的意志既不是自由的,也不是不自由的,这是完全正确的,因为意志仅仅导向法则,是完全必然的,更不能受到任何强制。

本文笔者早就从R先生(莱茵霍尔德——译者注)本人最近所致力于的本原中推证出了同样的主张,因此笔者希望能够在此将笔者以前对这个问题的解释与康德的解释进行比较,因为这样无疑会让笔者的论述变的更加清晰。"先验自由的问题一直以来总有一种不幸的命运,总是被误解并反复被提出。诚然,即使在《纯粹理性批判》对它做了如此伟大的阐发之后,根本的争论点似乎仍然没有得到足够深刻的规定。根本的争论从来都不涉及**绝对**自由的可能性;这是因为绝对者通过其**概念**就已经排除了所有外在因果性规定;**绝对自由**无非就是无条件者通过**其存在**的单纯(**自然**)法则所受的绝对规定";[这与康德所说的完全一样:**只要意志不是现象,换言之,只要意志不是先验的,而是绝对自由的**,那么意志所导向的就只有**法则**,且因此既不能被称作**自由**的,也不能被称作**不自由**的,换言之,意志所产生的法则对于绝对意志来说是一种单纯的**自然法则**,通过自然法则,意志所表达的完全只是**自己**。只是康德忘了指出,**因此绝对意志的法则也并不是道德法则**。莱茵霍尔德就会问道:康德既然赋予了道德法则与**实践理性**的法则(用我们的话说:绝对意志的法则)**一样的范围**,那么他是否应该不要过于**宽泛地**理解道德法则的概念呢?我的回答是:当然;因为莱茵霍尔德所说的实践理性的法则,我们所说的绝对意志的法则,只有在**意识**中,在与感性驱动力的肯定性的对立中,作为**任意**的自由选择的客体,换言之,作为现象中的意志的客体①,才会转变成道德法则。意志的绝对自由因而可以被描述为"不依赖于一切不能通过其**本质**本身而被规定的(已经被给定的)法则,不依赖于一切**会在无条件者中设定出某些东西**的法则,而这些东西是不会通过其单纯的存在,通过其全部被设定存在而被设定的"②。——这样的法则就是**道德法则**。因为这样的法则是**针对**一种意志的,而这种意志事先并没有决定要去遵从这些法则。另一方面,那种(只有**在意识中才会转变成**道德法则的)原初法则并不是针对意志的,而是**来自于本身就是法则**的意识,就此而言,这种意志既不是**自由**的,也不是**不自由**的(在道德意义上),而是**绝对自由**的。

I, 438

---

① **那么**,法则(作为**道德法则**)来源于**理性**也因此是正确的;因为它只有通过理性的媒介才能到达**意识**,而**超出意识之外**,它就不是道德法则,而是意志的自然法则。
② 谢林在此引用的这两段话出自《论自我作为哲学的本原》(I, 235)。——译者注

由此可以直接得出先前也曾主张过的结论,即仅凭我们心中的绝对者并不能解释**先验**自由。"不可理解的点不在于绝对自我究竟应当如何拥有自由,而在于**经验性的**自我究竟应当如何拥有自由;不在于一个理智性的自我如何才能是理智的,换言之,是绝对自由的,而在于一个**经验性的**自我究竟如何才可能同时是**理智的**,换言之,通过自由而拥有因果性"①。因此,如果我们假定,我们心中的经验性事物是完全通过理智事物而被规定的,那么我们就无法理解,我们心中的**任意**究竟是何以可能的。那么,如果我们假定,我们心中的经验性事物是完全通过理智事物而被规定的,那么我们就无法理解,我们心中的**任意**是何以可能的。**康德**也同意这一点,他说如果理性主体也可以做出违背其立法理性的选择的话,那么自由就根本不可能在其中被设定出来。尽管经验足够经常地证实了这种情况会发生,**但我们无法理解这种情况的可能性**。②——或者反过来说,如果我们假定我们心中的经验性事物**根本不是**通过理智事物而被规定的,我们就没法理解,任意的**自由**在我们心中究竟是如何可能的。

因此,要解释自由任意(作为共同意识的事实),我们需要绝对自由的理念;**没有**绝对自由的理念,我们就无法理解选择的**自由**;但仅**凭**绝对自由的理念,我们**还是**无法理解我们心中的**选择到底**是如何可能的,也无法理解为什么我们心中的原初法则没有成为必然性。

在此我们必须提醒自己,任意,或者说决定赞成或反对法则的

---

① 谢林在此引用的这段话出自《论自我作为哲学的本原》(I, 235-236)。——译者注
② 此处与前文(I, 434)中引用的康德《道德形而上学》相关文段相呼应。——译者注

自由，完全只属于**现象**，因此，我们不能用它的概念来规定或界定我们心中的超感性事物。必须说明的是，除非通过**任意**，否则我们无法**意识到**我们心中的超感性事物——自由，任意虽然不从属于我们心中的超感性事物，但却必然从属于我们的有限性，换言之，必然从属于关于超感性事物的**意识**。

正如我们对于自身而言终究必然是有朽的，我们心中的绝对自由也必然会显现为任意。这是由于，任意完全属于我们的有限性，而且只要它是**现象**，它就不会立即成为一种单纯的**假象**①；因为任意从属于我们本性的必然限制，超越了这些限制，我们就会继续向无限性努力，而永远无法彻底扬弃这些限制；因此，从实践哲学的这个本来如此晦暗不清的观点中，我们的理论唯心论又重新看到了一缕新的光芒，其意义直到现在才变得十分清晰。现在，我们可以规定那个先验位置，从那里出发，我们的理智过渡为经验。通过**唯一一个**行动，我们心中的绝对者自身成为客体（去任意行动的自由），一整套有限表象的体系也随之展开，与此同时，我们内心深处的道德有限性的感觉也随之展开，通过这种感觉，我们第一次在作为我们有限性的**层面**的外部世界中变得**自如**起来。我们理解了无限性的倾向，这种倾向使我们的精神始终处于不安之中；因为有限性并不是我们的**原初**状态，而且整个有限性都不是什么可以**通过自身**而持存的东西。我们已经**变得**有限，那么我们又怎么能希望，如果这种有限性不是以道德的方式**产生**的，我们又怎么能希望**用道德的方式**克服这

---

① 我们人类的整个历史也是如此，它也只属于有限性。——它始于堕落，即第一个任意行为，止于理性王国，即一切任意都从地球上消失之时。

种有限性呢？正是我们所固有的有限性使得世界对我们来说是有限的；但即使是现在，我们也隐约感到，世界将通过我们自身而对我们变得**无限**，一个扩大了的世界也将向扩展了的官能敞开大门。①

\* \* \*

如果我们现在总结一下我们达成的所有共识，那就是以下几点：

（一）法则源自绝对的意愿。意志，只要它是立法的，换言之是绝对的，就既不能称之为自由意志，也不能称之为非自由意志，因为它仅仅在法则中才表达出自身。

（二）如果没有一个绝对的、立法的意志，自由将是妄想。但是，除了通过**任意**，换言之，通过在相互对立的准则之间自由选择，我们都不会**意识到**自由，而这些准则是相互排斥的，不可能共同持存于同一个意愿之中。

（三）绝对意志的法则，就其应当成为准则而言，是通过理性而达到任意的。理性并不是我们心中的超感性事物，但它却是超感性事物在我们心中的**表达**。

（四）任意作为绝对意志的现象，**就本原而言与绝对意志**并无差别，而只是**就限制而言与绝对意志**有差别，这是因为，与绝对意志相冲突的是一种肯定性的对立意志。因此，意志可以被解释为**有限性限制之下的绝对意志**。

（五）如果**绝对**（纯粹）意志不受对立意志的**限制**，它就不可能

---

① 而不断出现的新星将标示出通往无限性的道路（第一版附释）。

**意识到**它自身，换言之，就不可能意识到自己的自由；反之亦然：如果（我们所意识到的）**经验性**意志不仅就其**限制**而言，而且就**本原**而言都与绝对意志有差别，那么我们的经验意愿中也就不会有关于自由的意识。

（六）从意识的立场来看，意志的自由持存于任意之中，据此我们现在把法则、对立的本原列入准则，而一切有限性的根据正是在于，我们不可能把绝对意志表象为其他东西。

（七）任意的概念完全属于我们表象自身的方式方法，但我们心中的超感性事物是无法通过这种概念而得到界定的。

\* \* \*

**莱茵霍尔德**否认第一点，是因为他仍然停留在意识的立场上，而没有把自己提升到绝对意志的高度。第二点则是**莱茵霍尔德**以及早在他之前的**康德**所主张的。在《哲学宗教学说》①的第10页，康德清楚地解释道，道德法则是**任意**的动力，即一种肯定性的东西 = a，因此任意与法则缺乏一致性（= 0）只能被解释为是一种**在实在意义上与任意相对立的**规定=a的结果，换言之，这种一致性只能由一种**恶的任意**来解释。两人对第三点持不同意见，是因为他们把不同的

---

① 谢林在此指的应当是是康德《单纯理性界限内的宗教》（*Die Religion innerhalb der Grenzen der bloßen Vernunft*）中的如下文段："任意的自由具有一种极其独特的属性，它能够不为任何一种行动的动机所规定，除非人把这种动机采纳入自己的准则（使它成为自己愿意遵循的普遍规则）；只有这样，一种动机，不管它是什么样的动机，才能与任意的绝对自发性（自由）共存。但是，道德法则在理性判断中自身就是动机，而且谁使它成为自己的准则，他在道德上就是善的。"参见[德]康德：《康德著作全集第6卷：纯粹理性界限内的宗教、道德形而上学》，李秋零、张荣译，中国人民大学出版社，2007年，第22页。译文有改动。——译者注

概念与"理性"一词联系在一起。而我是这样表述第四点的:"**经验自我的因果性**是**借助于自由**的因果性,这归因于它**与绝对因果性的同一性**,而它就是**先验自由**,则归因于它的**有限性**(更好的说法是:先验之物是那个把我们中经验的一面与绝对的一面、感性的一面与超感性的一面联系在一起的中介);因此,它在其从中产生的本原中是**绝对**自由,只有当它遭遇其限制时才变得**先验**,换言之,成为经验自我的自由。"①康德从来没有允许通过意愿的先验性来引入这种感性事物与超感性事物的中介;**莱茵霍尔德**也明确主张了这一点,他说:"我没有想过要把人的自由界定为一种(通过任意?)**可理知的存在**。我只考虑到**人**的意志自由。对我来说,人既不是**可理知的存在**,也不是**感官**存在,而是两者同时存在,**我把一个人当作是自由的,只是因为他同时具备这两面,以及在多大程度上才具备这两面**,而康德**似乎**只因人是可理知存在才认为人是自由的。"(不仅是**似乎**这样认为,而是**真的**这样认为,从**他的**观点来看当然是正确的)只有人是**理智的**,意志才是**自由的**,但这种自由只有在人同时也是感性的情况下才会转变成**先验的**(莱茵霍尔德好像不知道有更高级的自由)。——"只有当那种能力不是**超越的**,而是**先验的**,换言之,先天地与经验事物有关的,各种先验能力的**主体**才同时也是各种经验能力的主体。"②——这一解释与上述第五点的主张如出一辙,而根据前文,两位哲学家也都同意随后的六、七两点。

---

① 谢林在此引用的这段话出自《论自我作为哲学的本原》(I, 236-237)。——译者注
② 谢林在此引用的这两段话出自莱茵霍尔德的《论全部形而上学以及先验哲学的当下局面》,参见 K. L. Reinhold, *Auswahl vermischter Schriften, Zweyter Theil*, hrsg. v. M. Bondeli u. S. Imhof, Basel: Schwabe, 2017, S. 150-151。——译者注

\* \* \*

对于所有那些为了解决在与人类最密切相关的东西中那显而易见的矛盾,就认为必须要制造**超越意识之外**的哲学本原的推断,我都保持沉默。当然这些推断是我们每个人都不由自主地会产生的。但我只想多说这么几句话:如果一种哲学,它的首要本原是人心中的**精神性事物**,换言之,是把那个超越于意识之外的东西促成为意识,那么这对于那些没有实践与锻炼过这种精神意识的人们,或者对于那些只是习惯于通过僵死的、无直观的**概念**来呈现即便是他们内心最庄严的东西的人们来说,这种哲学一定是非常难以理解的。直接性事物存在于每个人的心中,我们认识的所有确定性都依赖于对它的原初直观活动(这种直观活动同样存在于每个人的心中,但并非每个人都能意识到),但任何人都无法通过从外部穿透它的语词来理解它。**众精神**之间相互理解的媒介不是周围的空气,而是由其振动传播到灵魂最深处的共同自由。如果一个人的精神中没有**充满**关于自由的意识,那么所有的精神联系都会被切断,不仅是与他人的联系,甚至是**与他自己的**联系;难怪他对自己和对他人来说都是一样的不可理喻,在他可怕的荒原上,他只能徒劳地重复虚妄的**言语**,而没有任何(来自他自己或他人的胸膛的)友好的回声会回应他。

让这样的人不能理解,就是在上帝和人类面前的荣耀和尊荣。①

I, 443

---

① "在此处我**仿佛**是一个无人理解的**蛮夷**"[Barbarus huic ego sim, nec tali intelligar ulli](语出奥维德《哀怨集》[Tristia]第五卷第十节第三十七行。——译者注)——无法抗拒的愿望和祈祷(第一版附释)。

哲学史上有一些几经时代变迁而仍然充满谜团的体系的例子。一位据说他的本原可以消除所有这些疑惑的哲学家最近对**莱布尼茨**做出了评判,他说莱布尼茨可能是哲学史上唯一一个有坚定信念的人,因而也是唯一一个**从根本上**正确的人。这句话之所以引人注目,是因为它揭示了,我们理解莱布尼茨的时机已经到来。因为,按照**迄今**对莱布尼茨的理解,如果他是**从根本上**就正确的,那么他就是无法理解的。这个问题值得进一步的研究。

## 前文的附录

### 论哲学中的公设

我一直在寻找机会谈一谈这个话题;其中一些可以在这里谈一谈,其余的就以后合适的时候再说吧。

**公设**一词来自数学。在几何学中,**最原初的**建构不是被**推证的**,而**是被公设的**。空间中**最原初的**(最简单的)**建构是移动的点**,或者说**线**。——点是沿着同一方向移动的,还是在连续不断地改变着方向,此时尚未被规定。①如果点的**方向是被规定的**,那么它要么通过**它之外的**一个点,然后产生**直线**(不包围任何空间),要么点的方向**不是由**它之外的点规定的,所以它必须流回**自己**,即产生**圆圈**(包围一个空间)。假定直线是**肯定性的**,那么圆圈就是**直线的否定**,换言之,圆圈在任何点都不会变成**直线**,而是连续不断地改变着它的方

---

① 原初的线是**不受限制的**,或者说就是**无限的空间本身**,只要空间是无限的,在其中就根本不可能设想任何方向(第一版附释)。

向。但如果假定原初的**直线**是**不受限制**的，而**直线**被假定为**彻底受限制**的，那么圆线将是**两者之外的第三者**；它同时既受限制又不受限制：**通过它之外的一个点而不受限制，通过它自己而受到限制**。

因此，数学为哲学提供了**原初直观**的范例，任何一门科学若想主张自己具有**明见性**，都必须以原初直观为开端。原初直观并不以一条可被推证的**原理**为开端，而是以**那个不可被推证的、原初地要去直观着的东西**为开端。然而，这里有一个重要的区别立即显现出来。哲学在与**内感**的对象打交道，不能像数学那样，为每个建构都分派一个与之相应的外向直观。因此，哲学若要变得清晰，就必须从最原初的建构开始；那么问题就来了，**对于内感而言**，什么才是最原初的建构呢？

I, 445

这个问题的答案取决于内感所被给定的方向。然而，在哲学中，内感的方向并不能受到**外部**对象的规定。要想原初地建构出一条线，我只能根据在纸或黑板上画出来的线。当然，这根画出来的线条不是**线本身**，而只是它的**图形**；因此我们无法从一开始就认识到线，相反，我们将这条画在黑板上的线与原初的线（在想象力中）联系在一起。否则，我们将无法从这条画出来的线中把宽度、厚度等抽离出去。但这条线仍然是那条原初的线的感性图形，也是唤起每个人的原初直观的手段。

因此问题在于，哲学中是否存在一种手段，可以像数学中的外向展示（äußere Darstellung）一样，能规定内感的方向？对于内感而言，它的方向很大程度上只通过自由而被规定。一个人的意识只延伸到外部印象在他身上所引发的愉悦或不愉悦的感受；另一个人将他的内感延伸到对直观的意识；第三个人除了直观之外，还意识到概念；第四个人还会有概念的概念；因此可以说，一个人比另一个人拥有更多或更少的内感。这里的"更多或更少"已经显示出，哲学在其诸首要本原中必须要具有实践性的一面。而在数学中则不存在什么"更多或更少"。苏格拉底（据柏拉图所说）表明，即使是一个奴隶，也可以被教会最复杂的几何证明。苏格拉底在沙地上为他画出了图形。康德主义者也可以像过去的某些笛卡尔主义者一样，按照他们的体系将诸表象的起源刻在铜板上，当然还没有人这么尝试过，而且这样做也无济于事。对于爱斯基摩人或火地岛人来说，即使是我们最受欢迎的哲学也是完全不可理解的。这些人甚至没有**对其**的感知。我们当中有许多自诩为哲学家的，其实完全缺乏哲学细胞：哲学对他们来说是空中楼阁，看起来只是一场空洞的概念游戏，这场游戏本身也许有连贯性，但**归根结底**毫无任何实在性。就好比最优秀的音乐理论之于天生失聪的人一样，天生失聪的人不知道或是不相信，别人会比他多拥有一种感官。

因此，哲学中存在多少种本原，内向的直观力量中就存在多少种度数；有人将表象作为哲学的本原，另一位将范畴的原初综合作为哲学的本原，最后还有第三位[①]——将至善作为哲学的本原。所有这些都没能解决问题。内感必须有一些绝对必要的东西。但对于内感而言必要的东西无非就是"应然"。哲学以之为出发点的公设应当拥有某个客体，即使有人并没有意识到这个客体，每个人也都至少**应当**意识到。我们也要必须能够证明如此这般的客体，如果有人意识不到这个客体，那么那个原初的"应然"对他来说也一定是彻底不

---

① 一位富于感受与美德的天才（第一版附释）。

可理解的。

这再次表明，正如前文已经从另一个角度所证明的那样，哲学的首要本原必须**同时具备理论性和实践性**，换言之，必须是一条**公设**。

因为如果我们

**要么认为**，哲学的本原是完全的理论性原理，简言之，是一条命题（一条阐述了实际存在的命题），那么如此这般的本原就是通往独断论的直接道路。但是，一门本质上**先验的**科学必须在其首要本原中排除一切**经验论**。例如，几何学通过**以最原初的建构为公设**，从一开始就提醒学徒，**在整个科学中**，**他只能处理他自己的建构**。作为这个原初建构客体的线，不会**实存**于这个建构**之外**的任何地方，线正是这个**建构本身**。在哲学中也是如此，学徒必须从一开始就**转换为**先验的思维方式。因此，首要本原必须已经是学徒他自己的建构，这也是我们**要求**他做到（托付给他本身）的事情，因此他从一开始就会学到，他通过建构产生出来的东西，**除了这个建构之外什么都不是**，而且根本只是因为他去建构，这些东西才会存在。因此，在我们这个时代，哲学由于先验本原的引入已经经历了革命，而通过这场革命，哲学首先被带到了数学的身边；哲学从现在开始所遵循的方法正是数学中早已成功遵循的方法，即只处理诸原初建构，不是分析性地，而是综合性地处理实在命题，换言之，把实在命题当作综合的**产物**；将物视为单纯的现象的新观点，才是真正的**数学的**观点，我们现在完全能够指出，哲学是并且在多大程度上能够具备数学意义上的明见性；哲学对于每一个有着哲学细胞的人（没有缺少内向建构能力的人）来说都是明见的，这正如数学一样，数学也不

I, 447

是通过刻在铜板上的图形或者仅仅通过图形的外观来理解的，而是通过内向的官能（想象力）来理解的。

**要么认为**，哲学的本原是**完全实践性的**，那么它就不再是一条**公设**，而是一条**命令**。"实践性的公设"是一组语词矛盾[Contradictio in adjecto]。在道德中，**就其是形式性的而言**，只存在**诫命**（Gebote）。而当这种道德应用于经验时，这些诫命就变成了**任务**，但却是每个人都应该**尽可能好地**完成的**必然的任务**。

因此，如果哲学的本原既不能是单纯理论性的，又不能是单纯实践性的，那么它就必须**同时兼具**这两种特性。但**这两种特性都统一在公设**的概念中，本原之所以是理论性的，是因为它需要一种原初的建构；它之所以是**实践性的**，是因为它（作为哲学的公设）只能从实践哲学中借用其强制力量（用于内感）。因此，哲学的本原必然是一种**公设**。

问题是，这个本原的客体是什么？答案是：**最原初的内感建构**。因此，内感的客体就是其思维、表象、意愿等等中的**自我**。因而最原初的内感建构必然是，**自我本身何以首先产生出来**（康德说：意识的**综合统一性**必须先行于**分析统一性**。**这个统一性**就是我们在这里谈论的内容。那个命题仍然没有被解释和理解，尽管它包含了康德哲学的**核心**）。哲学的公设无非就是：去原初地——不是在思维中，不是在医院中，而是原初地——在第一个产生活动中——直观，除此之外贝克先生别无所求，他的公设，从原初的意义上来说，即便不是完全空洞的，也无非意味着，在你的原初活动中意识到你自己！

因此，通过这种原初建构，对于哲学家而言当然会产生一个产物（自我）；但这个产物并不可能**脱离这种建构而存在**，就像几何学中被作为公设的线一样：线之所以存在，也只是因为它是原初地被建构出来的，**不会脱离建构而存在**。这里最大的区别仅仅在于，原初行动中的自我不仅是**被建构出来的东西**，而且也是**建构者**，由此原初行动中的自我转变成了（真正的）**自我**，换言之，成了一个凌驾于一切客体性之物之上的本原。——在此我们已经从自我意识的**分析统一性**（我＝我）中推导出了先行于分析统一性的**综合统一性**，而这事实上无非意味着，**自我原初地就是自身的建构**。因此，"我＝我"这个命题在通常的意义上从来都不是哲学的**本原**。

现在，只要通过这种原初建构产生了一个**产物**（"自我"），人们也就能够在一条**原理**（比如说"我存在！"）中表达出**这个产物已然产生的事实**，因此，最近的哲学也已经论及**哲学的最高原理**，尽管把一条阐述**实际存在**的原理确立为哲学的本原是完全[e diametro]违背哲学的精神的。即使将**绝对存在**与**实际存在**区分开来也于事无补，因为无论想如何回护，大多数人在使用这一表述时想到的不过是**自在之物**罢了。

当然，只要不引起误解，讨论哲学的最高原理总是件好事。但是，当这种哲学所谓的评判者把最高原理当作一个**分析**命题，认为这个命题能够不言自明，而且其中没有任何综合性的东西（没有内容）时，就是时候告诉他们，**对他们来说**，那条（最高）原理是一条**公设**，除了通过在它之中所表达的原初**建构**（综合）之外，无法以任何其他方式理解它的意义和内容。——但事实就是如此。所有的公众评判几乎都一致断言，人们试图置于哲学顶端的那条命题是完全**无内容**的。有些人——哲学智慧终有一天会与这些人一起消亡——相信，只要提出一个**幼稚**（naive）的问题，问一问哲学所说的那个

I, 449

"自我"是什么,哲学首先应该解释这个"自我"等等,就能驳倒哲学。你们这些大聪明啊,人们也许会这样回答你们,如果说几何学以线为公设,那它能解释线是什么吗?——那还要这个公设做什么呢?而这正是几何学想要的;你们得把线去**建构**出来,**才**能体会到线是什么。我们的哲学也是一个道理。

I, 450 　　我们以"自我"为**公设**。至于"这个自我是什么"这个问题,我们希望你们**自己**来回答。答案就是**自我本身**;自我应当**在你们之中产生,通过你们**而被建构出来。它并不存在于你们之外的任何地方。去把它建构出来,你就会知道它**是**什么,因为它完全就是你所建构出来的东西。我不是用这些话,而是用类似的说法答复了一位批评者,他也把那条原理视为一团乱麻,而人们得把哲学从其中解脱出来。① 考虑到哲学中曾广为流传的关于第一原理的存在的诸多概念,他这样的想法也就不足为奇。他还公开宣称,"自我"对他来说根本就不足为道;关于这一点我很相信他是对的。就此我(也)声明:不用讨论什么莱茵霍尔德式的原理,哲学根本就**不**应该以任何原理为出发点;那个本原,相对于想要评判它的你们来说,是一条公设,如果你们不去切切实实地触碰它,而只是通过白纸黑字来观看,那你们就学不会去理解它。通过黑板上的线条,你并不能学会理解线,反之,通过线,你才能学会理解线条。因此,你不是通过原理来了解"自我"是什么,而是反过来,原理意味着什么,你心中的"自我"自然会告诉你,以此类推。为了让大家感到惊奇,我必须告诉大

---

① 或者说,把那条原理视为蜘蛛的身体,这种新组织的丝线应当以分析式的方式从中产生出来(第一版附释)。

家，这种微不足道的解释（对一件本来是不言而喻的事情的解释）获得了怎样的命运。一些好朋友祝我好运，说我已经离开了思辨的荒原。①然而，最近有另一个人②却对这种大胆行为（去把一条**公设**确立为哲学的本原）大为吃惊，不是因为这个说法**本身**有什么惊人之处，而是因为这位作者是**知识学**的同路人！！③ 那这是要开始咬文嚼字的意思吗？此外，这位可靠的见证人毫无疑问能够从《知识学》的作者本人那里听到，当作者本人谈到哲学的最高原理时，他并不希望这条最高原理被当作**公设**以外的东西。④

我是否应当猜测一下这种误解从何而来？这些好朋友们读到过康德的**实践理性**的那些公设。而现在对他们来说不存在别的公设。还是希望他们不要超越欧几里得，否则他们就会想证明，欧几里得甚至已经把几何学建立**在实践理性**的首要地位上了。至于实践理性本身的那些公设，我认为它们将在哲学中发挥其最长久的作用。**公设**意味着一种**原初**（先验）建构的要求。但上帝和不朽并不是**原初**

---

① 那么现在毫无疑问，我要去你们道德哲学那水草丰美的牧场耕作了（第一版附释）。
② 我也不知道《申辩书》（*Apologie*）等的作者是谁，这些文章可以在《哲学杂志》1797年第7期中读到。——谢林这里所说的是一篇发表在费希特与尼特哈默共同主编的《德意志学者协会哲学杂志》上所发表的《关于通过基础哲学与知识学将批判哲学提升为典范科学的尝试的申辩书》（*Apologie der Versuche, durch Elementar Philosophie und Wissenschafts-Lehre die kritische Philosophie zur Wissenschaft κατ' ἐξοχήν zu erheben*），参见：J. G. Fichte u. F. I. Niethammer (hrsg.), *Philosophisches Journal einer Gesellschaft Teutscher Gelehrten*. Bd. 6. Heft. 3. Jena u. Leipzig: Christian Ernst Gabler, 1797, S. 239-298。——译者注
③ 在我看来，**公设**的含义与这位申辩者所说的同时具有**理论性**和**实践性**的本原的含义完全相同（大家可以参照我在前文中的相关论述），因此，他之所以感到不快，只能是因为他没有在《知识论》中读到"公设"这个词。
④ 我知道这一点，是因为它**必须**是这样，而且**不可能**不是这样（第一版附释）。

建构的**对象**。在实践哲学中只有**诫命**。只要这些诫命的客体是无限的，并且是在一种**经验性的**无限性中、在**经验性的**条件下被实现出来，这些诫命就变成了**任务**，换言之，变成了**无限的任务**。因此，把这些诫命称为**公设**，并不比把数学中的无限任务称为**公设**要好到哪里去。数学中的每一个无理数，实际上都只是意味着向着这个数**无限**接近的任务。但如果因此就否认，比方说，$\sqrt{3}$ 是一个现实的数，那就太荒谬了；它只是一个位于**无限性**中的数。因此，在哲学中，上帝和不朽都是无限的任务。但也正因此，由于在**任何**时间内**都无法**达到（无法用任何单位或单位的一部分来衡量）它们的客体，就去否认它们的**一切**实在性同样是荒谬的，因为这个客体确实位于**时间**之中，只是位于一种**无限**时间之中罢了，只是每一个可能的当下本身都必须被视为是属于这个无限性的。那些无限的量度中**合理**的东西，即我们可以从中理解（测量）的东西，就位于每一个当下之中，而它们中不合理的东西（不属于实践理性当下运用范围的东西），就完全位于无限性之中。

# 人名索引

（说明：条目中的页码指德文版《谢林全集》第一部分第一卷的页码，即本书正文中的边码）

## A

Aristoteles 亚里士多德 379

## B

Beck, Jakob Sigismund 贝克 153, 414, 415, 421, 426, 448

Berkeley, George 贝克莱 212

## C

Condillac, Étienne Bonnot de 孔狄亚克 326

Crusius, Christian August 克鲁西乌斯 102

## D

Descartes, Rene (Cartesius, Renatus) 笛卡尔 101, 102, 204, 213, 309, 324, 446

## E

Eberhard, Johann August 埃伯哈特 406

## F

Fichte, Johann Gottlieb 费希特 88, 89, 106, 409

## H

Heydenreich, Karl Heinrich 海登赖希 350, 352

Hume, David 休谟 361

## J

Jacobi, Friedrich Heinrich 雅各比 156, 313, 406

## K

Kant, Immanuel 康德 87, 103-107, 152-155, 181, 196, 198, 201, 202, 204, 205, 210, 212, 213, 223, 231, 233, 235, 243, 288, 289, 294, 304, 306, 325, 326, 332, 345, 346, 348-352, 355, 357-363, 367, 375, 378, 396-400, 404-410, 416, 421, 423, 425, 426, 428, 430, 432-435, 437-439, 441, 442, 446, 448, 451

## L

Lavater, Johann Caspar 拉瓦特尔 352

## 

Leibniz, Gottfried Wilhelm 莱布尼茨 94, 102, 103, 185, 212, 213, 215, 230, 231, 300, 348, 349, 357, 358, 387, 396, 443

Lessing, Gotthold Ephraim 莱辛 151, 243, 313, 326

## M

Maimon, Salomo(n) 迈蒙 89, 209, 221

## P

Plato(n) 柏拉图 216, 318, 325, 356, 357, 406

Plessing, Friedrich Victor Lebrecht 普莱辛 406

Pope, Alexander 蒲柏 150

## R

Reinhold, Karl (Carl) Leonhard 莱茵霍尔德 87, 88, 93, 110, 111, 175, 213, 409, 410, 421, 433, 437, 438, 442, 450

## S

Schäffer, Wilhelm Friedrich 舍费尔 405

Schultz, Johann Friedrich 舒尔茨 407

Sokrates 苏格拉底 445

Spinoza, Baruch de 斯宾诺莎 102, 151, 152, 155, 159, 171, 172, 184, 185, 187, 194, 195, 196, 203, 210, 242, 305, 310, 313, 314, 315, 316, 317, 319, 321, 323, 331, 367

Stattler, Benedikt 施塔特勒 405

## W

Wolff, Christian 沃尔夫 292, 349

# 主要译名对照<sup>*</sup>

## A

das Absolute 绝对者
Abstraktion / abstrahiren 抽离
Actus, Akt 行动
Affektion 感发
Aktivität 主动性
Anschauung 直观
Anstoß 阻碍, 触发
Antrieb 驱动力
apodiktisch 确然的
Art 种, 类
assertorisch 实然的
Annahme 假定
Aufheben 取消, 扬弃
Ausdehnung 广延

Autonomie 自律, 自主

## B

das Bedingte 有条件者
Begrenzung 限定
Behauptung 主张
beschränkt 受限制的
Beschaffenheit 状况
Bestimmung / bestimmen 规定
Bestimmung 使命
Bedürfniss 需要
Belohnung 报酬
Bild 图形
Bildung 教化, 塑造, 构形

---

\* 部分术语的拼写方式与今天的德语正字法不同。此处依照谢林原文中的拼法。

## C

Construktion / construiren 建构
Contraktion 收缩

## D

Dasein 实际存在
Ding an sich 自在之物
Dogmaticismus 伪独断论
Dogmatismus 独断论
Duplicität 二重性

## E

εinbildung 想象，一体化塑造
Einheit 统一性，统一体
Einzeln 个别的，单个的
Emanationslehre 流溢说
Empfindung / empfinden 感受
Empirie 经验
Endlichkeit 有限性
Entstehen 产生
Entgegensetzen 对立设定，对立
Erscheinung 现象
Ewigkeit 永恒
Existenz 实存

## F

Fürwahrhalten 信念，当之为真
Folge 后果

## G

Gattung 属
Gegenstand 对象
Gebot 诫命
Gefühl / fühlen 感觉
Geist 精神
Gemüth 内心，灵魂
Gesetz 法则
Gesetzgebung 立法
Gottheit 神性，上帝
Glückseligkeit 幸福
Grenze 界限
Größe 量度
Grund 根据
Grundsatz 原理
Gutdünken 判断

## H

Handeln, Handlung 行动
Hervorbringen 产生

Heteronomie 他律

## I
das Ich 自我
Ichheit 自我性
Idealität / ideal 观念性, 观念性的
Idealismus 唯心论
Idee 理念
Identität 同一性, 同一体
innerer Sinn 内感
intellektuale- / intelligible Welt 理智世界/理知世界
intellektuale Anschauung 理智直观

## K
Kanon 法规
Kriticismus 批判论

## L
Leiden 受动
losreiβen 出离

## M
Macht 力量
Materie 质料, 物质
Maxime 准则
Maß 尺度
Modifikation 样式
Moment 环节, 时刻

## N
Natur 自然界, 本性
Naturgesetz 自然法则
Negation / negativ 否定, 否定性的

## O
Objekt 客体
Organ 官能
Organisation 组织

## P
Passiv 被动的
positiv 肯定性的
Postulat / postulieren 公设
Princip 本原
problematisch 或然的

Produktion 生产

**R**

Realität / real 实在性, 实在性的
Reproduktion 再生
Ruhe 静止

**S**

Schein 假象
Schema / Schematismus 图型, 图型法
Schranke 限制, 界限
schlechthin 截然, 绝对
selbst 本身, 自我
Selbstanschauung 自我直观
Selbstbewußtseyn 自我意识
Selbstthätigkeit 自我活动
Seligkeit 永福
Seyn 存在
Sich 自己
Sich selbst 自身
Sinnlichkeit / sinnlich 感性, 感性的
Sinnenwesen 感官存在

Speculation / speculativ 思辨, 思辨性的
Sphäre 层面
Stoff 材料
Streben 努力
Sollen 应然, 应当
Substanz 实体
Substrat 基体, 基底
Succession 顺延
Synthesis 综合, 合题
System 体系

**T**

Tendenz 倾向
Thätigkeit / thätig 活动, 活动的（能动的）
Thesis / thetisch 正题, 正言的
Thun 作为, 行动
transscendental 先验的
Triebfeder 动力
Täuschung 错觉

**U**

Uebereinstimmung 一致性

uebersinnlich 超感性的
Umriß 轮廓
das Unbedingte 无条件者
Unendlichkeit 无限性
Untergehen 消亡
Urbild 原型

## V

Verbindung / verbinden 联系, 结合
Vereinigung / vereinigen 结合为一, 统一
Vermögen 能力
Vernichten 毁灭
Verstand 知性
Vielheit 复多性
Vollenden/Vollendung 完成, 完满
Vorschrift 规范

Vorstellung 表象

## W

Widerstreit 冲突
Widerstand 阻碍
Wiederherstellen 复现
Willen / Wille 意志
Willkür 任意
Wirklichkeit 现实性
Weltkörper 天体
Wollen 意愿

## Z

Zugleichseyn 同时存在
Zustand 境界, 状态
Zweckmäßigkeit 合目的性
Zwischenwelt 中间世界